国家社科基金
GUOJIA SHEKE JIJIN HOUQI ZIZHU XIANGMU
后期资助项目

中国日语学习者动机和行为研究

A Study on Motivation and
Behavior of Chinese Learning Japanese Language

王 俊 著

ZHEJIANG UNIVERSITY PRESS
浙江大学出版社

国家社科基金后期资助项目
出版说明

后期资助项目是国家社科基金设立的一类重要项目,旨在鼓励广大社科研究者潜心治学,支持基础研究多出优秀成果。它是经过严格评审,从接近完成的科研成果中遴选立项的。为扩大后期资助项目的影响,更好地推动学术发展,促进成果转化,全国哲学社会科学工作办公室按照"统一设计、统一标识、统一版式、形成系列"的总体要求,组织出版国家社科基金后期资助项目成果。

全国哲学社会科学工作办公室

はしがき

　本書は、著者が東北大学大学院国際文化研究科に提出した博士学位論文「学習動機と学習行動の変化—中国の大学の日本語学習者を中心に—」をもとにまとめられたものです。著者の大学院時代の指導教員として、今回の刊行を大変喜ばしく思っています。

　著者の王俊さんは、中国武漢の名門華中科技大学の出身で、「国家建設高水平大学公派研究生」として2013年10月に来日し、国際文化研究科の研究生となりました。2014年4月に同研究科の博士後期課程に入学し、それ以来、その小柄で華奢な外見からは想像できないような強靭な意志力と忍耐強さで自身の研究テーマを追究し、精力的に研究成果を発表し続けました。2015年4月からは東北大学総長奨学生となり、3年間の期限内に大部の博士論文を書き上げ、2017年3月に学位を授与されました。

　王さんの研究は、日本語学習者の学習過程を2年以上の長期にわたって動的に捉えた質的研究として前例のないものであり、また、中国の双学位日本語学習者を対象として取り上げた初めての研究でもあります。学習者の動機や行動についての直接的な情報を得るために、自由記述式アンケート調査、インタビュー、学習日記、授業観察などによってデータを収集し、質的記述的研究方法やケーススタディの手法により論述し、双学位日本語学習者の学習軌跡を分析する際には修正版グラウンデッド・セオリー・アプローチも採用しています。また、学習動機に関する研究は複数の分野にまたがっているため、種々の学際的な理論を取り入れ、中国語を母語とする日本語学習者の学習動機と学習行動の変化過程を総合的かつ綿密に考究しています。

　私は王さんの指導教員となった時点で既に30年近くの留学生への日本語教育経験がありましたが、留学生のほぼ半数を占める中国からの学生たちが、国で日本語を学ぶ際にどのような学習環境にあってどのような経験をし、どのような思いを持っているのかについて、王さんの研究を通して初めて鮮明なイメージを持つことができました。日本で中国からの留学生を受け入れている大学の教員にぜひ読んでほしい論文だと思いました。

　本書は中国語での出版となり、中国の大学で日本語を教えている先生方をはじめ、中国の大学教育に関わる、あるいは大学教育に関心を持つ多くの方々の目に触れることになると思います。王俊さんの研究成果がこのような形で結実し世に広まることに心から祝福の意を表し、今後の研究者・教育者としてのいっそうの活躍を期待して、小文の結びとさせていただきます。

佐藤勢紀子

東北大学名誉教授

2021年6月

前　言

　　笔者从硕士阶段开始研究学习动机、学习轨迹,到现在已经有10余年了。笔者之所以对这个话题感兴趣,是因为自己的学习经历。笔者大三前后对日语兴趣的变化,带来了学习效果的惊人变化。笔者内心惊叹:变化怎么会如此之大? 这是笔者进行本研究的强大动力。

　　可以观察到,学生在同一学习环境中,从同一起点,开始学习同一门语言,经过一段时间的学习后,必定会出现学习优秀者和学习后进者。到底是什么导致了这种差异? 哪些因素会影响外语学习? 学习优秀者具体是如何学习的? 外语学习者在学习过程中对以上问题或多或少都抱有疑问,但在日语教育研究领域,还未出现能解答上述问题的综合性研究。

　　笔者在开始这个论题时,受到过一些质疑,有些人认为学习动机已不再是研究热点,再研究很难有新意。但笔者通过查阅、学习文献,发现使用已有量表的量化研究、横向研究确实如那些反对者所说,多如牛毛,但结合教育学、心理学、社会学领域而对学习动机进行的质化研究、纵向研究却寥寥无几。出现这种差异的原因,探究下去又要回到量化研究和质化研究的争论上去了。笔者寻遍了已有研究,没有一个研究能回答上述疑问。将事物、现象数字化的量化研究具有客观性这一点毋庸置疑,但在科研中,仅有客观性就够了吗? 客观性就代表科学性吗? 研究方法不应该是为研究目的而存在的吗? 带着这些朴素的疑问,笔者读了很多社会学、心理学、教育学方面的书,发现在人文社科的其他领域,质化研究已经有了深入发展,但日语教育领域的质化研究的生成和发展却相对滞后。笔者认为,只要能解决研究问题,我们就应该大胆引进其他研究领域的理念、方法。

　　确定了研究问题,进行了文献收集,笔者就开始田野调查了,但实施起来并不容易,要对日语专业学生进行为期4年的追踪调查,要让学生完成数不清的开放式问卷调查、访谈等,并不是仅勾选一下字母就能完成的轻松任务。调查时长和内容对他们来说的确是一个不小的负担,笔者需要去维持他们配合调查的热情。部分同学,特别是学习后进生,不愿意提及自已不成功的学习经历,而对他们进行调查好像是在撕开他们的"伤口"。值得欣慰的是,这些孩子感受到了笔者的用心,他们都全力配合调查,可以说他们是本研究成立的根本。笔者虽然也曾用一些"薄礼"聊表谢意,但总觉得不足以表达感激之情。这些研究对象同时也是笔者的研究前进的动力,每当研究遇挫之时,只要一想到他们的巨大付出,笔者便觉得应该继续努力,不能辜负他们。

之所以将日语双学位学习者纳入研究对象,是因为无论是笔者还是本研究中的日语专业学习者,均没有一种全身心投入的学习劲头。双学位学习需要占用周末时间,有学生甚至需要转几趟车才能够到校学习,是什么样的动机在驱动他们?他们的日语学习动机在学习过程中是否发生过改变?同样是获得日语学位,日语双学位学习过程和日语专业学习过程有何不同?笔者对这些问题非常感兴趣,希望能够找到答案。但双学位学习方式和专业学习方式大大不同,学生们来自不同大学,平时都有各自的学习和生活,仅周末才聚集在一起,这种学习方式加大了笔者调查研究的难度。长期的追踪研究需要研究对象的大力配合,但在这种情况下,笔者很难与他们建立像与日语专业学生那样的信任关系,这对所收集到的数据的质量会有不可小觑的影响。笔者只能尽一切力量与他们建立联系,取得他们的信任,让他们能够配合调查。过程虽然曲折,但好在最终顺利地完成了为期2年的调查研究。

本研究能够顺利开展,与导师的支持分不开。笔者的硕士生导师陈俊森教授(曾任职于华中科技大学)和博士生导师佐藤势纪子教授(曾任职于日本东北大学)对本研究给予了大力支持,在他们的指引下笔者顺利申请到了中国国家留学基金管理委员会奖学金赴日留学,在日本期间能够心无旁骛地进行学习研究。在博士学习阶段,笔者多次回国,完成了对日语专业学生剩余的2年调查,同时开始整理发表论文,到目前为止,博士研究相关论文已经发表14篇。在博士论文审查阶段,在副指导老师江藤裕之教授的介绍下,笔者认识了日本看护领域的质化研究专家谷津裕子教授,而质化研究方法在看护领域应用得较多,发展得比较成熟。谷津教授为本研究提出了很多宝贵意见,保证了研究的可靠性和有效性。笔者在众多贵人的帮助下顺利毕业,其后笔者仍在不断深化、修改文稿,在本领域专家和出版社编辑老师的帮助下,至今已修改10余稿,希望能把研究成果以最好的状态呈现在各位读者面前。

具体来说,本研究采用了下列方法。(1)文献研究法:笔者对国内外有关质化研究、学习动机、学习策略等的相关文献进行了梳理、分析,寻找研究切入点,拓展研究的深度和广度,夯实研究基础,提高研究可信度和说服力。(2)质化研究法:本研究主要采用开放式问卷调查、深度访谈、学习日记和课堂观察等方式,来获得关于学生动机和行为的第一手资料。根据研究目的和研究对象的特点,本研究在分析日语专业学习者的学习轨迹时,采用质化叙述性研究方法;在阐述优秀学习者的学习轨迹时,结合采用个案研究和质化叙述性研究方法;在对日语双学位学习者进行整体分析时,采用修改版扎根理论研究方法。(3)采用跨学科研究法,因为动机的形成、发展机制复杂多变,具有多面性,动机研究跨越心理学、教育学、社会学、生理学等多个学科,现有理论大多研究动机的单个侧面,但这些侧面并非相互独立,它们之间相互联系,密不可分,单个理论并不能完全解释动机的复杂性。因此,本研究运用多学科的理论,如自我决定理论、归因理论、自我效能感理论,从整体上对中国日语学习者的动机和行为的变化过程进行综合分析。

　　本研究主要有以下创新点:(1)研究视角的创新。首次运用质化研究法,动态地把握中国日语学习者时间跨度为2年及以上的学习过程。在以我国日语学习者为对象的研究中,研究某一特定时间点的学习动机的量化研究占主流,这忽略了学习动机的动态变化。本研究通过质化研究法追踪他们从开始学习一直到毕业的学习轨迹,了解他们在完整学习区间内的学习成果及变化,和既往的量化研究中截取某一时间节点的学习动机与学习成果并调查其线性关系的研究相比,本研究能具体描绘学习者动机与行为的发展变化,研究结论也更具有现实应用意义。本研究通过"深描"的方式向读者呈现研究对象的学习轨迹,容易引起读者的情感共鸣,促使其主动思考、反思自己的学习过程,有助于学习者探索在具体学习阶段改善习得效果的具体方法。(2)研究对象的创新。本研究增加了对日语双学位学习者的关注。20世纪80年代,我国教育部颁布双学位制度的相关文件后,由于"专业+外语"有利于提升就业竞争力,各高等院校纷纷引入了双学位制度,外语双学位课程备受学生青睐。但是,研究者较少把目光转向这部分学习者。本研究把日语双学位学习者纳入研究对象,能够为高等教育机构开设以及改善日语双学位课程提供积极参考和借鉴。

　　本研究的学术价值和实用价值主要体现在以下3点:(1)为处于相同学习环境中的日语学习者提供参考和借鉴的蓝本。通过追溯本研究中学习者的日语学习经历,探究零起点学生的学习发展过程,读者能够获得重新审视自身的学习机会,客观地反省自身学习中的不足,从而提升日语学习效果。本研究还有助于教师在教学过程中从学生的实际出发,因材施教,使教学的深度、广度、进度适合各类学生的知识水平和接受能力。(2)检验了已有理论,阐述了类似研究在套用自我决定理论时的注意点,并发现了责任动机是影响我国日语专业学习者的主要学习动机。本研究中关于日语专业学习者的研究不是在自我决定理论的基础上展开的,而是通过对照研究结果,检验自我决定理论在我国日语学习者动机和行为的质化研究中的适用程度。本研究发现,自我决定理论外部动机的4个阶段和内部动机优于外部动机的观点,并不适用于以日语专业学习者为对象的质化研究。本研究还检验了另一理论——归因理论对学生学习过程的影响。结果表明,在大学4年的时间里,大部分学习效果不好的学习者都清楚地知道自己日语学习的问题所在,但是这并没有对接下来的学习行为有积极影响。这将促使研究人员认识到,在以我国的日语学习者为对象的研究中,不能照搬以上理论,这样才能使得研究设计更为规范,研究结果也更有说服力。在本研究中出现最多的、对学生影响最大的学习动机是“责任动机”,即因日语是专业,所以必须学习。责任动机具有外部动机的特征,但比外部动机这一表述能够更加准确地描述日语专业学习者的动机。(3)揭示了质化研究应用于日语教育研究领域的可能性,推动质化研究的进一步发展。日语教育研究中,重视量化研究、轻视质化研究的问题由来已久,质化研究较社会学、心理学等领域发展严重滞后。本研究不仅详细地展示了调查前所采用的具体研究方法、研究者的角色定位、调查方法的信度和效度,而且调查后也总结了本调查方法在进行过程中的特点、原因及调查后的启示,这些数据能够给其他学者在转变研究范式上提供诸多启发。

　　总之,笔者希望日语学习者或其他语言学习者在学习过程中遇到困难时,能够从本书丰富的描述中找到自己的影子,引起情感共鸣或从优秀学习者身上找到自己接下来的努力方向。语言学习有时候是孤独的,希望本书能成为各位语言学习者的良师益友。

　　同时,笔者希望借此研究让更多读者了解质化研究,了解其优点,认识到日语教育领域的研究也可以借鉴人文社会科学其他领域的智慧。研究方法始终是为研究目的和研究问题而存在的,我们不能只是为了追求事物数量上的客观性,而忽视了对事物本身的诠释。理解这一点,能帮助我们拓展和深化研究方向。

目　录

第一章　绪　论

第一节　研究背景与研究问题

在日常生活中,我们经常观察到这样一种现象:在同一学习环境中,从同一起点开始学习同一门语言的学生,经过一段时间的学习,必定会出现优秀生和后进生。到底是什么导致了这种差异?什么因素会影响外语学习?优秀学习者具体是如何学习的?每一个外语学习者在学习过程中或多或少都会产生以上疑问,但遗憾的是在日语教育研究领域,还未出现能解答这些问题的综合性研究。

笔者在选择高考志愿时,考虑到当时(2007年)日语作为小语种就业形势较好,就报考了日语专业。虽然笔者将日语作为第一志愿入学,但一、二年级时笔者对日语并未表现出兴趣,每天只是把老师布置的任务完成,虽然想去学习更多内容,却不知道从何入手,因此尽管花费的学习时间并不少,学习成绩却不见起色。笔者也曾观察优秀学习者的学习方法并进行模仿,能学到的却只是表面,并不能得其精髓。三年级时,偶然一次接触到了日本动画片《灌篮高手》,之后笔者喜欢上了日本动画,第一次觉得日语是非常优美的语言,从此开始大量观看日本动画。而且,笔者当时想获得保研资格,迫切想提升成绩,于是开始积极利用各种学习资源学习日语。经过一段时间的努力,笔者感觉自己很轻松就提高了成绩。从这段亲身经历中,笔者感受到了学习动机的神奇之处,这也正是笔者选择本研究课题的原因。学习动机的机制非常复杂,想回答"人为什么要学习"这个问题,需要用全面的、发展的眼光来看待(加贺美常美代,2002)。但是,在目前学习动机研究中,量化研究占大部分,它们试图得出具有普遍解释力的规律,忽视了学生作为个体的特殊性;已有的质化研究方法又比较单一。学习动机的复杂作用机制决定了只有多种调查方法结合才能更准确地对其进行解读。因此,亟待采用质化研究方法来分析学习动机在日语学习过程中到底发挥着怎样的作用,以及学习动机如何影响学生的学习成绩。

　　近年来,外语教育的方针从教师主导型的"如何教"转变为以学生为中心——学生积极参与学习过程的"如何学",随之出现了大量有关学习者语言习得影响因素的研究。林智子把造成学生语言习得的个体性差异因素分为学习者因素、学习环境因素、社会文化因素(林さと子,1998)。一般认为,在同一社会环境和学习环境中,学生的学习成果出现差异的最大原因在于学习者自身。学习者因素既包括年龄、性别等与生俱来的因素,也包含情绪、适应性、学习风格等长年累月形成的在短时间内很难发生改变的因素,还包括学习动机、学习策略①这些容易受到外界影响而发生改变的因素。相较于与生俱来的因素和短时间内很难发生改变的因素,学者对易受到外界影响的因素研究较多,他们相信,研究这些因素后就有可能通过教师的干预、学习者的自我调节等方法积极作用于学生的语言习得。在第二语言习得研究领域中,有关学习者因素的研究倾向于其中单个因素的量化研究(林さと子,2006),即把学习者因素割裂开来研究,但这样有可能造成教师对学生的刻板印象(浜田麻里,2004)。因此,为了准确把握学生的学习情况,有必要把学生作为一个整体,综合考虑学习过程和学习者因素来展开研究。

　　国际交流基金的最新调查显示,我国的日语学习者人数高达100万(国际交流基金,2020)。其中,我国高等教育机构的日语学习人数超过57万,占中国日语学习人数的57%,占世界高等教育机构的日语学习人数的58%。我国高等教育机构的日语学习者包括日语专业学习者、非专业日语学习者、社团等课外活动的日语学习者。其中,日语专业学生人数超过20万,非专业日语学生人数超过29万。尽管我国的日语学习者人数如此众多,就笔者所知,以日语专业和非专业日语学习者为研究对象的研究却并不多。然而,对我国高等教育机构中日语学习者的学习情况进行调查研究,对学生的语言习得,教师的课堂教学改进和教学目标、教学计划、教学内容的修订等具有重要意义。

　　我国高等教育机构中的日语学生人数众多是我国日语教育的特点之一。其中,日语专业学习者是指以日语为专业的学习者,那么非专业日语学习者又包含哪些呢? 一般来说,非专业日语学习者的学习包含2种类型:第一种是代替英语作为第一或第二外语的日语学习;第二种是作为第

---

　　① 本研究同时使用"学习行为"和"学习策略"两个术语,其中"学习行为"是指学生宏观上的学习行为,"学习策略"是指学生微观上的学习行为。在下文中,分析优秀学习者的"学习行为"时,需研究微观上的"学习策略"。

二外语的日语选修课程学习。其中,在非专业日语学习者中,把日语作为第二外语的英语相关学科的学习者所占比例最高。除上述2种非专业日语学习形式外,还有日语双学位学习的方式,此种学习方式相较于英语相关专业的第二外语日语学习者,虽然学习人数有限,但很多大学都已导入这种双学位培养模式,即在与主专业不同的专业中修满2年左右的课程和学分,就授予双学位证书的人才培养模式。

改革开放以来,随着学科间的相互交叉、相互渗透,复合型人才越来越受到青睐。在此背景下,双学位制度的导入改变了历来的单一专业的人才培养模式。20世纪80年代,一部分重点大学开始试运行双学位制度,发展至今不仅大学内部,不同大学之间也开始广泛采用。《普通高等学校学生管理规定》(2017)第16条规定,"学生根据学校有关规定,可以申请辅修校内其他专业或者选修其他专业课程;可以申请跨校辅修专业或者修读课程"。由于"专业+外语"的模式有利于提升就业竞争力,因此外语双学位在众多双学位课程中备受学生青睐。开设双学位、辅修等课程属于学校的自主行为,全国开设这些课程的大学数量还没有官方数据明确提及。但经过对双学位文献的梳理和调查,我们发现利用此制度学习日语的人不在少数,但却几乎没有文献对其进行研究。日语双学位和日语专业不同,不属于强制性学习,即使中途放弃也对学生主专业毕业没有影响。已有研究表明,学生的学习动机并不是一成不变的,而会受学生内外部因素的影响而发生改变(Ushioda,1996;文野峯子,1999;Dörnyei,2001)。可以预想,随着学习时间的推移,双学位学习者的学习动机会出现变化,特别是那些在学习过程中遇到较大困难的学习者。对其进行研究,对于改善学生的日语习得,促进双学位制度向纵深发展推进,具有显著意义。

如前所述,笔者为提高学习成绩,观察了优秀学习者的日语学习,试图从他们那里学习到高效的学习方法。不仅是语言学习,其他领域也是如此,大家也一定有过类似的经验。我们坚信,向优秀的人学习会使我们得到提高,这一点毋庸置疑,但是我们并不确信是否能真正学到他们的成功秘诀,我们能做的仅仅是进行表面的观察,或向当事人询问其学习方法,但难免会有遗漏,而且有一些恐怕是当事人自己也没能意识到的。

在非专业日语学习方面,笔者在教育一线经常发现,有些非专业日语学习者的日语水平甚至超过了日语专业学习者。他们在学习自己主专业的同时学习日语,究竟是如何达到这种水平的?对其进行观察可能也只会得到"花了很多时间"之类的表象结论,并不能详细知晓他们到底是如何学习的。而且,对于日语双学位课程的学生来说,周一到周五要学习本专业课程,能和双学位班级的同班同学接触到的时间一周仅有周末的1到2天,他们更多是独自进行日语学习,因此很难有机会观察优秀学习者的学习行为,更极端的是有时他们甚至不知道班级里谁是优秀学习者。在此背景下,需要借助科学的研究方法严谨地收集、分析数据,探索和分析日语专业和日语双学位优秀学习者的学习动机和学习行为,以期给其他学习者提供努力的方向和学习的榜样。

基于以上背景,本研究将探究中国日语学习者中的日语专业学习者和日语双学位学习者的学习轨迹,特别是优秀学习者的学习动机和学习行为,具体来说要解决如下问题:

(1)我国日语专业学习者大学4年里的学习动机和学习行为发生了变化吗? 如果有,发生了怎样的变化?

(2)我国日语双学位学习者2年学习期内的学习动机和学习行为发生了变化吗? 如果有,发生了怎样的变化?

(3)日语专业的优秀学习者大学4年的学习动机和学习行为是怎样的?

(4)日语双学位的优秀学习者2年学习期内的学习动机和学习行为是怎样的?

第二节　各章概要

本研究探讨我国高等教育机构里的两大类日语学习者——日语专业学习者和非专业日语学习者,非专业日语学习者选取的是到目前为止未被研究的日语双学位学习者,因为关注他们学习动机和学习行为的发展变化和影响因素,是我国高等教育机构中的日语教育研究的重要一环。每一章的概要大致如下:

第一章介绍了研究背景与研究问题。我国的日语学习者数量众多,学习形式多样,但调查研究日语学习者学习情况的研究并不多。本章中还阐述了本研究的定位。

第二章述评本研究应用的概念和理论。首先,探讨学习动机的定义。学习动机这一概念在很多领域都有研究积累,其定义五花八门,角度和关注点均不同。在此基础上,本章结合研究目的定义了学习动机这一概念。接着,介绍学习动机众多的分支理论中与本研究相关的三个理论——自我决定理论、归因理论、自我效能感理论。在这里需要注意的是,本研究并非生搬硬套这些理论，而是通过对照明确这些理论在本研究中应用的可能性和问题点。然后，介绍日语教育研究领域中与学习动机相关的质化研究，探究其研究特征，找出问题点，并进一步缩小范围，对我国国内进行的日语学习动机的相关研究进行述评。最后，对与学习动机息息相关的学习行为——学习策略的相关研究进行述评。

第三章主要介绍研究对象、数据收集方法和分析方法。首先，从全局的角度概述研究对象所在大学的日语专业的教学大纲、教学计划，日语双学位的教学理念、教学计划等。在此基础上，分别阐述日语专业和日语双学位的具体数据收集方法和对应的质化分析方法。在介绍质化分析方法时，列举参照了不同研究领域中质化研究的定义，锁定了本研究中质化研究的外延和内涵，并详细说明本研究采用的三种质化研究手法——质化叙述性研究方法、修改版扎根理论、个案研究。最后，为提高本研究的质量，增强说服力，本章具体说明了本研究在进行数据收集和数据分析时，研究者的"自我"和信效度的处理方法。

第四章主要展示日语专业学习者的学习动机和学习行为的研究结果，并进行分析。首先，按照学生是否自愿选择日语专业将其分为2类，分别阐述学生入学时的学习动机。具体来说主要调查这2类学生入学前的学习行为、入学前学生本人及周围对待日本及日语的态度。接着，按时间顺序具体描述和分析15名日语专业学习者大学4年的学习动机和学习行为的变化，分别构建各个学习者的学习动机变化及影响因素模型。其中重点描述优秀学习者的学习轨迹，特别是他们的学习策略。通过对学生学习动机和学习行为的描述，本研究发现学生学习动机的变化分为学习动机上升型、学习动机下降型、学习动机不变型3种类型，进而分别分析3种学习动机变化的特征，探讨不同动机变化类型的异同点。最后，从自我效能感和归因的角度来分析学生的学习轨迹。结果发现，自我效能感在本研究结果中得以验证，特别是学习无力感在学习动机下降型的学习者身上表现最为突出。在将归因理论应用于本研究时，笔者发现，学生虽能对学习成绩的归因有正确清醒的认识，并试图提高学习成绩，但为此所做的努力仅能维持一时，并不能长久，所以对学习成绩的改善几乎没有影响。

第五章主要分3个部分论述日语双学位学习者学习动机和学习行为的变化。首先，分析双学位学习者在开始学习前的学习动机和学习行为。调查发现，许多学习者因受日本动画、日本文化、文学、未来就业等因素影响而选择日语双学位，此时部分学生已有日语学习经历，对双学位学习期待较大。接着，通过质化研究方法中的修改版扎根理论来分析双学位学习开始后,学习者学习动机的变化过程及其动机减退的原因。由于学习负担加重,新鲜感减少,大部分日语双学位学生的学习兴趣减退,仅剩下不到1/3的学习者对日语学习依旧充满热情,学习效果也较好。最后,重点论述2名双学位优秀学习者在2年学习期内的学习动机和学习策略,发现他们在日语学习中并没有设定明确的学习目标,学习方法虽然迥异——1名以课本学习为主,1名以观看日本动画为主,但他们都对日语学习保持高涨的热情,每天都能保证较长的接触日语的时间。

第六章首先根据日语专业和日语双学位学生各自的学习特点,比较分析两者学习轨迹的异同点。接着,将本研究的结果与动机理论中的自我决定理论进行对照分析,阐述本研究应用这一理论的可能性。本研究发现,在中国大陆学习环境里的日语专业学习者和日语双学位学习者在学习期内出现最多的动机类型是责任动机。然后在此基础上,阐述日语专业和日语双学位学习者在学习过程中应如何克服遇到的困难,教师、学校等应如何给予支持和帮助。最后,分析本研究在质化数据收集、处理、分析过程中的心得及研究方法上的启示。

第七章得出结论,总结对日语专业学习者和日语双学位学习者的调查结果,以及学习者在日语学习过程中,应如何解决遇到的困难,同时阐述本研究的问题点和今后的研究方向。

第二章 文献综述

第一节 学习动机

学习动机是从英语的"motivation"一词翻译而来的,不同领域的学者对学习动机的定义不尽相同,下面列举其中具有代表性的定义。

学习动机包含为什么要做、如何维持及怎么实现三方面(Dörnyei,2001)。

学习动机就是为达成语言学习目标而付出的努力,以及对待语言的善意态度(山内弘継等,2006)。

学习动机源于人们想知道、想学习的求知欲,对学习成果(学习持续时间、学习水平)影响甚大(市川伸一,1995)。

学习动机是指行为发生、维持、定向的整个过程(鹿毛雅治,2012)。

学习动机指驱使人行动的心理活动(伊藤崇達,2010)。

基于这些定义,结合研究问题,本研究将学习动机定义为"唤起学习行为的心理能量"。需要注意的是,本研究认为学习动机与学习行为相互依存,与学习行为无关的心理活动则不被认定为学习动机。例如,部分学习者虽有提高成绩的想法,但并不会付诸实践,这种想法就不是学习动机,只有引发学生学习行为的心理活动,方能被认定为学习动机。

另外,学习动机的作用机制很复杂,心理学领域提倡用图 2-1 来说明动机的发展过程。

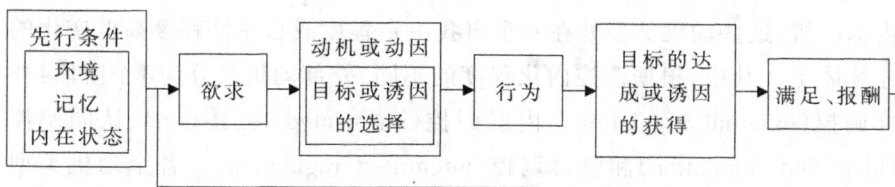

```
┌─────────┐     ┌─────┐   ┌─────────┐   ┌─────┐   ┌─────────┐   ┌─────────┐
│ 先行条件 │     │     │   │动机或动因│   │     │   │目标的达 │   │         │
│  环境   │ →  │欲求 │ →│目标或诱因│ →│行为 │ →│成或诱因 │ →│满足、报酬│
│  记忆   │     │     │   │ 的选择  │   │     │   │ 的获得  │   │         │
│ 内在状态 │     │     │   │         │   │     │   │         │   │         │
└─────────┘     └─────┘   └─────────┘   └─────┘   └─────────┘   └─────────┘
```

图 2-1 学习动机的发展过程(櫻井茂男,2001:116)

在学习动机的发展过程中,首先要求有下列先行条件:现在的环境、过去的记忆、内心挣扎或成就感等内在状态。改变这些先行条件中的状态会化为欲求,成为学习者行为的动力,进而使其付诸具体实践。而后目标得以达成,最终获得自身的满足或他人的报酬。

围绕着学习动机的生成过程,相关领域相继产生了学习动机各个发展阶段的理论。这些理论围绕各自的研究路径自成一派,从多角度进行解析,但系统化的学习动机理论并未诞生(山口刚,2012)。另外,学习动机具有多面性,现有理论大多研究动机的单个侧面,但这些侧面并非相互独立的,它们之间相互联系,密不可分,单个理论并不能完全解释学习动机的复杂性。因此,本研究综合使用学习动机的相关理论,以期阐明中国日语学习者学习动机和学习行为的变化过程。下面介绍与本研究相关的学习动机理论。这些理论产生以后,相关研究领域的学者以世界各地的学习者为研究对象对理论进行了验证研究,有些验证了理论的正确性,有些却得出了完全相反的结论。本研究不生搬硬套这些理论,仅作为参考,将其与本研究结果做对照分析。

一、自我决定理论

爱德华·德西(Edward Deci)、理查德·瑞安(Richard Ryan)的自我决定理论(Self-Determination Theory)(Deci, 1975; Deci & Ryan, 1985; Ryan & Deci, 2000; Ryan & Deci, 2002)包含认知评价理论(Cognitive Evaluation Theory)(Deci & Ryan, 1985)、有机整合理论(Organismic Integration Theory)(Deci & Ryan, 1985; Ryan & Connell, 1989)、归因定向理论(Causality Orientations Theory)(Deci & Ryan, 1985)、基本心理需要理论(Basic Needs Theory)(Ryan & Deci, 2002)4个分支理论。其中最为人熟知的中心概念是内部动机(intrinsic motivation)和外部动机(extrinsic motivation),它不是从传统的内部和外部相互排斥的视角来理解学习动机,而是把动机看作连续的过程。具体而言,在自我决定理论中,根据自我决定程度由低到高,动机被划分为无动机、外部动机的各个子集、内部动机,这些动机类型处在一个自我决定程度或自主性程度高低变化的连续体上。其中,根据调控内化程度的不同,外部动机又分为4个阶段:外部调控(external regulation)、内射调控(introjected regulation)、认同调控(identified regulation)和整合调控(integrated regulation)。各个动机类型的代表性观点如下:无动机是"不想做",外部调控是"因为会被人说""不做的话会被骂",内射调控是"因为必须做""因为不安""不想丢脸",认同调控是"对自己来说很重要""为了将来是必要的",整合调控是"因为想做""学习和自己的价值观一致",内部动机是"因为很有趣""因为很开心""因为喜欢"。佐尔坦·德尔涅伊(Zoltan Dörnyei)肯定了此理论按自我决定程度的高低把动机视为一个连续体的做法。相对于传统的动机两分法的理论,自我决定理论的解释力更强(Dörnyei,1998)。但是,笔者对外部动机4个阶段的代表性观点存有疑问,认为各阶段之间的界线并不清楚。最典型的是整合调控中的"因为想做"和内部动机中的"因为很有趣""因为喜欢"等,这几个概念虽然被作为不同的概念提出,但就字面意思来看,界线极为模糊,概念混淆不清。外部调控中的"因为会被人说",这种压力源自外部,而认同调控中的"为了将来是必要的"也属于感受到的外在压力,笔者认为这两种压力也有相似的部分。例如,父母可能会以为了孩子的将来为由劝说不爱学习的孩子学习,此时就会很难判断孩子的学习动机到底是外部调控还是认同调控。另外,内射调控中的"因为不安""不想丢脸"是预想到如果不做就会产生某些不好的结果,这也和外部调控中的"因为会被人说""不做的话会被骂"有重复之嫌。

基于以上原因,笔者赞同自我决定理论中以动态的视角来看待学习动机发展过程的部分,但对外部动机4个阶段的划分并不能赞同。因此,这里有必要阐述一下本研究对于学习动机的基本立场:

(1)学习动机分为无动机、外部动机、内部动机3个阶段。无动机指没有进行某行为的理由。外部动机是为了从外部获得报酬、避免处罚等而产生行为的动机。内部动机指引起某种行为的从内部涌现出来的喜悦、兴趣的状态。

(2)学习动机是动态变化的过程,在无动机、外部动机、内部动机等各个阶段间可以根据自我决定的程度高低进行转换。

二、归因理论

归因理论是指判断和解释他人或自己行为的原因的理论。不同学者提出了具有不同内涵的归因理论,其中影响最为广泛的当属伯纳德·韦纳(Bernard Weiner)。所谓归因,就是对他人的行为或自己的行为所进行的因果解释和推论。对结果形成原因的看法不同,对其后的学习动机和学习行为的影响也就不同。韦纳认为,人们在解释成功或失败时主要将其归结于能力、努力、任务难度、运气4种原因,并将这4种原因划分为控制点、稳定性2个维度(Weiner,1972)。其中,控制点维度分为外部和内部,稳定性维度分为稳定和不稳定(详见表2-1)。

表2-1 归因的维度和原因(Weiner,1972:356)

控制点维度	稳定维度	不稳定维度
内部	能力	努力
外部	任务难度	运气

韦纳认为,归因的稳定性维度会影响对下次行为结果的预想。如果把原因归于稳定因素,因稳定因素较难改变,则预想下次也会出现同样的结果(Weiner,1972)。如果把原因归于不稳定因素,则期待下次结果可能会发生变化。比如,把成功的原因归于不稳定因素——努力的话,就会产生只要下次努力就可成功的期待感;反之,如果把失败的原因归于稳定因素——能力的话,则会认为不管自己怎么努力,结果也不会改变,对下次行为的期待就较小。相较于把失败归结为稳定因素——能力不足的人,把失败归结为不稳定因素——运气差的人对下次行为能够成功的期待要更大。

另外,归因的控制点维度对成功后的成就感及下次行为有着重要影响。越是归因于内部原因,就越期待通过自己的变化,把结果向好的方向转变。即比起归因于任务难度和运气,归因于能力和努力能使当事人更深刻地认知过去的经历。总而言之,归因于不稳定的内部原因会对未来的行为产生积极的影响,归因于稳定的外部原因则会产生消极的影响。

综上所述,学习行为的归因认知能够改变学习者对未来行为的期待和预测,是影响学习动机的重要参数(速水敏彦·長谷川孝,1979;樋口一辰等,1983)。对于同样的失败,如果归因于能力不足的话,学习动机就会下降,而如果归因于努力不足的话,学习动机则不会下降。对于归因与学习动机的关系,很多学者进行了探讨(Dweck,1975;下山剛,1985;豊田弘司,2012)。已有的研究多为1到2次持续时间较短的实验研究(小笠原光·下仲順子,2008),或是设定不同场景测试对某一现象的归因的假设性研究(川島亜紀子,2005;神田信彦,2007),在日语教育研究领域,几乎没有学者研究归因在长期学习过程中的作用。本研究将考察大学4年里学生对学习成果的归因与其后的学习行为、学习效果之间的关系。

三、自我效能感

自我效能感是指人们对自身能否完成某项工作的自信程度(Bandura,1977)。自我效能感对行为的开始、维持及完结具有重要作用。自我效能感固然重要,但并非一定能带来好的结果。阿尔伯特·班杜拉(Albert

Bandura)认为,如果缺乏达成目标所需的足够能力,即使期望很高,也很难得到理想的结果;另外,即使能够做成功的事,也有人因为没有奖励而不去做(Bandura,1977)。坂野雄二、前田基成发现,即使人们坚信某一行为能带来特定的结果,但如果不确信自己能完成,也会发生动机的减退(坂野雄二·前田基成,2002)。班杜拉指出,只有当适当的方法和充分的激励同时存在时,自我效能感才能对人们维持努力的时间长短,特别是应对突发状况时维持努力的时间的长短,起决定性作用(Bandura,1977)。换言之,要想最大限度地发挥自我效能感的作用,必须有适当的方法和足够的激励。此外,班杜拉还认为,自我效能感还受个人乐观、悲观等主观情绪的影响(Bandura,2012)。设定的目标、期待及对已有成功或失败的归因,对自身影响程度越大时,在面临困难时就越有耐心去克服困难。从班杜拉的系列研究可以得出,学习者自我效能感的强弱,直接影响到学习动机和学习目标。

自我效能感研究有两个取向——特质取向和非特质取向(Bandura,1977)。前者认为,自我效能感是跨情境的,具有特质性,不以具体情境为转移。后者认为,自我效能感是具体的、非特质的,具有情境性。下面介绍与本研究相关的特定场合特性的自我效能感。班杜拉认为,人们的自我效能感主要是通过成功体验、替代性经验、言语说服、情绪唤醒这4种信息源建立的(Bandura,1977)。成功体验是指个体通过自己的亲身经历所获得的对自身能力的判断,此信息源对自我效能感的形成影响最大。替代性经验是指通过观察他人的行为和结果获得的关于自我实施可能性的判断。例如,如果观察到与自己相似状况的他人的成功,就会认为自己成功的可能性增大。言语说服是指"自己只要做就能成功"的自我激励,以及自己的努力、能力得到认可的他人的语言劝导。情绪唤醒是指脉搏、心跳等生理反应的变化。如果感到紧张和不安,自我效能感就会下降;相反,如果意识到处于放松的状态,就会产生自我效能感。

自我效能感是预测个人行为的有效手段,自从班杜拉将自我效能感理论化以来,它在临床医疗和教育等领域就被广泛采用。但是,中泽润等指出,自我效能感的实用性特点导致虽然它的应用研究被广泛展开,基础研究却并不充分(中澤潤等,1988)。本研究在当前我国日语教育领域里,调查自我效能感在日语学习过程中如何影响学习者的学习行为。

第二节　日语教育领域中的学习动机

一、学习动机的质化研究

进入20世纪90年代,日语教育领域的学习动机研究开始大量出现。大西由美统计了日语教育领域中的学习动机研究,在56篇研究论文中,质化研究论文仅占16篇(大西由美,2014)。其中初期的研究多为量化研究(倉八順子,1992;石井秀幸,1993;縫部義憲,1995;成田高宏,1998),一般是借鉴第二语言习得领域的研究成果,调查研究不同学习环境、不同学习类型的动机内容。经常使用的方法是量表调查,通过因子分析等统计方法,调查学习动机的构成、学习动机与相关因素之间的关系等。这些调查往往认为学习动机是静态的、不变的,仅调查研究对象在某一时刻的日语学习动机,虽然能掌握当时学习者学习动机的组成及其与相关因素的关系,但不能揭示学习者个人学习动机的生成、发展、变化过程。也就是说,量化研究以大规模的学习者为研究对象,能够一次性大量调查学习动机的倾向及其与相关因素之间的关联等,但不能关注到每一位学习者,不能发现和解决学生个人层面的问题。本研究认为,在教育一线,只有发现了学生个人层面的问题,才能对症下药,因此只有聚焦学习者个人的研究才能更加准确地把握学习者存在的问题,才更具有现实意义。以上量化研究的问题不仅存在于初期的日语学习动机的研究中,还存在于后来所进行的量化研究中(郭俊海·全京姬,2006;毛贺力·福田倫子,2010;大西由美,2010;楊孟勲,2011),是所有量化研究所面临的共同问题。

近年来,以教师为中心到以学生为中心的教学理念的转变,让教师这一角色也转变为学生学习的助推器,教师如何协助学生的学习因此成了热门研究课题。与这种转变密切相关的"自律学习"成了第二语言习得研究领域中的关键词之一。要培养能够自行调整学习策略的自律学习者,教师的定位也需发生转变。即应从单方面传递知识信息的角色,转变为与学习者共同制订教学计划的咨询人员、学习心理咨询师、学习资源管理者(長沼君主,2010)。丽贝卡·奥克斯福德(Rebecca Oxford)也指出,教师不是"指导者",而是承担着向导和咨询的角色。

梅田康子认为,学习者的学习过程经过了"他人决定型学习""自我决定型学习"和"相互决定型学习"3个阶段,教师的角色也在不断发生变化

（梅田康子，2005）。在教育理念转变的大背景下，探索学生个体的学习情况，对发现、解决学生学习过程中的问题点，具有重要的现实意义。

　　在解析学习者个体学习过程的研究中，文野峰子首次尝试了日语学习动机的质化研究。她以1名在日本大学就读的中国留学生为研究对象，对其日语学习动机进行了纵向调查，论述了学习环境因素中朋友的存在与学习动机的密切关系（文野峯子，1999）。此后，日语学习动机研究不再局限于量化研究，开始转向研究学习者本身。笔者汇总了包括文野峰子在内的日语教育领域中学习动机的质化研究（表2-2）。斜体字记载的是分析方法。

表2-2　日语教育研究领域中学习动机的质化研究

文献	研究对象	研究目的或方法	研究结果
文野峯子，1999	(1)日本国内大学的中国留学生1名 (2)研究对象的朋友1名	中国留学生的动机发展变化及影响因素 (1)访谈 (2)半年的行为观察记录 (3)生活故事	(1)学习动机与学习环境因素中的朋友的存在密切相关 (2)揭示了学习动机的分析中不仅需要研究对象本人的报告，还需要有基于他人视角的解释、分析
千田昭予，2004	非教室环境的学习者2名(赴日目的非日语学习)	非教室学习环境学习者的日语学习动机 (1)互动日记(1周) (2)跟踪采访(3次)	(1)在不使用日语的环境中，与他人的社交关系对日语学习动机没有影响 (2)通过实际生活中与日本人接触的体验，学习者切实感受到使用日语对自己的意义
守谷智美，2004	日本信息技术企业的中国进修生22名	"你怎么看待现在的日语能力""原因是什么" (1)半结构化访谈 (2)KJ法①	(1)成功原因："情感因素""工具意向""交流意向" (2)失败原因："情感因素""研修环境""授课""没有他人的帮助"
饭塚往子，2005	日本语言学校的留学生3名	日语学习动机与人际关系的关系 (1)结构式问卷调查 (2)开放式问卷调查 (3)研究对象访谈 (4)他人访谈(任课教师)	影响学习动机的人际关系为：教练、一起做兼职的日本人、同学、本国的长辈

---

　　① KJ法是收集未知问题的相关意见、设想等文字资料，然后根据信息的亲和性进行归类整理，经过层层分级，最后得出解决方案的一种方法。KJ法的创始人是日本人类学家川喜田二郎，KJ是他的姓名的英文 Jiro Kawakita 的缩写。

续表

文献	研究对象	研究目的或方法	研究结果
飯塚往子，2006	日本语言学校的留学生	学习者的生活中与学习动机相关的要素： (1)结构式问卷调查 (2)开放式问卷调查 (3)研究对象访谈 (4)他人访谈(任课教师)	学习者的生活中影响学习动机的因素有：兼职、居住、暂时回国
守谷智美，2005	日本国内信息技术企业的中国进修生41名	(1)结构式访谈 提问内容："来日本的目的和经过""为什么想学习日语""想用日语做什么" (2)KJ法	(1)学习者将日语学习定位为研修的重要部分,积极学习 (2)与日本人、日语水平高的人接触会对日语学习动机产生重要影响 (3)若没有以上的接触机会,学习者主要受外在压力参加研修,出于责任而学习日语
羅曉勤，2006	中国台湾的日语专业学习者19名	(1)访谈 (2)生活故事	日语学习者学习动机的生成,与下列因素有着密切关系:自身对所处的社会关系的认识,以及在社会关系中的自我发展
ギブソン壽美子，2009	中国香港的日语学习者20名	访谈	日语学习者最初因动画和日本产品而对日语感兴趣。和日本人接触以后,更热衷于建立与日本人的亲密个人关系
中井好男，2009	(1)日本语言学校的中国人日语重修学习者14名 (2)日语教师11名	(1)半结构化采访(影响学习动机的因素) (2)修改版扎根理论	影响学习动机的主要因素:日本的留学生活,与同学、老师的接触
田村知佳，2009	德国的大学日语学习者3名	情景式访谈(episode interview)	(1)在学习目的方面,相较于对未来职业的帮助,学生更重视日语学习的乐趣 (2)学生为了体验异国情调而学习日语,在他们看来学习日语和学习韩语、中文没有大的区别 (3)有必要实施重视娱乐的日语教育

文献	研究对象	研究目的或方法	研究结果
今福宏次,2010	中国台湾的日语专业大学生	什么时候学习情绪高涨/情绪低落 (1)日记 (2)访谈 (3)扎根理论(Grounded Theory)	(1)"教师原因" 提高:上课(愉快、易懂),要求自我效能感、信任感,教师能适当地纠正错误 降低:对评价方式的不满,课堂中跑题,不恰当的纠正错误的方式,无聊,考试内容 (2)"学习者原因" 提高:合作学习,与朋友的能力差距 降低:丧失信心
三國喜保子,2011	中国香港的成人日语学习者	学习者的学习过程:学习者对持续学习的认识及相关影响因素 (1)问卷调查 (2)访谈	中国香港的成人日语学习者的持续学习,得益于"身边'日本'元素的存在"和"学习成果",他们一边进行"积极的干预",同时经历"烦恼,迷茫",在此过程中加深"自身理解",持续学习
根本愛子,2011	卡塔尔的日语课程学习者10名	日语学习动机的变化 (1)预备调查(问卷调查) (2)正式调查(访谈)	因为"对日本的兴趣"和"对语言学习的兴趣"加上"不懂日语的压力",学习者开始"摸索学习方法""学习时机",决定"开始学习"。社会上充斥"日语无用论"背景下有"放弃和割舍"的想法,但想提升自己的愿望和家人的鼓励等使其"继续努力"
瀬尾匡輝,2011	中国香港的高级日语学习者11名	学习动机的变化 (1)半结构化采访 (2)修改版扎根理论	因对"日本文化"的兴趣和"去日本旅行"而开始学习日语的学习者,对"日本文化"的兴趣加深,随着日语水平的提高,"懂日语的喜悦"的同时也感到与他人"交流"的喜悦。在此过程中存在各种各样的"学习困难"
瀬尾匡輝等,2012	放弃日语学习的中国香港在职人员	日语学习动机减退的原因 (1)量化调查:问卷调查21人 (2)质化调查:半结构化访谈3人	大多是因为"工作"和"时间不足"而使学习热情下降。工作变忙,导致不能及时预习和复习,不得已放弃日语学习。由于课堂讲授内容过多,很多学生跟不上进度,课程改革难度较大
陳文敏,2012	中国台湾的日语专业学生1名	日语学习后进者的学习心理 访谈	发现学生具有下列心理:"学习动机的低下""缺乏自我评价的视角""对能力的自信""评价相对较低的现状"等

续表

文献	研究对象	研究目的或方法	研究结果
吉川景子，2012	日本的中国短期留学生3名	以学习环境为重点，对学习兴趣增强或日语进步的学生进行半结构化访谈	使学生学习热情高涨的活动："演讲比赛""校园节""和高中生的交流会"等。此外，他们体会到和其他留学生日语水平的差距而奋起直追，通过"采访计划"与日本人的对话活动使之信心增强
竹口智之，2013	俄罗斯的大学日语学习者11名	动机的变化过程及原因 (1)访谈 (2)修改版扎根理论	形成4个核心分类："地理历史、家庭教育认识""教育环境的认识和活用""对留学的希望和接受""发展后的自己和社会性属性"
富吉结花，2014	泰国的大学日语专业学习者	影响日语学习热情的因素 (1)开放式问卷调查：66名 (2)半结构化访谈：30名	(1)问卷调查结果：影响学习积极性的因素中预设的7个因素全都出现，显示有必要考虑更多的因素 (2)访谈结果：以上积极因素有助于学生形成和维持"理想自我"及"应该自我"，学习积极性也会提高；反之，若遇到挫折和持续的困难，积极性则会下降
Hamada & Grafström，2014	澳大利亚的大学日语学习者6名	日语学习动机的减退原因访谈	课堂氛围受班内团体(因日本文化知识的差异而自然形成的团体)的影响。学习者对日语中汉字和礼仪的学习感到困难，且日语的社会需求很少
王俊，2014a	中国的日语专业学习者15名	一年级的学习动机的变化 (1)开放式问卷调查 (2)课堂观察 (3)日常调查表 (4)学习日记	学习者的学习动机和学习行为大致有3种。在志愿报考日语专业的模式1中，学习动机和学习行为很稳定，学习勤奋。模式2的学习者被调剂到日语专业，转专业意愿强烈，但因当前专业是日语，所以优先学习日语。后因备考不足，未能成功转专业。之后不再动摇，专心学习日语。模式3的学习者被调剂到日语专业，转专业意愿强烈，付诸具体行动并最终成功转专业

文献	研究对象	研究目的或方法	研究结果
王俊，2014b	从日语专业转出的中国日语学习者1名	半年的日语学习动机的变化 (1)开放式问卷调查 (2)课堂观察 (3)日常调查表 (4)学习日记	学习者的学习动机变化分为3个时期:开始认为能进入大学就好,专业并不重要,对于被调剂到日语专业,并没有抵触情绪。后来开始厌倦需要大量背诵的日语学习,甚至一度放弃日语学习,导致期中考试未及格,而转专业的条件之一是全部科目必须及格。为了转专业成功,他又重新开始认真学习日语
王俊，2015a,2015b	中国的日语专业优秀学习者2名:A和B	日语学习过程中的学习动机与学习策略 (1)开放式问卷调查 (2)课堂观察 (3)学习日记 (4)质化叙述性研究方法	(1)学习者A受到自我效能感、责任动机、好成绩、奖学金、使命感的积极影响。学习者B从责任动机和内部动机并存逐渐转变为责任动机为主,学习内容有趣时会引发内部动机 (2)学习策略上,学习者在日语上均花费了大量的时间。投入最多的是语法学习,方法是课后重新整理所学语法,将知识系统化
許晴，2015	中国的日语专业学习者1名	语言学习经历、进入日语专业时的感想、学习动机、学习目标、大学4年动机变化强度的自我评价、动机强度变化的理由、大学4年间学习兴趣的变化、日语及其他证书等的获得 半结构化采访	发现了以下4个情况:将重点放在考试和目标上、放弃日语学习的学生的目标结构、对待考试的态度变化及与此相关的动机减退的原因
趙峰光，2015	日本的大学的中国日语学习者5名	日语学习动机在学习过程中是否有变化,如何变化等 (1)访谈 (2)修改版扎根理论	(1)所有学生均承认学习动机发生了变化 (2)所有学生从外部动机变成了内部动机。其中4名内部动机没有持续,再次变成了外部动机
王俊，2016a	中国的日语双学位学习者69名	日语双学位学习开始前,日语学习动机的变化 (1)问卷调查 (2)半结构化访谈 (3)质化叙述性研究方法	(1)30人拥有复合型学习动机 (2)日语学习动机包含以下2种类型:从小学、初中就开始形成的长期学习动机和大学入学后才形成的短期学习动机。这揭示了双学位学习者学习动机的构成内容复杂多样

续表

文献	研究对象	研究目的或方法	研究结果
王俊，2015c，2016b	中国的日语双学位学习者	学习动机和学习行为2年内的历时变化 (1)开放式问卷调查 (2)学习日记 (3)课堂观察 (4)修改版扎根理论	发现学习者呈现学习动机下降和学习动机不变2种类型。学习者因为周围环境影响、好奇心、容易学习、对主修专业有用、对就业有利、日本留学、对日本文化等感兴趣、充实等而开始学习日语，第一学年上学期认真上课。随着新鲜感逐渐减少，加上遇到了困难，学习动机减退，出现继续学习者和放弃学习者
王俊，2016c	中国的日语双学位优秀学习者2名	学习动机和学习行为2年内的历时变化 (1)访谈 (2)学习日记 (3)开放式问卷调查 (4)社交媒体QQ群 (5)质化叙述性研究方法	(1)有明确的学习动机。均未设定学习目标，因为喜欢日语而学习 (2)确保每天都有接触日语的时间 (3)具有个性化的学习方法。2人分别以观赏动画片、学习教科书为主，虽然迥异，但对他们自身来说最有效率
王俊，2016d	中国的日语专业学习者15名	4年的学习动机和学习行为的历时变化 (1)开放式问卷调查 (2)访谈 (3)日常调查表 (4)学习日记 (5)日常接触 (6)质化叙述性研究方法	(1)一年级到三年级，学习者中呈现学习动机上升型、学习动机不变型、学习动机下降型三种变化模式 (2)四年级时，除了报考日语研究生的学生外，其他学生或求职或备考其他专业的研究生入学考试，仅为了毕业而进行日语学习
中井好男，2018	日本语言学校的中国重修生	重修生为什么会重修 (1)访谈 (2)开放式问卷调查 (3)修改版扎根理论	探讨了日本学校的中国日语学习重修生的学习动机的形成过程以及日语教师对他们的看法
王俊，2019	中国的大学日语选修学习者57名	初级日语(2个月)学习期间的学习动机的历时变化 开放式问卷调查	(1)和学习开始时相比，50音学习后，学习者的学习动机呈现出"学习动机不变型""学习动机下降型""学习动机上升型"三种变化轨迹。但是进入会话文学习后，"学习动机下降型"的部分学习者中学习动机增强 (2)初级日语学习的积极性因素中主要包含对日语的兴趣和日语教师相关因素；消极因素中包含授课进度过快、没有日语学习环境等因素

对表2-2中提到的有关学习动机的质化研究论文(笔者发表的论文除外)进行分析,发现有如下特征和问题。

(1)绝大多数研究探索的是某一地区某一日语学习者群体的学习动机的变化及其影响因素。学习动机依存于学习环境(Eills,1985),在日语学习者日趋多样化的背景下,守谷智美指出,今后应在各个地区调查拥有不同学习背景的学习者,这能够让研究者全方位地了解学生的日语学习动机(守谷智美,2002)。以上研究中,有10篇论文的研究对象是日本国内拥有不同学习背景的中国日语学习者,这部分研究占有较大比重。笔者推测,其最大原因是研究者本身为居住在日本的日语教师,以所教授的学生为研究对象,实际操作起来比较容易。且中国人日语学习者数量庞大,在日中国人数量较多也是原因之一。另外,作为研究对象的学习者的身份多种多样,不仅有留学生(文野峯子,1999;中井好男,2018),还有公司的进修生(守谷智美,2004)和语言学校的学生(飯塚往子,2005,2006;中井好男,2009)。而且,学习者所在的社会环境也是多种多样的,除了中国内地外,还包括中国香港(三國喜保子,2011;瀨尾匡輝,2011;瀨尾匡輝等,2012)、中国台湾(羅曉勤,2006;今福宏次,2010;陳文敏,2012)、德国(田村知佳,2009)、卡塔尔(根本愛子,2011)、俄罗斯(竹口智之,2013)、泰国(富吉結花,2014)、澳大利亚(Hamada & Grafstrom,2014)等等。但是,如前所述,学习动机的研究在研究方法上有失平衡,量化研究占据主流,质化研究虽然近年来有所增多,但总体上仍处于萌芽状态。尽管中国内地的日语学习者数量占据世界首位,但从学习者个体出发解析学习动机和学习行为的只有許晴(許晴,2015)。此外,日语学习动机的量化(或量化、质化结合)研究中,中文文献只有彭晶、王婉莹(2003),王婉莹(2005),黄莺(2008),蒋庆荣(2009),林艳华等(2011);日语文献只有郭俊海、全京姬(郭俊海·全京姬,2006),森本晓美(森本晓美,2006),青山玲二郎(青山玲二郎,2009),副島健作等(副島健作等,2014,2015),許晴(許晴,2018)。就学习者数量来看,相关研究还处于相对落后的状态。

(2)在数据收集方面,除了飯塚往子以外,几乎均为一次性的回溯式访谈。笔者认为,此方法经常被采用的原因有如下2个:

①相较于需要花费大量时间进行调查的纵向研究,一次性的回溯式访谈对研究者本身和研究对象来说负担较小。

②通过多个研究方法共同收集到的数据,很少有适合的分析方法来进行数据分析。能够对多路径收集的数据进行分析,且已理论化的质化分析方法,现阶段除了扎根理论以外几乎没有其他方法。扎根理论主要以大规

模质化数据为分析对象,在社会学、民俗学中被广泛采用,在日语教育领域中具体应如何应用,还有待探索(飯塚往子,2005,2006)。

基于以上背景,在日语学习动机的质化研究中,收集数据多以一次性的回溯式访谈为主。饭塚往子认为,很难仅用一个尺度来描述学习动机,她分别对学习日语半年后和1年后的学习者的学习动机进行了结构式问卷调查、开放式问卷调查、访谈、相关人员访谈(任课教师)等调查(飯塚往子,2005,2006),但在其论文中并没有找到关于分析法的描述。

如前所述,与量化研究相比,质化研究在数据收集和数据分析上缺乏客观性,从而导致研究结果的可信度大打折扣。为了最大限度地提高质化研究的质量,应组合使用多种调查方法,以确认数据的真伪。在社会学领域,这种做法被称为三角测量(triangulation)。笔者认为,从这个意义上来说,在学习动机的质化研究中组合多种调查方法是必要的,有意义的。此外,由于学习动机是不断发生着变化的,如果从发生变化到实施访谈之间时间间隔较长,那么随着时间的流逝,学习者容易记忆模糊甚至忘记,这对研究结果影响较大,有时甚至会产生决定性的影响。即使不是在学习动机发生变化的时间节点上收集数据(实际操作可能性较小),也应该尽量缩短数据收集的时间间隔,以保证尽可能收集到真实的数据。因此,相较于一次性的回溯式访谈,调查频率相对较高的跟踪调查在学习动机的变化研究中更为合适。另外,既然从多个视角来收集相关数据、解读学习动机,那么在解释数据时分析方法也应多样化。

(3)为了全面把握学习者的学习动机,需要尽量把研究对象周边的相关人员(教师和朋友等)也纳入研究。这一做法有利于收集质量更好、更加客观的数据,并将研究对象个人汇报数据的偏差控制在最小范围内。但迄今为止这样的研究较为少见。如前所述,在日语教育领域,文野峰子首次对学习动机进行了质化研究,她在研究视角上加入研究对象的朋友的做法,使学习动机的调查方法从选择式问卷调查中解放出来,使研究视角更加开放,更能精准地描述学习者的学习动机(文野峯子,1999)。本研究的数据收集,不仅采用学习者的个人汇报,还加入了室友、同学、任课教师和班主任的视角,以期更准确地把握学习者的学习动机和学习行为。

(4)表2-2中列举的质化研究多为聚焦学习动机变化并探究其原因的研究,且基本集中在探索学习动机上升或减退的主要原因上,但对于动机本身是如何变化的,涉及的研究则较少。因此,为了探索学生在各个学习阶段中的学习动机,需要收集相应学习阶段的相关数据。如前所述,在一次性回溯性访谈中,研究对象可能会记忆模糊甚至忘记,因此不能及时把握学生学习动机的变化。从数据收集和分析所花费的时间和劳力来看,以少数学生为对象的研究更适合调查频率高的研究,但因为研究对象数量少,收集到的数据可能会单薄、片面,这就需要在数据的质量上下功夫。

基于以上问题点,本研究使用开放式问卷调查、访谈、课堂观察等多种调查方法来调查学习动机和学习行为的变化。

二、我国日语学习者学习动机研究

上面提到,我国的日语学习人数庞大,但学习者的学习动机相关研究却很匮乏,表2-3是与日语学习动机相关的中文文献。

表2-3 中国的日语学习者学习动机研究现状

文献	研究对象	研究目的或方法	研究结果
彭晶、王婉莹,2003	清华大学日语专业学习者43名,非专业日语学习者36名	动机的类型、专业/非专业与学习效果的关系 问卷调查	对日本文化和日语的憧憬是日语专业学习者和非专业日语学习者共同的学习动机。强制型动机是日语专业学习者特有的动机。非专业学习者的日语志向动机和成就感动机较强。专业学习者的学习效果更好
王婉莹,2005	清华大学、北京大学、中国人民大学日语第二外语学习者140名	动机的类型、动机的强度 问卷调查	学习动机大致分为娱乐型、信息考试型、自身提高型、学习工作型、文化型、竞争型、可行型、美食型8种。学习动机中持实用型动机的学习者很少,可以看出学习者对日本、日语和日本文化的兴趣
黄莺,2008	宁波大学非专业日语学习者282名	学习者的动机类型 问卷调查	发现7类学习动机:个人发展动机、社会责任动机、语言效价动机、学习情境动机、信息媒介动机、自我效能动机、文化兴趣动机
蒋庆荣,2009	淮海工学院日语专业学习者268名	年级和动机的关系 问卷调查	年级越高,学习者的学习动机强度越大,但整体来看学习动机并不强
林艳华等,2011	湖南某大学生日语学习者一年级至四年级共153名	动机的类型、动机的强度的关系 问卷调查	发现8种动机类型:现实型、文化型、语言兴趣型、融入型、成就型、经济与技术憧憬型、娱乐型、强迫型。一年级和四年级学生的动机比二、三年级学生的动机强

续表

文献	研究对象	研究目的或方法	研究结果
王俊, 2018, 2020	中国的日语专业 调剂生7名	大学4年的学习动机 和学习行为的变化 (1)开放式问卷调查 (2)访谈 (3)日常调查表 (4)学习日记 (5)日常接触	日语学习动机的变化:一、二年级学期初,受到上学期不理想成绩的刺激,调剂生学习动机增强,但若短时间内成绩不见起色,他们便不再努力。二年级下学期到三年级,学生修读双学位,日语学习时间减少,日语学习动机进一步减弱。四年级时,学生日语学习动机降至最低

除王俊(2018,2020)的研究外,不论研究对象是日语专业学习者还是非专业日语学习者,表2-3列出的研究均为量化研究,主要是采用因子分析等统计分析方法,对日语专业学习者或非专业日语学习者的学习动机进行分类。此外,还有研究表明,学习动机的类型和学习动机的强度与年级存在相关性。但表2-3列出的研究的研究对象的数量并不大,因此问卷是否覆盖了我国所有日语学习者的动机类型,结果是否具有代表性、是否能够一般化等问题,仍有待进一步验证。日语教育领域的研究成果如何反馈到实际教学中,这是我们研究人员应经常思考的问题。量化研究主要是把研究对象转化为数字,然后对其进行处理、分析,其对教育教学的贡献始终有限,质化研究在学习者具体问题的发现和解决上更有效。

在中国知网中检索对非专业日语学习者的研究,显示的大部分论文是以英语学科的第二外语学习者为研究对象的文献,主要为基于教师自身经验的、提出如何更好地传授知识的论述性文章,实证研究几乎没有。对我国非专业日语教育概况研究的文献有成同社(2006),案野香子、谷部弘子(案野香子·谷部弘子,2010),但有关日语双学位学习动机的研究暂时还没有。

第三节　学习策略

大和隆介认为,学生通过训练可以熟练使用学习策略,从而更高效地学习外语(大和隆介,2003)。也就是说,学习策略可以通过某种训练加以改变,因此有必要向优秀的语言学习者学习其学习策略。

针对学习策略的定义和分类,已经有很多相关研究(Rubin,1975;Stern,1975;O'Malley & Chamot,1985)。奥克斯福德将学习策略定义为

"为了更容易、更快捷、更快乐、更自主、更有效、更迅速地应对新情况,学生采取的具体行动",并结合已有文献,将学习策略的分类系统化,开发了语言学习策略量表(Strategy Inventory for Language Learning,以下简称为SILL),以调查学习者的策略使用情况(Oxford,1990)。此后,在第二语言习得领域,研究人员在进行学习策略研究时,或直接引用语言学习策略量表,或对其进行一些修改(杉橋朝子,2004;木村松雄・遠藤健治,2007,2008;呉禧受,2007;齋藤華子,2009;朴一美,2010),这些研究阐明了学习策略与学习者语言熟练度的相关性。捷克著名日语教育研究学者诺伊施图普尼认为,在日语教育研究领域中,导入语言学习策略量表时需结合实际情况做相应的调整(ネウストプニー,1995)。

　　宫崎里司指出,包括语言学习策略量表在内的学习策略研究存在9个问题,其中以下3个问题与本研究相关(宫崎里司,2003):

　　(1)学习策略研究中经常引用语言学习策略量表,但语言学习策略量表能否解决所有有关学习策略的问题还有待考证。

　　(2)既有研究多以学习策略类型化为研究重点,容易产生学习策略是普遍存在的且不会变化的刻板印象。

　　(3)很少有聚焦学习策略及相关领域的复合性研究。

　　语言学习策略研究最早开始于对优秀学习者学习行为的调查研究。在第二语言习得研究领域中,优秀学习者的研究从20世纪70年代开始,代表性研究有琼・鲁宾(Joan Rubin,1975)、H.斯特恩(H. Stern,1975)、罗德・埃利斯(Rod Ellis,1994)。鲁宾以法语和希伯来语的优秀学习者为对象,通过课堂观察、课堂录像观察、访谈等调查方法,总结了优秀学习者的7个特征(Rubin,1975):

　　(1)乐于并善于猜测。

　　(2)具有强烈的交际愿望。

　　(3)不受知识欠缺的约束,不怕犯错。

　　(4)注重语言形式。

　　(5)寻找一切交流机会。

　　(6)监控自己和别人的话语。

　　(7)关注语言形式在社会环境中的意义。

　　同时,斯特恩在已有文献的基础上结合自己的教师经验,列举了优秀学习者的10个学习策略:

　　(1)有个人的学习风格或积极的学习策略。

　　(2)主动去完成学习任务。

（3）对待目的语态度友好，目标是和目的语的母语者一致。

（4）知道如何解决语言学习中的问题。

（5）把所学习的新知识系统化，并在学习中不断修改该系统。

（6）经常寻求对意义的理解。

（7）注重实践。

（8）注重在真实的交际活动中使用目的语。

（9）自我监控语言的运用，对语言使用时出现的问题较为敏感。

（10）把目的语看成一个独立的参照系统，并用其来进行思维（Stern，1975）。

另外，埃利斯从优秀学习者身上找到了5个特征：

（1）注重目的语的形式，认真练习。

（2）在遇到不会的单词和表达时，会推测意思，积极寻求交流的机会。

（3）设定目标，并制订完成目标的计划。

（4）按照自己喜欢的学习风格进行学习。

（5）理解自己的需要，评价学习进度，设定自己的学习方向（Ellis，1994）。

从上述研究可以看出，研究对象所在的学习环境很可能是能够和母语者接触的二语环境。而在很少有和目的语的母语者接触机会的外语环境中，上述结论未必适用。例如，使用目的语进行实际的交流时需要有能够交流的对象，但实际的外语环境中很少有能用目的语进行交流的对象。

在日语教育领域，学者对学习策略和学习动机、学习成绩、日语学习经历、有无访日经验、年级等因素的相关性进行了大量的研究（伊藤祐郎・楠本徹也，1992；村野良子，1996；楊孟勋，2011；副島健作等，2015）。冈崎敏雄强调，当务之急是开展日语学习者学习策略的叙述性研究（冈崎敏雄，1990，1991）。现已有从阅读、听力等个别技能入手的纵向研究（伊藤博子，1991；水田澄子，1995a，1995b，1996；関真由美，1996），但覆盖全面的学习策略的研究依然很少（浜田麻里，1999）。浜田麻里认为，学习策略的研究分为微观过程研究和宏观过程研究，她把宏观过程中使用的策略称为"宏观策略"，宏观策略在学习者的学习过程中尤为重要（浜田麻里，1999）。宏观任务是实现语言学习这一最终目标的宏观学习任务。在学习过程中，重视单词学习和语法学习等相当于宏观任务。宫崎里司指出，聚焦学习策略及相关领域的复合性研究较少（宫崎里司，2003）；浜田麻里亦指出，研究时不应该割裂学习者学习情况的各个特征（浜田麻里，2004）。因此，本研究把学习者的学习动机和学习策略看作一个整体，开展叙述性研究。

第三章　研究方法

第一节　调查对象

我国的大学按照属性可分为综合类、文科类、理学类、工学类、农学类等13大类。考生综合考虑高考成绩、报考学校的排名、专业排名来决定大学和专业。填写专业志愿时[①]依次填写第一志愿到第五志愿。如果高考分数不能进入第一志愿的专业，就要看能否达到第二志愿到第五志愿的合格分数线。均未达到时，在志愿"是否接受调剂"上填写"是"的学生，会被调剂到还未报满的专业，填写"否"的学生将落榜。

大学一般都有自己的强势专业，报考这些专业的学生往往会超过预定招生人数，未达到录取分数线的学生会被调剂到还未报满的专业。以理工科为主的大学里面，理工科专业一般比文科专业在专业排名、社会认可度上要更高，经常出现理工科报考火爆，而文科专业却鲜有人问津的情况，这样一部分本想进入理工科专业的学生不可避免地会被调剂到文科专业。解决此问题的方法之一是转专业制度。2002年，复旦大学接受了244名学生的转专业申请。这是我国首次大规模试运行转专业制度，自此我国的其他高等教育机构中也开始正式实行转专业制度(刘恩伶，2010)。随后，这一做法逐渐被制度化，写进了2005年9月1日开始实施的《普通高等学校学生管理规定》第三章(第十八条)中："学校根据社会对人才需求情况的发展变化，经学生同意，必要时可以适当调整学生所学专业。"这一制度虽然能使学生尽量选择自己感兴趣的专业，但也存在一些问题。例如，很多院校只有一部分专业实行转专业制度，能够转入、转出的学生数量也极为有限，转专业开始时间太早(如有些大学一入学就进行转专业等)，导致学生对转入、转出专业不够了解等问题。

---

① 此处指笔者进行研究的2011年的情况，之后一些地区进行了高考改革，志愿填写方法发生了变化。

本研究选取华中科技大学为研究对象。下面介绍该大学的日语教育概况。华中科技大学是教育部直属的重点大学[①]，医学、工学等理工医学专业排名高、名声大。在全国的专业排行榜上，排名靠前的专业(机械制造、光电子等)的报考考生每年都超过招生人数，文科专业却年年受到冷遇，从理工科专业调剂过来的学生比比皆是。

一、日语专业课程设置

华中科技大学的日语专业成立于1998年，日语教育则开始于20世纪60年代，日语教育历史悠久[②]。华中科技大学的日语专业在全国高等教育机构的日语专业排行榜上名列前茅，该专业每年招收20人左右，实行小班授课。

在日语课程方面，教育部制定的日语专业教学大纲包括《高等院校日语专业基础阶段教学大纲》(2001)和《高等院校日语专业高年级阶段教学大纲》(2000)。《高等院校日语专业基础阶段教学大纲》规定了基础阶段具体的学习目的、学习时间和学习内容。其中，学习目的是掌握日语基础知识，培养听力、口语、阅读、作文4项技能，在训练日语运用能力的同时，学习和理解日本社会文化知识。基础阶段(一、二年级)的日语课主要有精读(或者综合日语、基础日语)、技能类日语(阅读、听力等)和大学独立设置的科目(文学、经济等)。学校不同，设置的科目也稍有不同，但重点都在于听、说、读、写4种技能的训练。学习时长有4学期，1学期平均学习时长为17周。第一学年1周有14节课(1节课为40或45分钟)，总共476节左右。第二学年1周有12节，总共408节左右。学习内容如表3-1所示。

表3-1　日语专业基础阶段的教育内容

分类	年级	学习内容
发音	一	语音：(1)清音、浊音、半浊音、拨音、促音、长音、拗音、拗长音的发音；(2)元音的无声化、送气音和不送气音；(3)区别单词的发音；(4)日语发音的特征、重音、语调等
	二	语调：单句、复句的语调变化、句子层次的结构、终助词的语气
文字和词		假名、汉字、罗马字：汉字1607字，词第一学年3000个，第二学年5600个

---

① 全国大学排名每年都会进行，华中科技大学的综合排名一般在5到15名之间。

② 在设置日语专业前已设有日语教研室，主要培养把日语作为第二外语的学习者。

分类	年级	学习内容
语法	一	词的分类、意义及基本用法、单句结构及用法
	二	敬语、时、态、发音
句型		语法数量:230条
功能、概念		60个
社会文化		日本的文化知识

下面介绍《大学日语专业高年级阶段教学大纲》(2000)的学习目的和学习内容。学习目的为"学生毕业时应具有扎实的日语基本功和较强的日语实践能力;还要具备日语语言学、日本文学、日本社会文化(包括地理、历史、政治、经济、风俗、宗教等)方面的基本知识以及与此相适应的跨文化交际能力"。学习内容没有像基础阶段那样有明确规定,但课程中应包含日语综合技能、日语学、日本文学、日本社会文化这4方面的内容。具体来说,有日语精读课,日语文章、报刊阅读课,日语写作课,翻译课这4类课程。对具体科目的具体学习时间没有明确规定,只要满足上述基本要求,各个学校可根据自身特点自行设置课程内容。

根据《高等院校日语专业基础阶段教学大纲》及《大学日语专业高年级阶段教学大纲》的基本要求,华中科技大学日语专业设置的日语课程如表3-2所示,其中所列是日语专业2011年入学的学生一年级到四年级的全部日语课程。

表3-2　华中科技大学日语专业2011年至2014年的日语课程

课程	节/周	年级							
		一年级		二年级		三年级		四年级	
		上学期	下学期	上学期	下学期	上学期	下学期	上学期	下学期
基础日语	10	○	○						
中级日语	8			○	○				
高级日语	6					○	○	○	
日语听力	4	○	○	○	○				

续表

课程	节/周	年级							
		一年级		二年级		三年级		四年级	
		上学期	下学期	上学期	下学期	上学期	下学期	上学期	下学期
日语口语	4	○	○	○	○				
日本概况	2	○							
日语写作	2			○	○	○	○		
日语阅读	2				○				
日本历史	2			○					
日语报刊阅读	2				○	○	○		
日语语言学	2				○				
日语实用语法	2				○				
日语视听说	2					○	○		
商务日语	2					○	○		
日语实用语法	2					○			
口译实践	2						○	○	
日语古典语法	2						○		
日本文学史	2						○		
日本古典文学赏析	2						○		
翻译理论与实践	2						○		
日本经济	2							○	
日本近代文学赏析	2							○	
日语概论	2							○	
日本文化论	2							○	
日本政治	2							○	
跨文化交际	2							○	
论文指导	4/17（周）								○

本研究的对象是华中科技大学日语专业2011年入学的学习者。2011年招收的15名学习者中，以日语专业为第一志愿的学习者为2人；第二、三、四、五志愿的学习者为6人；未报考日语专业，被调剂到日语专业的学习者为7人。为了保护研究对象的隐私，征得本人同意后，用"A＋数字"来代替学生的真实姓名。研究对象的具体志愿信息如表3-3所示。

表3-3　华中科技大学日语专业学习者志愿和理科、文科信息

日语专业的志愿状况	文科学生	理科学生
第一志愿	A01、A02	—
第二、三、四、五志愿	A03、A04、A05、A06、A07	A08
调剂	—	A09、A10、A11、A12、A13、A14、A15

此外，华中科技大学的转专业工作在第一学期末开展，形式是笔试或面试，转专业考试合格，且第一学期末考试科目全部及格，转专业方可成功。

二、日语双学位课程设置

为了探讨非专业日语学习者的学习情况，本研究把日语双学位学生纳入研究对象，具体来说是华中科技大学2012年入学的"七校联合"①日语双学位的学生。1999年，位于武汉市的7所全国重点高校各自拿出本校特色优势专业联合办学，这7所高校的二、三年级学生，可以任选其中1所学校的专业（与主专业不同）进行修读，在2年内取得规定学分就可以获得学位证。类似的跨校选修制度除武汉市外，在一些教育强省也有开设，没有条件校际联合的院校校内开设双学位或辅修专业的也较多。在修读时需支付学费，每年规定取得学分为25个，取得1个学分需要修读16学时，每学分为100元，学习2年需缴纳5000元学费。二年级下学期开始，学习1年后取得25学分可拿辅修证书，学习2年后取得50学分可获得双学位证书，学生在节假日（包括暑假）上课。

截至2008年，"七校联合"双学位培养模式成为中国实施时间最长，实际参加大学数量、学习人数最多的模式（许晓东，2008）。参加"七校联合"

①　2011年开始，武汉市的其他一些大学也加了进来，共有11所加盟高校，但名称依然是"七校联合"。

的7所学校中,日语专业学习者总人数只有710人,而非专业日语学习者却多达3210人①(国際交流基金,2013)。华中科技大学的日语双学位课程开设于2002年,到2011年10月共计约2150名②学习者修读了该课程。

华中科技大学的日语双学位课程的教学目标为"扎实掌握日语基础,培养听、说、读、写、译五大方面的能力,培养具有较强的社交、工作能力及综合知识结构的第二专业人才"③。本研究选择华中科技大学作为调查对象的原因是,2012年选择华中科技大学日语双学位学习的人数在"七校联合"参加大学中最多,能够收集到丰富翔实的数据,从而进行深入分析。华中科技大学的日语双学位任课教师同时是日语专业的教师,课程设置也按照日语专业编制,便于和日语专业学习者进行比较。学制为2年,分4个学期,总授课时长为45分×800课时。第1学期到第3学期在华中科技大学上课,剩下的1学期撰写毕业论文。取得日语双学位证书的硬性条件是,通过所有日语课程考试,同时通过日本语能力测试N3(以下简称N3)或大学日语4级考试。

华中科技大学的日语双学位课程,每个班级的人数为30到60人。从第2学期开始,一般会出现中途放弃的学生,届时会进行人员调整,重组班级。日语双学位课程设置如表3-4所示。

表3-4　华中科技大学日语双学位的课程设置

课程	节/周	学年		
		第一学年		第二学年
		上学期	下学期	上学期
综合日语Ⅰ	8	○		
综合日语Ⅱ	8		○	
综合日语Ⅲ	6			○
日语听力	2	○	○	
日语口语	2	○	○	

① 通过检索国际交流基金的主页https://jpsurvey.net/jfsearch/(2016年6月17日),发现这7所学校中有1所学校的数据缺失。另外,该基金未调查非专业日语学习者的具体构成情况,所以并不能确定双学位的学习人数。

② 数据来源于华中科技大学外语学院日语系日语双学位宣传手册。

③ 数据来源于华中科技大学外语学院日语系日语双学位宣传手册。

续表

课程	节/周	学年		
		第一学年		第二学年
		上学期	下学期	上学期
日本概况	1	○		
日语实用写作	1			○
日语阅读	2		○	
日语报刊阅读	2			○
日语高级视听说	2			○
商务日语	2			○
日语概况	1			○
日语测试指导	1			○
中日互译	2			○
论文指导	5/17周			○

2012年,华中科技大学的日语双学位课程分为4个班级,学校为了方便管理,把来自相同大学的学生分配到同一班级。笔者当时是华中科技大学日语语言文学的研究生,考虑到调查实施的可能性(调查时间、地点更自由),把华中科技大学的学生占大部分的班级①作为研究对象之一。同时,由于仅以1所大学的学习者为研究对象可能会得出片面的结论,因此本研究还选取了由另外3所大学的学生构成的班级②作为研究对象。日语双学位开始时,班级①、班级②的学生人数分别为30名、39名。为了保护研究对象的隐私,征得学生本人同意,本研究中用"B+数字"来代替学生真实姓名。

第二节　数据收集

本节介绍数据的收集方法。日语专业学习者和日语双学位学习者的学习方式有所不同,研究对象的调查配合度不同,这决定了针对这2种研究对象需要采用不同的研究方法。具体来说,这2类研究对象的调查配合度的不同在于,笔者与由笔者担任班主任的班级的日语专业学习者可以保持密切的联系,他们对研究调查较配合,因此可进行频率较高的调查。而笔者与日语双学位学习者只有周末才有机会见面,且研究对象人数相对较多,较难与他们保持密切的联系,难以获得他们的高度配合,因此只能在他们可接受的范围内进行调查研究。

本研究主要采用访谈法、开放式问卷调查法和观察法。下面分别举例来说明本研究中使用的数据收集方法。

一、日语专业学习者的数据收集

考虑到日语专业学习者的学习特征,本研究将日语专业学习者的调查分为两个阶段。第一阶段是本科一年级和二年级,第二阶段是本科三年级和四年级。刚进入大学时,学生刚从高考压力中解放出来,学习环境的变化再加上零基础开始的日语学习,使他们的学习情况在此阶段可能有较显著的变化,因此在第一阶段的调查中,本研究使用了多种调查方法并增加了调查频率,以期能更准确地捕捉学习动机和学习行为的实时变化。到了三、四年级,日语学习逐渐稳定下来,于是仅采用访谈的方法来进行数据收集。在这里需说明一下笔者与这里的研究对象的关系,笔者于2011年担任研究对象所在班级的班主任,仅负责班级学生的心理辅导等工作,不承担教学工作,与研究对象没有利益关系,所以笔者的班主任身份并不会对调查结果有直接影响。

第一阶段:

(1)开放式问卷调查

根据一年级上学期日语学习的特点,分学习开始前、50音学习后、期中考试后3个阶段实施开放式问卷调查,从一年级的下半年开始则不定期实施开放式问卷调查。调查内容为当时的学习动机及学习策略。调查问卷的设计主要来源于已有文献、笔者与学生的接触中发现的问题、任课教师对学生的评价、课堂观察等途径。对收集到的数据有不清楚的地方,通过后续访谈(follow-up interview)进行确认。以下的问卷内容用于调查学生在日语学习不同阶段中的学习动机和学习行为。

(2011年10月6日 大学入学1个月)

你是否有意识地培养对日语的兴趣?是的话,你正在怎样努力?

(2011年11月21日 大学入学2个月)

你现在对日语感兴趣吗?和开学时相比,有什么变化吗?如果有的话,你认为为什么会改变呢?

在日语学习的入门阶段,预想不同学习内容对学生的日语学习兴趣有较大影响,所以选择在50音学习结束后的2011年10月6日和课文学习开始1个月左右后的2011年11月21日这2个时间点进行调查。

(2)课堂观察、日常观察

一年级到二年级,对主要科目综合日语进行每周2次的课堂观察。具体来说,主要观察学习者的上课表现、课堂活动的参与度和对教师提出问题的反应等,并做田野笔记。课堂观察也可验证通过开放式问卷调查收集到的数据。另外,笔者通过与学习者保持密切接触,能够及时了解学习者的学习情况,从一定程度上提高了所收集数据的可靠性。

①课堂观察

课堂观察主要是为了了解课堂上学生对学习任务的完成情况。田野笔记记录内容包含各个学习任务、笔者的评语和任课教师的评语。此外,在备注栏中记载课外笔者了解的相关情况(通过观察学生,以及从其他学生那里获得的信息)。这样可以把很难关注到的学生的课外学习可视化,这种展示方式有助于更全面地帮助教师认识学生的课堂表现与课外学习的关系。表3-5是根据实际情况整理的田野笔记的节选。

表3-5　课堂观察田野笔记(节选)

时间(年级、星期):2012-3-19(一年级下学期、星期一)
地点:东九楼A317　任课教师:Y
上课内容:朗读检查(A08和A04)
《综合日语》第1册、231页(朗读检查每天均有,由教师点名,以两人一组的形式进行)

学习者	笔者的评价	教师的评价	备注
A08	语音和语调很好,声音很大,但并不流利	不流利,听起来像没预习,明天继续读	这种情况经常出现,他在社团活动上花费时间多,日语学习时间少
A04	语调上有问题,但很流畅	无	在课下花费较多时间学习日语,语调一直有问题

②日常生活中的接触

主要记录在和学生的日常接触中得到的信息。主要形式是把学生召集起来,在学生宿舍等学生熟悉的环境中,请他们自由谈论最近的学习、生活状况。从日常接触中得到的数据还具有检验开放式问卷调查和课堂观察所收集的数据的作用。表3-6是从日常接触中收集数据的节选。

表3-6　日常接触中的报告

时间:2012-3-28(星期三)　　地点:女生宿舍20栋301			
话题	学习者	自我报告	笔者的评价
与上学期相比,这学期的日语学习怎么样了	A09	这学期电子书读得少了,但是参加了一些社团活动,所以学习时间并没有增加。课本上的语法怎么也记不住,现在就通过做练习题来记住,这样感觉好记一点	对课外活动非常热心,但对日语课程的学习劲头不足;不想通过死记硬背来学习日语,在寻找适合自己(高中理科生)的学习方法

(3)学生日常调查表

第一学年,任意选择上学期和下学期中的各2周,使用"学生日常调查表"让学生记录一天的活动。由此可得到关于每天的时间分配和课外日语学习时间的信息。例如,表3-7虽只是节选,但可以看到A03当时在日语课上很认真,也会利用副科的时间学习日语。

表3-7　学习者A03的日语专业学生日常调查(节选)

时段	2011-11-22(星期二)	
	学习内容	精神状态
早读	日语教材	非常集中
1—2节课	综合日语	老师讲课非常好,精神非常集中
3—4节课	上的是政治课,自己偷偷地记了日语单词	一般,感觉日语单词真的好难记

(4)学习日记

为了调查学习者的日语学习策略,分别任意选取第一学年的上学期和下学期、第二学年的上学期的各2周时间让学生记录日语学习日记(Wen,1993)。学习日记参照文秋芳的英语学习日记设计,包含主要记录内容和日记模板。为了体现日语学科的特点,第二、三次学习日记调查中的模板使用第一次日记调查中收集到的优秀日记。通过让学生记录学习日记,期待可以深度挖掘他们的内在学习过程,把握学生对日语学习的思考和具体学习方法。此外,诺伊施图普尼认为,学生除了在课上,同时也在教师监督以外的课外学习知识,因此很有必要研究课外的学习策略(ネウストプニー,1995)。本研究虽然也调查课堂上学生的学习活动,但课堂上一般有教师引导,学生们的学习行为较为一致,所以本研究把重点放在调查自由度更高的课外学习策略上,以期观察到学生各自的更为独特的学习策略。

以下用 A05 的学习日记来进行说明:加着重号的部分是学生在学校的日常活动,与学生日常调查表相重叠,这部分的重叠有助于这 2 种调查方法相互验证;加下画线的部分是 A05 进行日语学习的方法、心态、感想等。

> 今天上午上机,下午睡了一会儿,然后预习了新单词,因为先预习下上课时容易接受得快些,难点在于记单词需要很多时间,又比较枯燥。花费的时间大约是半小时,精神比较集中,但记着记着就会厌烦。我认为,记单词还是非常有必要的,因为不管是说还是听,最基本的单词不记住,其他都很难提高。记的时候是先跟着录音读熟,再边写边背,特别需要注意的地方包括有没有长音、促音或比较难写的字应专门加强记忆,然后听录音看一下能否反应出单词的意思。感悟是觉得记单词很孤立,特别是和语,单词的读音与意思没有什么联系,很难记,又容易忘记。觉得不足的地方是几乎不复习语法,感觉比较麻烦,宁愿多读课文。
>
> (A05/学习日记/2012-05-17)

第二阶段:

(5)在四年级上学期初(2014年9月)和毕业前(2015年5月)进行了2次半结构式访谈。2014年9月调查三年级的学习动机和学习行为是如何发展变化的,与一、二年级的异同及毕业后的方向等。2015年5月则主要调查两方面内容:一是四年级的学习动机和学习行为的变化,二是整个大学4年的学习动机和学习行为的变化,以及对自己学习成果的评价等。其中,调查内容与前3年调查中重复的内容主要起相互验证的作用,如有和以往所收集数据矛盾的地方,则通过后续访谈求证。关于调查地点,为了方便学生、尽可能提高研究对象的调查配合度,第一次访谈地点设置在华中科技大学教学楼的教师休息室,第二次设置在学生宿舍附近的学生活动室,得到学生许可后全程录音并记录回答要点。每人的访谈时间约为30分钟。下面是访谈提纲的一部分内容。

(2014年9月)

①每个阶段(一年级上学期、下学期等)的日语学习动机和学习行为是怎样的?

②进入三年级后,日语学习与前2年有所不同吗?如果有的话,有哪些不同?

（2015年5月）

①四年级的日语学习主要是如何进行的（课内和课外两方面）？

②大学4年的日语学习效果与预想的学习效果有差异吗？如果有，请说明原因。

这里需要注意的是，在以上数据收集过程中，笔者在学习者的自我反馈以及笔者的课堂观察、课下与学习者的接触中，收集到了数据，获得了对学习者的阶段性的判断，这一过程一般与当时担任他们主要科目（一般为综合日语）的任课教师有过交流和沟通，主要科目任课教师的反馈起到了验证、补充学习者的自我反馈和笔者课堂内、课堂外对他们的判断。第四章中，对日语专业的一个个学习者的学习过程进行深描时，有的学习者的学习轨迹深描中借用到了从任课教师那里获得的证据。但由于任课教师对学习者的了解，主要来源于课上学习者的课堂表现、学习任务的完成情况，一般来说任课教师对表现特别突出或表现不是很好的学习者的印象深刻一些、了解多一些，而对处于中间层次的学习者的了解比较有限，因此，在第四章中，有一些学习者的学习轨迹中有任课教师对该学习者的反馈，而有一些却没有。

二、日语双学位学习者的数据收集

下面对日语双学位学习者的数据收集方法进行说明。

（1）第一学年：访谈和开放式问卷调查

2012年2月日语双学位开始前，对研究对象进行半结构式访谈，内容主要包括选修的经过、日语相关知识、学习目标等。事实上在此之前也利用开放式问卷对这些问题进行了调查，但可能由于不习惯开放式问卷调查，大多数学生并没有详细作答。笔者根据学生在开放式问卷上的回答，逐个设计访谈问题提纲。访谈地点方面，为了方便学生，尽可能提高研究对象的调查配合度，设置在华中科技大学教学楼的教师休息室，得到许可后对学生的访谈全程录音。每人的访谈时间约20分钟。以下是问题提纲的一部分：

①请详细说明为什么选择日语双学位。

②谈谈你对日本、日本文化或日语的了解，以及主要是通过哪些渠道进行了解的。

通过此调查，能够把握学生在日语双学位学习前的学习动机和学习行为。这部分的访谈提纲，在下文分析日语双学位学生开始学习时的学习动机和学习行为时，将进行详细叙述。

另外,在第一学年上学期结束时(2012年8月)、第一学年下学期结束时(2012年12月)2个时间点,实施开放式问卷调查。选择在第一学年上学期结束时实施调查,是因为经过1个学期,学生大概了解了日语双学位的学习进度、难度,能够相对客观准确地评价自己的学习。选择在第一学年下学期结束时进行调查的原因是,通过1年的日语学习,学生对日语学习的看法可能发生改变,这种改变直接影响到第二学年是否继续学习。通过实施这些调查,可以准确把握学习者在各个学习阶段的学习动机和学习行为。问卷中的问题来源除了与学习动机和学习行为的变化有关的内容,还有笔者从课堂观察和社交媒体[①]中获得的信息。

(2012年8月,第一学年上学期结束时)

①经过半年的日语双学位学习,请谈一下它和你想象中的双学位有什么不同。

②对日语的兴趣与学习开始前相比,有没有发生变化? 如果变化了,为什么会有这种变化? 或者说,对于日语双学位,有没有新的想法(认为自己选择正确,或认为自己不适合学习日语,或是有别的想法)?

(2012年12月,第一学年下学期结束时)

日语双学位学习1年了,请仔细回想,对这1年的日语双学位学习进行自我评价。

出席状况(不能出席时,请写明原因):

上课的集中力:

课前预习:

课后复习:

课外日语相关涉猎:

学习效果(平日考试实施时间和成绩):

(2)学习日记

分别任意抽出日语双学位第一学年的上学期和下学期的2周时间,让学习者记录日语学习日记。同日语专业一样,学习日记模本参考文秋芳的英语学习日记的内容(Wen,1993),并结合日语双学位的特点进行编写。学习日记主要用来记录当日的日语学习内容和学习者的态度等。通过这些内容,能够看出日语学习在学习者日常生活中的地位,了解学习者对日语双学位的重视程度和具体的日语学习方法。下面是B01的双学位日语学习日记的节选。

---

① 后面(4)和(5)中会详细说明。

今天一天课,上课的时候翻了不知道多少页单词。再就是感觉通过看无字幕动画来判断听力水平很不靠谱,看的时候有情景,有上下文,而且声优表现力都很强,很容易从中推断意思。

（B01/2012-11-17/第一学年的下学期）

（3）双学位课程结束前的开放式问卷调查

于双学位课程结束前①的2014年4月（第二学年下学期）,对为期2年的日语学习进行开放式问卷调查。调查内容为2年学习期内的学习动机、听课态度、课外学习、当时的学习效果等。学生回答中笔者若有不清楚的地方,则实施后续访谈进行确认。下面是开放式问卷调查的一部分:

①2年的学习期内,日语双学位的学习动机有没有变化? 如果有,是如何变化的?

②请具体叙述你在课外是如何进行日语学习的。

（4）课堂观察

为了把握日语双学位的课堂气氛和学习者的课堂表现,第一学年上学期对研究对象的2个班级各进行了3次课堂观察（班级①课堂观察的日期为2012年3月17日、2012年4月3日、2012年8月22日上午各4节课,班级②为2012年4月2日、2012年4月15日、2012年8月22日下午各4节课）。表3-8是观察时记录的田野笔记的一部分,记录内容主要包括学习内容、课程流程、学习者上课时的表现、课堂氛围等。田野笔记的构成和日语专业相同。

表3-8　课堂观察的田野笔记（节选）

班级:①班　时间:2012-8-22(暑假中的课程)、星期三　地点:东九楼104
内容:《综合日语》第1册第12课、第3单元、249页　任课教师:Z
出席人数:45人(总人数50人)

任务	课堂流程	笔者的评价	备注
朗读课文	①老师一再鼓励学生举手发言,但没有人举手 ②老师点名B31朗读 ③结束以后B03举手,主动朗读 ④老师对2人的评价:不太好,继续加油	B31:不流畅,发音也有点奇怪,任课教师边听其朗读边指出其错误地方 B03:N和L的发音区分不好,也许是因为紧张,声音在颤抖,但比较流畅	①教室环境:学生们低着头,自己练习朗读,教室里很嘈杂 ②学习者B31明显是预习不足,B03虽然被指出来发音有问题,但读得流畅,能看出来预习过

① 这时毕业论文答辩已经完成。但因为双学位证书的授予必须在主专业学位证书授予之后,所以领取双学位证书仍然要等到6月份主专业学位证书授予以后。

（5）社交媒体

为了加强与研究对象的联系，提高他们对本研究的配合度，笔者在互联网上建立了能够自由交流的QQ群，在加深与学生联系的同时，以期多方位地观察他们的日语学习。对学生来说，只有周六、周日才能和同学见面的他们也可以通过QQ群了解其他学习者的学习情况。QQ群[①]里有发言活跃的学生，也有发言不活跃的学生，笔者尽量让每个学生都能参与进来[②]。图3-1是从笔者和研究对象的聊天记录中截取的一部分。

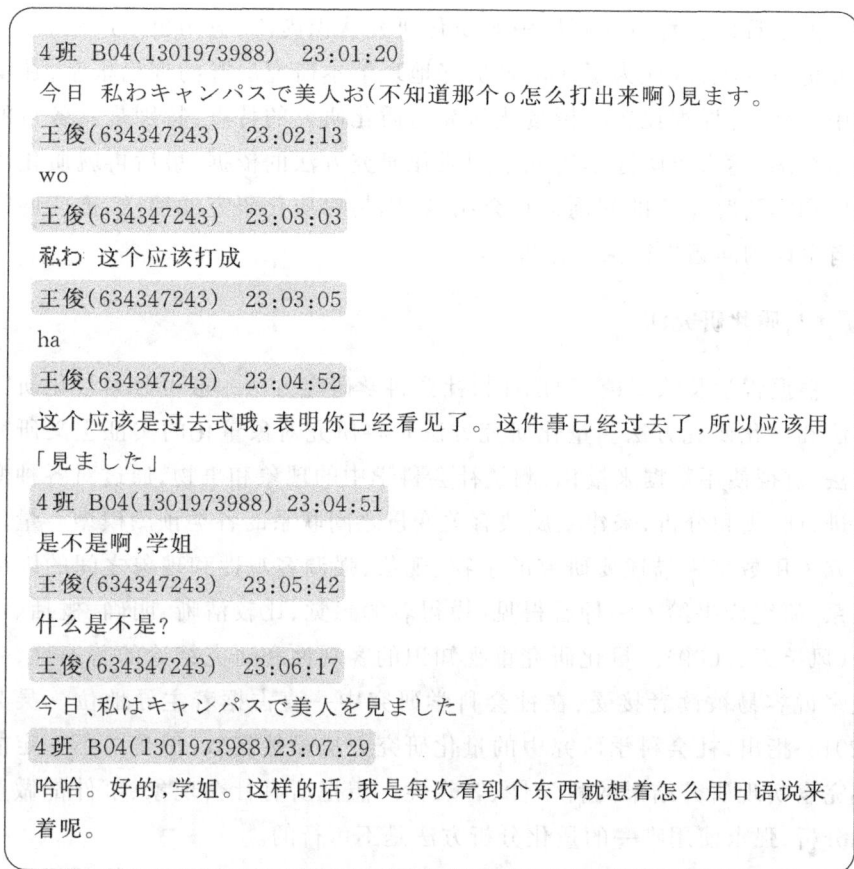

4班　B04(1301973988)　23:01:20

今日 私わキャンパスで美人お(不知道那个o怎么打出来啊)見ます。

王俊（634347243）　23:02:13

wo

王俊（634347243）　23:03:03

私わ 这个应该打成

王俊（634347243）　23:03:05

ha

王俊（634347243）　23:04:52

这个应该是过去式哦，表明你已经看见了。这件事已经过去了，所以应该用「見ました」

4班　B04(1301973988) 23:04:51

是不是啊，学姐

王俊（634347243）　23:05:42

什么是不是？

王俊（634347243）　23:06:17

今日、私はキャンパスで美人を見ました

4班　B04(1301973988)23:07:29

哈哈。好的，学姐。这样的话，我是每次看到个东西就想着怎么用日语说来着呢。

图3-1　2012年5月29日(第一学年上学期)聊天记录

---

① 全体研究对象均持有QQ账号，研究对象也认为这种方式比电话、短信更让他们觉得能够放松地参与调查。

② 笔者所做的努力包括单独和每个学生聊天，聊天内容包含"最近日语学习怎么样""请问你对QQ群里大家交流的问题或平时的日语学习有疑问吗""在QQ群里练习学过的日语可以帮助加强记忆"等，促使学生们参与进来。结果，日语双学位课程上课前后——周五到周日，QQ群里发言的人增加，但有一小部分学生始终没有发过言。

图 3-1 是日语双学位学习开始 2 个月后的聊天记录,最初 B04 对日语学习很有热情,经常在 QQ 群组或单独向笔者询问。但 4 个月后,出于种种原因,他对日语的学习热情减退,在 QQ 上几乎不发言了。由此可见,通过 QQ 这一社交工具能收集到部分学生日语学习动机变化的重要证据。

第三节　分析方法

由于日语教育研究领域中对质化研究认识尚浅,应用也不广泛,量化研究仍占主流,因此为了让读者更好地理解本研究展开的理论根基,在本节中,笔者先详细比较分析量化研究与质化研究的特点,特别是其各自的适用范围,然后再陈述本研究采用质化研究方法的依据,最后再就质化研究中和本研究相关的问题进行介绍,特别是对质化研究的抽样、推广性等具有争议的问题进行深入分析。

一、质化研究法

根据哲学及认识论上的不同,社会科学研究方法一般可分为量化研究方法和质化研究方法。量化研究方法是将研究对象量化的实证主义研究方法,重视使用数据来量化、测量社会科学中的现象和事物,通过对各种变量进行收集和分析,来建立反映有关变量之间联系的各类预测模型。量化研究采用数字来描述要研究的事物、现象,强调客观性和现象之间的因果关系,研究成果给人一种看得见、摸得着的感觉,比较清晰、明确、概括、精确(风笑天,2009)。量化研究重视知识的客观性和研究结论的普遍性,一般来说容易被读者接受,在社会科学研究中一直占据着主导地位。吴芳(2013)指出,社会科学研究中的量化研究方法虽然有效,但是并不一定能够完全实现研究结果的科学性、客观性。想把所有社会现象、事件都做量化分析,强求使用唯一的量化分析方法是不可行的。

质化研究是在自然情境下,对个人的生活世界以及社会组织的日常运作进行观察、交流、体验与解释的过程(Denzin & Lincoln,1994)。昂利·彭加勒(Henri Poincaré,2007)这样定义质化研究:由访谈、观察、案例研究等多种方法组成,原始资料包括田野笔记、访谈记录、对话、照片、录音和备忘录等等,目的在于描述、解释事物和现象,以更好地理解研究问题的研究方法。马尔科姆·泰特(Malcolm Tight,2019:145)指出质化研究把重点放在诠释意义上,以及对人(而不是非人类活动)的研究上,质化研究人员观察、参与、提问、倾听、记录和解释,以便理解所观察事物的意义。杰利·惠灵顿(Jelly Wellington,2015)认为,质化研究有几个重要特征:①通常是探索性的;②数据通常是在一个真实的、自然的环境中收集到的,通常很丰富,并且具有描述性和广泛性;③研究人员是主要的研究工具;④研究设计会随着研究进展而出现变化,这有时会导致焦点扩大或模糊,而有时会导致焦点缩小或尖锐化;⑤使用的典型方法通常是观察、焦点小组、访谈、文献收集等。中国的质化研究学者陈向明(2002)也做出了类似的定义:质化研究以研究者本人为研究工具,在自然情境下采用多种资料收集方法对社会现象进行整体性研究,使用归纳逻辑方法分析资料,通过与研究对象的互动对其行为和意义建构获得解释性理解。以上质化研究的定义和特征都反映出,质化研究是在自然的情境下从整体的高度对社会现象进行深度探究和诠释的过程(文军、蒋逸民,2010:3),其着眼于研究者和被研究者,通过研究者和被研究者间的互动关系来探究日常生活世界中的意义描述和诠释(陈伯璋,1989),质化研究避免使用数字来使社会事实简略化,重视对其进行深入诠释(Neuman,1997)。因此,在质化研究中,研究者需充分理解社会现象的不确定性,对研究对象保有高度的敏锐度,通过与研究对象的密切互动,对要探究的现象进行全面深入的理解(文军、蒋逸民,2010)。

质化研究侧重对社会现象的丰富描述,不依赖于已有概念,而是从数据中归纳、挖掘出概念,有助于发现已有研究中未被发现的概念。但是在质化研究中,研究者本身就是研究工具,是数据收集和分析的主体,很容易因为所收集数据的可靠性和分析的有效性而受到批判,同时也因为质化研究的研究对象通常样本较小,其概化能力和推广性经常受到怀疑。与此相对,量化研究者带着客位的、关于普遍性规律的允诺,他们很少关注事物的细节,有意不关注这种丰富的描述,因为这种细节打断了他们概括的过程(邓津、林肯,2007)。吴芳(2013)也指出,量化研究方法在社会科学研究的整体性、宏观层面上,在对能够体现较强普遍规律的研究中,确实能够起到很强的说明作用,但是对于社会微观层面上的研究,对于那些注重个体独特性的研究可能就不太适用了。量化研究致力于建构变量间的相关关系,但是量化研究过于强调统计方法上的严谨而会剔除一些变量,以致使真相产生缺失。这样看来,量化研究基于数字的研究结果虽然保证了数据分析的准确性,但值得注意的是准确性不代表科学性。

像上面那样,有关质化研究方法和量化研究方法的优劣争论一直存在,有部分学者认为这样的争论就要消亡,一是论据已经用尽,二是质化方法和量化方法非此即彼的两极化的讨论已不再像过去那样流行了

（Bryman,1989；Martin,1990；Silverman,1985）。有学者认为无须特地为质化研究存在的合理性、必要性做辩护，因为质化研究方法已经在大多数社会科学学科中确立了下来，甚至在某些学科中成了主导方法（Denzin & Lincoln,1994；Silverman,1985）。在实际的研究中，是选择量化方法还是质化方法，要取决于研究问题和研究对象（Alvesson & Sköldberg,2000）。对此，周宪、胡中锋（2015）也认为，质化研究作为一种研究方法，其本身并没有优劣之分，而是要根据不同的研究来决定该研究方法是否可用，可用的程度如何等。

　　此外，还有学者主张我们不应以线性的思维方式，以一种研究取向及方法否定另一种研究取向及方法，而应综合运用这两种方法，把静态研究和动态研究结合起来，把整体性的综合研究和局部性的分析研究结合起来，把量化研究和质化研究结合起来可以用来克服各自原有的不足，这一点很多学者已经说明过。下面来说明一下本研究不采用量化研究和质化研究结合的研究方法的原因。这里的量化研究是指按照量化研究法的抽样方法的基准，在全国各地选取大规模的研究对象，利用量表调查他们的学习动机和学习行为的变化。但本研究却不适合采用这两种方法结合的研究方法，原因是本研究中的调查节点并非全部都是事先计划好的，有一部分是在和研究对象的日常接触中，发现在某个时间点上学习者的动机和行为有变化时，便会进行调查，在一定程度上具有机动性。基于这样的特征，无法确定调查的时间节点，而且每个学校的教学过程一定会有出入，学习者的动机和行为受到"刺激"的时间点自然也会有所不同，这样就更使实施调查的时间节点的设定变得困难，抓取不到学习者学习过程的变化的调查最终只会沦为形式上的量化研究，甚至在和质化方法得到的数据相左时，可能会误导数据的解析和判断。因此，本研究仅采用质化研究，这是由本研究的研究目的决定的，质化研究方法能帮助笔者更好地达成研究目的。

二、本研究采用质化研究法的原因

　　至于本研究选择质化研究的原因，我们可以借助罗伯特·C. 波格丹（Robert C. Bogdan）、萨利·诺普·比克伦（Sari Knopp Biklen）对质化研究的定义来进行说明，波格丹和比克伦详细解释了质化研究的内涵，我们可以根据此定义进行逐条对照，来揭示本研究选择质化研究的原因。

　　（1）质化研究以理解作为认识论的原则，目的在于对研究对象的个人经验和意义进行诠释。本研究聚焦学习者个人的日语学习动机和行为，重点在于对学习者的学习过程进行理解、诠释。

（2）质化研究强调整体主义和情境主义，倾向于把要探究的事物放在其发生的具体场景和社会背景中去理解，并试图从整体上对其进行考察。在包含学习动机的学习者因素的研究中，量化研究占据主导地位，这些研究调查学习者因素中的几个因素或其与学习成果的线性关系，这样的做法割裂了学习者日语学习的实际情况，并不是"整体主义"，不能揭示学习者日语学习的全过程。而本研究把学习者看成个体，从这些个体的整体出发对其进行研究，能更全面、准确地反映其日语学习的实际状况。情境主义在本研究中的体现是，现在开展日语教育的社会和人文环境多种多样，这些环境对学习者的影响不言而喻，甚至可以说在第二语言习得研究中，脱离了对学习者所处学习环境的研究都是片面的、不科学的，笔者在本研究中将紧密结合学习者所处的环境对其进行研究。

（3）重视研究对象的个体经验，每个研究对象都有特殊性，只有掌握了研究对象的解释，才能厘清他们对社会现实的理解。本研究关注的对象是一个个日语学习者，本研究展开的基础正是每个学习者的特殊性，对各个学习者的学习过程进行"深描"，才能对其进行深刻理解，这不是擅长类型化、不重视个体特殊性的量化研究能够处理和解决的问题。

（4）强调研究的动态发展过程，社会生活是动态发展着的，是一系列相互关联的活动。本研究选取的日语学习过程中的学习动机和行为，便是动态发展着的，或由于学习者自身的心理发生变化，或随着学习内容的变化、时间的流逝或周围环境的改变等，学习者的学习会自然而然呈现动态发展的过程。

（5）以文本的方式呈现研究结果，从田野工作中收集到的资料形成的文本资料是诠释研究对象观点的根本。这一点说明了质化研究收集到的资料性质，而本研究采用的资料收集方法为开放式问卷调查、访谈、课堂观察等，这些属于文本资料，是理解、诠释日语学习者学习过程的基础。

（6）研究者在研究过程中具有反思性。这一点说明的是研究者作为研究工具参与到研究中，可能会有意识或无意识地对研究对象、研究结果产生或多或少的影响，这是质化研究中难以回避的问题，我们必须在研究、论文撰写过程中清醒地认识到自己在研究中的定位，并将其记录下来，以供读者参考。

（7）研究者使用多面的、反复的和同步的复杂诠释，因为在研究过程中，数据收集、分析到问题重构总是不断地循环往复。本研究虽然紧紧围绕"动机和行为"这一主题，但是这一主题里的各项因素之间关系错综复杂，彼此间的联系千丝万缕，在实际的数据收集过程中，并非一蹴而就，而是数据收集与分析同步进行,在数据收集过程中不断发现问题,从而进行修正,以保证收集到的数据能够最大限度地反映学习者的实际情况。

由以上可见,波格丹和比克伦揭示的质化研究的特征完全符合本研究的研究内容,能够帮助本研究达到研究目的、解决研究问题,因此本研究采用质化研究方法。

三、个案研究

本研究选取一个大学的日语学习者的事例作为研究对象,在较长时间里跟踪调查其行为发展的全过程,这属于质化研究中的个案研究。罗伯特·K. 殷(Robert K. Yin)认为,个案研究不是方法论的选择,而是有价值的研究对象的选择。个案研究在日语教育领域虽然不陌生,但和质化研究一样,很多人并不认同,甚至认为这不是科学研究。为了让读者对个案研究有更好的了解,这里我们先来看一下不同学者对个案研究的定义。

莎润·B. 梅里安(Sharan B. Merriam)把个案研究定义为对个案、现象、社会单位的集成进行的整体论述和分析(Merriam,1988)。

皮特·维索尔伦(Piet Verschuren)指出,案例研究是一种研究策略,本质上被认为是一种整体性研究,在自然情境中以开放式的方法观察,通过案例或子案例的分析比较、描述和解释错综复杂的群体属性、模式、结构或过程(Verschuren,2003)。

约翰·吉尔林(John Gerring)认为,个案研究有以下特征:(1)它的方法是质化的,采用的是小样本;(2)研究是整体的、丰富的,是对某一现象的全面考察;(3)利用特定类型的数据(如民族志、临床、非实验、参与观察、过程追踪、历史、文档或实地研究);(4)属于自然情境;(5)案例和背景、环境等融为一体,很难分离开来;(6)使用三角测量法,重视数据的多重来源;(7)考察单一样本的特性;(8)考察单一现象、实例的特性(Gerring,2007:17)。

詹·杜尔(Jan Dul)和托尼·哈克(Tony Hak)认为个案研究:(1)选择现实生活情境下的一个个案(单个案例研究)或少数个案(比较案例研究);(2)以质化研究方法从这些案例中获得数据,对其进行分析(Dul & Hak,2008:4)。

彼得·斯旺伯恩(Peter Swanborn)认为,案例研究指对某一社会现象的研究,在一个社会系统的范围内,或者在少数几个社会系统的范围内……在案例的自然情境中……通过在特定时期对该现象的监测,或者事后收集该现象在特定时期的变化趋势信息……研究者关注过程追踪……采用多种数据来源,主要的数据来源有可用的文档、访谈记录和参与式观察(Swanborn,2010:13)。

文军、蒋逸民(2010)指出,个案研究的主要目的在于在自然情境中对个案展开深入的探究,研究者广泛地收集与个案相关的数据,并且深入了解他或他们所处的文化语境,然后再经分析、诠释,使其能够更清楚、全面地呈现在读者面前。

加里·托马斯(Gary Thomas)这样定义个案研究:采用一种或多种方法对人、事件、决策、时期、项目、政策、机构或其他系统进行的整体性分析,作为研究对象的案例是一类现象的一个个案,它提供了一个分析框架,使人们在这个框架内进行研究,并对案例进行阐述和说明(Thomas,2011:23)。

马尔科姆·泰特(Malcolm Tight)认为,案例研究具有以下特征:(1)是对某一特定或若干案例的研究;(2)案例复杂且有边界;(3)在自然情境下开展研究;(4)进行全面的分析。在此基础上,泰特还列举了案例研究的一系列优点。首先,案例研究是深入的、详细的和具体的,可以密切关注案例,并对其进行深入的研究。其次,研究是全面的,旨在尽可能多地了解案例的特殊性。这与许多量化研究形成了鲜明对比,因为量化研究往往侧重于一定范围内的变量,并将其简化。再次,案例如果具有代表性,那么即使是个案研究,实现研究推广性的可能性也会显著提高(尽管研究者可能仍然需要进行两个或者更多的典型案例研究来说服大家)。最后,个案研究的研究对象较有限,在研究者人数较少、各方面资源存在限制的情况下,研究也更具有可行性(Tight,2017)。

以上有关个案研究的定义和特征有以下共同点:(1)要对现象进行深入的分析,所以研究对象一般是单个或一类现象的个案,其样本数量有限;(2)研究的案例要处于自然或现实生活的情境中,既非人为,也非实验;(3)重视对研究对象的整体性考察,是将其作为一个整体来研究,而非割裂研究对象的各个特征。这些个案研究的特征和本研究要探究的现象完全一致:(1)本研究的研究目的是追踪整个学制内的日语学习者的动机和行为的变化,这是深入研究,在研究对象方面,本研究考虑到研究目的和各种限制因素的平衡,选择了一所院校的日语专业学习者和日语双学位学习者,样本数量相对有限;(2)本研究是在自然情境中对学习者进行研究,并不会进行人为影响或通过实验来获取数据;(3)本研究要考察的是学习者的整个学习过程,并不会有意剔除其中的某些因素,强调研究的整体性。在本研究中,众多日语教育机构中的1所大学的日语专业和日语双学位属于个案,众多学习者中的日语优秀学习者亦属于个案。

　　文军、蒋逸民(2010)还提出,个案选择的标准一般可考虑以下因素,这里用这些标准参照本研究,来逐一说明本研究确定研究对象的原因和合理性:(1)选择内在意义重要的个案,选择的个案要对人类或社会问题的解决有重要影响。本研究要考察日语学习者的学习过程,在这一现象中究竟何为"内在意义重要"?笔者之所以选择本研究问题,是因为笔者在日语学习过程中感受到了日语学习者学习过程的多样性,同一个班级中,一定会有学习很好的学生,也有学习很差的学生,还有介于这两者之间的学生。不仅笔者,恐怕每个有学习经历的人都会发现自己所在的班级会出现上述现象。那么既然都是从零起点开始学习,为什么会有这种差异?这个看似简单的问题回答起来并不容易,需要做大量调查、获得大量数据,很显然这个问题很有研究价值。那么为什么选择以理工科为主的华中科技大学呢?为什么不选择文科院校、农业院校、综合院校、师范院校等其他类型的学校呢?这个问题在下一节"抽样"中将详细讲到,即以理工科为主的华中科技大学是在当时的条件下做出的最好选择,这在下面的第2点中也有涉及。(2)选择资料丰富的个案,因为资料越丰富,就越能回答更多的研究问题,就越能把细节展现给读者。这一点也和第1点相关,要能够保证质化研究的生命线——深描,就必须选择资料丰富的个案。首先本研究选择的华中科技大学对笔者来说,能够得到研究对象最大程度的配合,笔者能从他们那里收集到比其他院校更加丰富的个案和资料。其次,本研究在给读者展现优秀日语学习者的学习过程时,选择优秀学习者的依据除了日语学习优秀外,还有一个很重要的因素是需要有良好的自我监控能力并能够输出。以上都保证了本研究能够收集到丰富的数据,并将这些细节展现给读者,让读者真切地体会到质化研究的优点。(3)选择与当前个案相似的个案,这样可以把前一个个案中推出的理论应用到后一个个案中。(4)选择极端个案,极端个案能起到对既有理论的检验作用。(5)选择现有理论难以解释的个案,通过对这些个案的深入挖掘,可以找出现有理论中不能解释的部分。以上的第3点展示的个案选择过程是按照时间先后顺序,逐个对个案进行研究;第4、5点均是建立在有一定研究基础、对个案有一定的研究积累才能够有的放矢,选择极端个案或现有理论难以解释的个案,但本研究旨在调查零基础开始学习日语的学习者的动机和行为的变化,需要从一年级就开始进行调查研究,因此本研究中研究对象的选择并不符合上述标准的第3、4、5点。

四、质化研究中的抽样

在质化研究中,饱受非议的一个问题便是研究对象的抽样问题。抽样是指根据研究问题而对研究对象进行选择的行为,一般有概率抽样和非概率抽样两种形式。概率抽样是指在调查母体样本中的每个对象被抽中的可能性都一样,非概率抽样是指研究人员根据自己的方便或主观判断决定抽样方法。大部分社会科学研究中都需要使用抽样调查,量化研究强调使用概率抽样方法,这种方法可以根据样本的调查结果来推断母体的状况,在一定程度上可以代表母体的特征。而质化研究主要通过非概率抽样方法来收集资料,样本相对较少,一般选择能够提供最大信息量的研究对象(Patton,1990)。文军、蒋逸民(2010:73)认为,"由于质化研究注重对研究对象(特别是他们的内在体验)获得比较深入细致的理解,因此一般选择的样本比较小"。陈向明(2002)亦指出,在质化研究的抽样中,研究结果的效度不在于样本数量的多少,而在于样本是否可以比较完整地、相对准确地回答研究者的研究问题。对于这两种抽样方法的优劣,陈向明(2001)归结道,研究的深度和广度相互制约,若研究样本大,那么在相同的时间、人力和经费条件下获得的研究结果就会比较宽泛,而若选择的样本小,那么在相同条件下获得的研究结果就会比较深入。傅以斌(Bent Flyvbjerg)认为,大多数社会研究人员承认个案研究时最重要的是对要研究的一个案例或多个案例的选择,虽然选择的研究案例可能并不总是堪称典范,但就选择的理由必须给出解释并且使之有道理,以便已完成的案例研究能为其他感兴趣的研究人员所使用(Flyvbjerg,2004)。

以上中外学者在长期的质化研究积累中,总结出了质化研究中样本选择(抽样)的原则:重视选择的样本是否能够解决研究问题,需要就样本选择原因做出详细叙述,以帮助读者理解或采用。

本研究中研究对象的母体集团是我国的日语专业学习者和日语双学位学习者,虽然学习者们所处的国内这一把日语作为外语来学习的社会环境大同小异,但是他们或来自综合性大学,或来自理工科为主、文科为主的大学,这些差异将导致学习者所处的班级的日语学习者的成员构成有所不同,而这种成员构成上的差异可能会对学习者的日语学习有一定的影响。例如,在强势专业是理工科为主的大学中,若日语系的招生方式为文理兼收,那么被调剂到日语专业的理科生一般较多,想通过转专业转出日语系的学生必定很多;在师范类院校中,虽然文科专业为强势专业,但在强势专业中依然有强弱之分,而且学生一般会选择师范类专业,而日语专业一般不是师范专业,于是被调剂到日语专业的学生中必定也有很多人转出到师范专业。在日语教学一线的教师们,一般有这样一个共识:日语专业有一个共同特点与院校类型无关,那就是几乎大部分高校的日语专业中,未选择日语专业的调剂生在班级所占的比例较高。虽然在现在高考招生方式改革的背景下,学生们越来越能根据自己的意愿来选择所学专业,但可预见的是,在今后很长一段时间内,这种情况或多或少地会继续存在。因此,对这样的一个群体进行研究显得非常有必要,但由于时间、精力和经费的制约,我们显然不可能调查全国所有不同类型高校的日语学生。那么我们应该选取哪个或哪些学校作为研究对象,才能解决我们的研究问题、达到研究目的呢?本研究的目的是研究整个学制内日语学习者的学习轨迹,重点是解析学习者的学习过程,也就是说我们需要进行深入的研究,在广度和深度不能兼具的时候,在以质化研究为主基调的研究中,深度比广度更重要。这里保证研究深度的条件是指能够长时间追踪研究对象,从研究对象那里获得丰富多样的数据,而本研究建立在笔者博士论文的基础上,需要本人独立完成,要在质化研究中获得细节丰富的数据,看似简单实则不易,何况这分别是跨度4年和2年的研究,研究者必须和研究对象保持长久的信赖关系,才能够保证收集到的数据的"质量",因此本研究仅选取了笔者当时就读学校的日语专业学生和日语双学位学生作为研究对象,这样笔者在物理距离和心理距离上都具有优势,这些都为获得立体描述和深度诠释的数据奠定了良好的基础。

五、质化研究的推广性

研究的推广性是质化研究饱受非议的一个重要因素。研究成果的推广性是评价一项研究的指标之一,一般而言,人们期待研究成果可以被应用于其他类似的个人或情境之中。在案例研究中,单个与一般的关系一直是争论的关键,这个问题也是质化研究所有讨论的问题中争议最大的(Bassey,1981;Kennedy,1979)。对质化研究推广性的争议的一种常见反应是,对同一主题进行单个推广性案例研究的积累,以识别其相似性和差异性。大卫·格林(David Greene)、简·L. 大卫(Jane L. David)也认为,从多个案例研究(在由一个多案例研究设计提供的结构中)得出的结论有良好的归纳逻辑(Greene & David,1984)。因此,多案例研究设计提供了一个明显可接受的策略,用于从案例研究结果中归纳总结。对于案例研究的信度和效度,艾伦·E. 凯斯丁(Allen E. Kazdin)的策略是依据时间顺序对案例进行评估,以及积累多案例研究(Kazdin,1981)。前面也提到过,泰特认为,如果选择的案例具有代表性,那么即使是个案研究,实现研究推广性的可能性也会显著提高,尽管研究者可能仍然需要进行两个或者更多的典型案例研究来说服大家(Tight,2017)。拉里·M. 杜利(Larry M. Dooley)也认为,通过案例研究构建理论(推广性能力的最高象征)很困难,但是有可能:"从案例研究的角度来看,理论构建是一个艰难的过程,案例研究一般不能被很好地推广或预测。开展案例研究的研究者通常对特定现象感兴趣,并希望完全理解它,且不通过控制变量,而通过观察所有变量及其相互作用来达到目的。这个单一的观察可能形成一个理论的开端,这可能会激发研究者在另一个案例中研究同一现象,然后一个接一个地研究(都是单独研究单案例)或在案例间研究(跨案例分析),理论由此成型。"(Dooley,2002:336)以上都说明了要实现个案研究的推广性,多案例研究是一个很好的解决办法,本研究即多案例研究,在有限的现实条件下力争收集到以深度为主,并兼具广度的数据。

另外,也有学者认为即使是单个个案也具有推广性。个案研究被定位为科学方法论的一部分,戴安妮·沃恩(Diane Vaughan)主张:"如果由某一个案例研究产生的一个理论概念能够导出分析、确凿的证据、充分的思索和反驳,那么这个个案研究也许能导出所有的理论概念。"(Vaughan,1992:175)也就是说,个案也有推导出具有推广性能力的一般性结论的可能性。另外,个案研究最大的意义在于把研究对象的丰富细节呈现在读者面前,从而引起读者的共鸣。罗伯特·E. 斯特克(Robert E. Stake)、黛伯拉·J. 特朗布尔(Deborah J. Trumbull)把它称为自然的推广性,即个案研究的读者会把自己代入其中,更加深入了解个案研究中的对象(Stake & Trumbull,1982)。玛格丽特·桑德洛夫斯基(Margarete Sandelowski)认为,不能将推广性作为量化研究的专有物,必须把"推广性"一词从质化研究中舍弃。我们印象中的或者追求的"推广性"是在量化研究中通过使用抽样等方法提高外在效度而得到的(Sandelowski,2000)。而在以个案研究为主的质化研究中,有可能实现从一个案例到另一个案例的个性化叙述的推广性(Lincoln & Guba,1985;Stake & Trumbull,1982)。否定个性化叙述推广性的存在和价值,意味着否定所有从实践科学个案中得到的结论。个案中潜藏的推广性是构建假说、验证理论的基础和方法。也就是说,从个案研究和质化研究中产生的推广性,可以构建、验证、改良和反证理论命题和假设(Eisenhardt,1989)。本研究把从个案研究中导出的结论与已有理论进行对照,以达到验证、反证、补充理论的目的。

文军、蒋逸民(2010)在总结前人的研究基础上,提出了研究者可以采用以下3种方法来帮助读者判断、决定是否把研究成果普遍应用于其他个案或情境中:首先,研究者要对研究对象和情境进行充分的描述,以供读者判断研究对象所处的环境是否与自己类似;其次,研究者选出来的个案是否代表调查的普遍现象;最后,运用多个案的研究设计,应该进行个案交叉分析。以上这些方法有助于增强个案研究的推广性,个案研究成果在很多情况下是可以被推广的,并不局限于个案本身,它的推广意义比个案本身的研究意义大得多。

六、本研究采用的质化研究法

本研究在分析日语专业学习者的学习轨迹时,采用质化叙述性研究方法;阐述优秀学习者的学习轨迹时,结合采用个案研究和质化叙述性研究方法;进行日语双学位的整体分析时,采用修改版扎根理论。下面一一介绍本研究使用的分析方法的概要。为了便于和研究问题进行对照,针对各研究问题的详细分析方法将在相应的章节里再进行介绍。

(一)质化叙述性研究方法

质化叙述性(qualitative description)研究方法虽然是看护学领域普遍使用的研究手法之一,却很少被提及(北素子・谷津裕子,2009)。桑德洛夫斯基(2000)指出,质化叙述性研究方法是用日常生活中的语言来描绘事件的发展,能最大限度地忠于原事件,是受已有理论和哲学基础干扰最少的研究方法(Sandelowski,2000)。与其他研究方法相比,质化叙述性研究方法没有特定的理论和哲学基础,是一种“解释少、推论少”的叙述方法(北素子・谷津裕子,2009:28)。本研究的研究对象较少,很难从研究结果中得出推论,因此在分析每个学习者的日语学习轨迹时,只呈现从开放式问卷调查和学习日记等中收集到的数据,不进行过多解释和推论。

质化叙述性研究方法的数据收集主要关注相关事件体验中的“谁”“在哪里”“干什么”,即事件或体验的基本性质和状态。本研究的数据收集着眼于“日语学习者”(谁)、“不同的日语学习阶段”(在哪里)及“当时的学习动机和学习行为”(干什么)。基于以上分析可以判断该研究方法契合本研究。

此外,关于质化研究中的计数问题,桑德洛夫斯基指出,在数据分析中,必然要计算从复杂数据中生成的研究对象的数量,此时计算的最终目标并非采用统计方法来处理数据,而是通过简单地计数来找出数据的类型和规则(Sandelowski,2000)。在本研究中,为了探究日语学习者学习动机的类型和规则,有时也会根据需要使用计数方法。

（二）修改版扎根理论

在本研究中,记录日语双学位学习者的学习轨迹的变化时,采用修改版扎根理论（Modified Grounded Theory Approach,以下简称 M-GTA）。这个理论主要用于解释人的行为,特别用于与他人的相互作用中产生变化的动态说明。由于学习动机具有过程性,且在学习者和教师、学习环境等的相互作用中发生变化,契合此理论的应用特点,故采用此理论。

具体来说,本研究采用 M-GTA 的理由如下:

（1）M-GTA 保留了扎根理论（Grounded Theory Approach,简称GTA）的基本特性,但不必把数据切片来提取、分类,这样能大幅简化繁杂的数据处理工作,更易上手。

（2）M-GTA 和 GTA 一样,涉及人类行为的预测和说明,但是 M-GTA仅用于限定的范围内。本研究的日语双学位学习者仅为非专业日语学习者的一小部分,得出的研究结果仅用于限定的范围。

（3）M-GTA 适用于将重点放在人和社会相互作用的社会科学研究领域中,具有过程属性的现象,有助于发现问题,继而寻找解决办法,使研究结果服务于人和社会。学习动机是与周围的人和社会相互作用而形成的,同时具有过程属性。探讨日语学习者动机的变化过程及其影响因素,有助于启发日语教师的教学和改善日语学习者的习得。

M-GTA 的具体分析方法如下:

（1）对照分析主题和分析焦点,聚焦有关数据,将这些数据作为原始事例,创建能解释说明这些事例的概念。

（2）创建概念时制作分析工作表,填写概念名、定义、原始事例等。

（3）在数据分析的过程中,产生新的概念,根据各个概念逐一制作分析工作表。

（4）同时从数据中找出各个概念的具体事例,在工作表中追加填写。如果具体事例较少,则可判断此概念无效。

（5）生成的概念还通过相反事例等来比较验证,以免有失偏颇。将结果填入分析工作表的理论备注栏中。

（6）接着分析概念间的相关性,制作关系图。

（7）最后生成由多个概念组成的大类,再根据各大类之间的关系总结分析结果,简要概括故事主线,进而制作结果图。

在分析日语双学位学习者学习开始后的动机和行为的变化时,具体如何应用这种研究方法,将在第五章第二节中进行详细说明。

七、研究者的角色定位

质化研究中的内省是指作为研究工具的作者,批判性地内省自身给研究对象及研究结论带来的影响(Denzin & Lincoln,2000)。马丁·哈默斯利(Martyn Hammersley)、保罗·阿特金森(Paul Atkinson)认为,我们要研究世界,就无法回避自身,而这种回避也没有必要。研究者无法做到绝对的客观和中立,应该清楚地认识到自身对研究的影响(Hammersley & Atkinson,1983)。邓津、林肯(2018)强调,反身性写作策略能让研究者反观自身,来审视其存在或立场会在他们与研究对象之间的关系中发挥怎样的作用,反身性写作策略涵盖:说明研究者在研究中的身份,说明研究者的这一身份如何给研究对象带来启发性或者盲目性,说明研究者如何被引入所研究的问题。这样的讨论是非常有用的写作策略,因为这一看法认可研究者与研究的紧密联系,也认可研究者同其研究及研究过程的关系,都会影响研究结果。这些学者同时认为,能够反思自身立场的研究者能够为研究结果提供值得信赖和诚实的数据。

在本研究中,笔者不仅作为研究人员,还作为学习者的顾问(不参与成绩评价等利益相关)与研究对象接触。在这里,首先阐述一下以日语专业学生为研究对象的调查中笔者的立场。笔者所在大学的日语专业的班主任由研究生担任,笔者利用这一制度,担任了2011年入学的日语专业学习者的班主任,对学习者在生活上、学业上(并非指具体的日语知识)遇到的困难进行答疑解惑,给出建议。在以日语双学位学习者为对象的研究中,为了获得他们对本研究的配合和对笔者的信赖,以收集到更真实、更丰富的数据,笔者承诺给他们提供相关学习资料和日语学习的建议,不可否认,这有可能会对学习者产生影响。为了尽量获取学生在自然状态下的数据,在调查过程中笔者不仅要极力回避自身可能对研究对象产生的影响,还要认识到自身在本研究中的存在,在调查过程中积极审视研究者自身对研究对象、研究结果产生的影响,并通过文字向读者进行描述。需要注意的是,这一问题只有在调查中才会显现出来,因此本研究中笔者的定位和自省将在介绍研究结果后的第六章第三节第二小节中详细分析。

八、调查方法的信度和效度

质化研究中的信度(reliability)和效度(validity)是质化研究饱受争议的另一个方面。信度是采取同样的方法对同一对象重复进行测量时,其所得结果相一致的程度,指测验结果的一致性、稳定性及可靠性。文军、蒋逸民(2010)总结道,目前质化研究领域中的大部分学者达成一个普遍的共识,即质化研究中不讨论信度问题。原因在于,信度这个概念来自量化研究,指的是研究结果的可重复性,而质化研究是高度个人化的,是将研究者作为研究的工具,每一个个案都有其特殊的脉络,强调研究的独特性和唯一性。因此,量化研究意义上的信度概念不适合质化研究的实际工作情况,对质化研究没有实际意义。本研究的质化研究中,同一学习者的某一学习阶段具有不可逆性,因此不可能在不同时间对同一学习者进行测量,其结果还会保持不变,本研究要测量的学习动机本身就是动态性发展的,可见在本研究中谈论信度是无意义的。

效度即有效性,它是指测量工具或测量方法能够准确测出所需测量事物的程度,一项研究所得的结果必须能解决研究问题才是有效的,测量结果与要考察的内容越吻合,则效度越高;反之,则效度越低。本研究中,由于可参照的研究有限,综合了既有研究、和研究对象接触中的发现、后续访谈等方法来使调查收集到想考察内容的数据。质化研究的特点之一为收集数据与分析数据同时进行,当收集到的数据不充足或不完备时,笔者会及时通过后续访谈来弥补,不会发生调查研究结束后,进行数据分析时才发现收集数据的方向不对或数据不完善的情况。也就是说,效度在本研究中能够得到保证,读者可通过书稿后的附录及论文中的相关说明进行确认。

质化研究发展到现在,各个领域的专家各自纷纷提出了自己的评价基准。关于质化研究论文的评价基准,研究人员提出了各种各样的见解,笔者认为最全面的当属关口靖广的评价基准(関口靖広,2013)。关口靖广参考了英国开放大学(The Open University)的教育社会研究学科教授哈默斯利的研究(Hammersley,1998),提出了质化研究评价基准的5条建议。

(1)三角测量

质化研究需要采用具有多面性的多元方法。三角测量方法是将多种方法、经验资料、视角、观察者组合起来使用的研究方法。它能使研究显得更加严密、发散、精致、丰富、有深度(Flick,1998),是为追求事物的真实性而做的努力。关口靖广指出,"在研究报告书中得出重要结论时,如所采用数据是通过多种途径收集并经过三角验证的,则其结论将非常有说服力"(関口靖広,2013:216)。诺曼·K. 邓津(Norman K. Denzin)指出,三角验证有如下4种形式(Denzin,1978)。

①数据三角测量

本研究采用访谈、开放式问卷调查、课堂观察、日常调查表、学习日记等方式来收集数据。采用不同路径获得的数据,能从不同侧面验证数据的真实性。例如,学习者 A15 在开放式问卷调查中写道:"想转专业,对日语不感兴趣。"(2011-10-12),此时是日语学习开始 1 个月后,他认为自己不喜欢日语。从当时的日常调查表中可以看出,他在课外未进行日语学习。在课堂观察中,笔者也注意到 A15 的态度和刚开学时截然不同,态度极为消极,和任课教师无任何互动。从日常接触中,笔者得知他已经在做转专业准备。这样通过日常调查表、课堂观察、日常接触得到的数据,验证了 A15在开放式问卷调查中的回答,最大限度地保证了数据的真实性。

②研究人员三角测量

这是指通过增加多个研究人员和评价人员来提高质化研究的质量。在本研究中,增加研究人员的途径是行不通的。但本研究在进行过程中,通过参加研讨会等形式得到了相关领域学者的指导和肯定,一定程度上保证了研究的质量。

③理论三角验证

理论三角验证是指,在解释一组数据时使用多种理论框架。本研究的主题学习动机具有多面性,各个侧面也衍生了相关理论,在对数据进行解释说明时,将用到自我决定理论、自我效能感理论和归因理论。

④分析方法三角验证

分析方法三角验证即采用多种分析方法来研究一个问题。本研究的对象分为日语专业学习者和日语双学位学习者,研究问题共设定了 4 个。在解决这些研究问题时,仅用一种分析方法是不充分的,本研究采用了两种分析方法。本研究把研究对象即日语专业学习者和日语双学位学习者各看作案例来进行个案研究。具体来说,在描写日语专业学习者的日语学习轨迹时,使用质化叙述性研究法;在日语双学位学习者的研究中,从研究对象那里收集到的数据不足以利用质化叙述性研究法来描述每位学习者的日语学习轨迹,因此采用了更加合适的 M-GTA 来分析学习者动机和行为的变化过程。

(2)长期的数据收集

这个评价基准是为了防止被研究对象的短期行为所迷惑而收集到带有偏见的数据。质化研究者们往往研究自然的事物状态,从人们赋予事物意义的角度出发,试图理解或解释现象(Denzin & Lincoln,2000)。也就是说,质化研究追求在自然状态下对研究对象的观察。要了解研究对象在

自然状态下的活动,自然不能让研究人员的介入(如课堂观察等)导致研究
对象的活动和平时不同(想要好好表现或有外人在不敢表现等),从而收集
到不准确的数据。为了避免此类问题的发生,需要在相对较长的时间内进
行数据收集工作,因为在较长一段时间内研究对象的活动和他在自然状态
下的活动最为接近,观察时间越长便越能获得准确的数据。南博文(1991)
认为,最理想的情况是研究人员和研究对象保持长期的联系,因为研究人
员对研究对象的了解程度关系到质化研究的生命线——"深描"(thick
description)的质量好坏。本研究的调查时长分别为日语专业学习者4年,
日语双学位学习者2年,长期的调查收集到的不是学习者的一时状态,而
是在自然状态下的数据。特别是对日语专业学习者来说,在第一阶段的调
查中每周以1—2次的频率进行课堂观察和日常接触,以期收集到自然状
态下的数据。在日语双学位学习者的调查中,笔者在进行课堂观察时,为
了不被学习者发现而偷偷潜入课堂,以期观察到自然状态下的课堂。

(3)连续性数据收集

这个评价基准和长期的数据收集有部分重合。关口靖广指出,研究对
象的内在自然变化在很大程度上可以通过持续的观察、访谈来获取。预设
研究对象会发生某种变化,需要长时间地、持续性地收集数据来捕捉这种
变化,这也是本研究的核心内容(関口靖広,2013)。本研究以学习动机的
变化为前提条件,结合日语学习特点来确定相应的调查时间节点,最终明
确了其变化的轨迹。具体来说,对日语专业在开始日语学习前、50音学习
后、期中考试、学期初、学期末等时期,对日语双学位在开始日语学习前、学
期中、第一学年结束时、双学位课程结束前等时段进行了调查。

(4)案例选择基准的检查

对此问题,在前文的"质化研究中的抽样"中已经专门涉及,此处再次
对质化研究及本研究中的案例选择基准进行重申。能否理解要研究的现
象取决于恰当的案例选择(Patton,1990;Yin,2017)。关口靖广认为,为了
提高效度,有必要对调查地、研究对象的选择方法、特征等进行详细汇报。
与为追求结论的推广性而进行随机抽样调查的量化研究不同,在质化研究
中一般采用契合研究目的,且能最大限度地收集到有用信息的目的性抽样
方法(関口靖広,2013)。邓津、林肯指出,案例的选择不一定拘泥于代表
性,而应该确保多样性;但在我们充分讨论案例的典型性之前,更应该看重
其是否容易接触,以及对调查的配合程度,等等(Denzin & Lincoln,2000)。
也就是说,如果找到愿意长时间配合调查且有代表性的案例,那是最理想
的,但是在这些条件不同时具备的情况下,应该首先考虑能够配合调查的

案例,这样才能收集到质量更好的数据。而且就本研究的研究内容来看,无从知道哪所大学的日语学习者更具有代表性,甚至可以说"代表性"一词在本研究中是没有意义的。本研究以笔者母校的日语学习者为对象,对于笔者来说无论在地理位置上还是在心理上均占有优势,能得到研究对象较好的配合,收集到质量更好的数据。

(5)对反面事例和变异事例的积极探索

研究人员不仅要汇报符合假设的案例,还要汇报其中的反面案例和变异案例,并且需明确阐述在分析论点时是如何处理这部分反面案例和变异案例的,由此可提高论文的效度和说服力。本研究虽然会根据学习者的特点将其类型化,但同一类型的学习者中也不存在学习轨迹完全一致的学习者。因此,笔者在说明研究结论中学习者的特征时,即使不是反面案例、变异案例,只要发现与类型化后的小组特征有不一致的案例,也会进行记录。

此外,还有"作为'数据收集工具'的研究者自身的检查"和"提高可靠性的记述和记录"。作为研究工具的研究者,即使想回避对研究对象的影响,实际操作起来也比较困难,因此研究人员应在报告中注明自己在调查活动中承担的角色、所做的工作,让读者自行判断研究人员对研究对象的影响,这一点在上述的第三章第三节第七小节"研究者的角色定位"中已详细阐述。在"提高可靠性的记述和记录"中,质化研究人员经常使用的评价基准是"深描"。西条刚央指出:"深描是为了让意思显现出来的必要描述,不是随便重复记述就可以的。"(西條剛央,2007:26)具体来说,"为了让意思显现出来的必要描述"是指,"全面地记录某行为或事件形成的具体状况、上下文及其经过(包括短时间的小故事),读取其内涵的意义构造"(南博文,1991:47)。在本研究中,特别是对日语专业学习者的调查中,为了把握学习者个体在各学习阶段的动机和行为,除了研究动机和行为的数据外,还应结合学习环境(如主要科目的教师有无变化、有无留学计划)、学习整体状况(如学习内容的多少、有无考试)等来综合分析,使得日语学习者的学习状况得以详细展现。

第四章 日语专业学习者的结果和分析

本章对日语专业学习者的动机和行为的调查结果进行描述和分析。桑德洛夫斯基认为,在质化分析中,数据收集与分析之间并没有明确的分界线,数据收集的过程本身与分析相结合,分析的框架往往是解释数据的基础,质化研究与研究人员的内省密不可分,因此很难把数据收集和解释的过程分开(Sandelowski,2000)。基于此背景,本研究在展示和分析结果时,并未清楚地划分两者的界限,而是把结果和分析放在同一章。

第一节 入学前①的学习轨迹

华中科技大学日语专业2011年入学的15名学生,根据是否自愿选择日语专业,可分为2类:类型1为将日语专业选为第一志愿到第五志愿的8名学生,类型2为未被志愿专业录取而被调剂到日语专业的7名学生。在本研究中,学生在学习过程中无一例外地想让日语成绩变好,但大部分学生的这种想法对学习行为的影响时间较短,一般仅持续一两周时间,在这段时间里他们比以往努力,但因时间太短而往往对学习成绩的改善没有帮助;另外,还有部分学生仅有提高成绩的想法而不付诸实际行动。在本研究中,以上2种情形中的学生的"想法"均不被认定为学习动机。

一、类型1学习者的学习动机

这种类型的学生,除A08外,在高中时均为文科生。A08是理科生,所在高中是外国语学校,成绩优秀者可被保送到大学就读,但仅可选择外语专业,A08认为英语在世界上是最通用的语言,因此把英语专业作为第一志愿,但未被录取,而被第二志愿的日语专业录取。

① 这里的"入学前"是指日语专业学习开始前,华中科技大学进校后一般进行1个月左右的军训,日语学习开始于国庆节假期结束以后。

高中学习文科的学生之所以选择以理工科为主的华中科技大学,主要是因为该校在全国排行榜上名列前茅,他们在入校前,除北京大学、清华大学等几所知名大学以外,对其他高校和专业了解其少,大多通过网络来调查大学排名,再结合自己的高考分数,来决定报考大学和专业。通常他们会选择最有希望被录取的排名尽量靠前的大学,特别是在以理工科为主的大学,进入文科专业的难度比理工科专业低,所以对文科生来说,与理工科学生相比相对更容易被录取。类型1学生因重视学校排名而选择了华中科技大学,但在专业选择上,以理工科为主的华中科技大学可供文科生选择的专业相对有限,再加上进入大学前对专业并不了解,所以他们在选择专业时,往往在少数可选专业中以该专业是否容易就业来决定第一志愿到第五志愿。华中科技大学面向文科学生的专业有中文专业、外语专业、社会学专业、新闻专业、建筑学专业、哲学专业、马克思主义专业、法学专业、经济类专业。若考虑到就业,学生一般倾向于选择经济类、外语、新闻等专业。

下面是类型1学生选择日语专业的原因。

> 喜欢日本文化,文学方面,喜欢得过诺贝尔奖的作家的作品(《伊豆的舞女》《雪国》),还有现在的作家,如村上春树(《挪威的森林》《1Q84》),还想了解日本社会,全方位的。
>
> (A01/开放式问卷调查/2011-09-20)

> 兴趣,是动画的影响;还有也是父母意愿,觉得女孩子学一门语言很实用,就业前景应该也不错。
>
> (A02/开放式问卷调查/2011-09-20)

剩余6名学生出于以下原因而选择日语专业作为第二、三、四、五志愿。

> 第一志愿是经济,没选上虽然觉得遗憾,但是也还好,对未知的日语专业也感到挺兴奋的,它是一个很有挑战性的专业。选了日语是因为觉得自己喜欢语言学习,觉得有天赋。
>
> (A03/开放式问卷调查/2011-09-20)

> 一开始觉得这个学校可能与经济相关的专业会好一点,就选了国际商务与贸易。现在被分到日语专业感觉还好,想体会一下学习

一门外国语言的感觉,而且日语中有汉字,感觉比德语好学。

(A04/开放式问卷调查/2011-09-20)

　　当时没把日语作为第一志愿,只是觉得学一门语言没有学一门技术好,会计专业就业好。现在被第二志愿的日语专业录取了,也挺高兴的,至少没被第三、四、五志愿录取。把日语作为第二志愿是因为觉得动画片里面的日语好听,当时心里并不是很清楚。

(A05/开放式问卷调查/2011-09-20)

　　现在已经忘了第一志愿选择了什么。没把日语作为第一志愿是因为完全不了解日语,心里有点没底。现在没被第一志愿录取有点可惜但也不错,毕竟是名校。选了日语是因为高中时语文和英语成绩还不错,模仿能力较强,有天赋。

(A06/开放式问卷调查/2011-09-20)

　　因为想以后当记者就选了新闻作为第一志愿,接到录取通知书时很惊讶,然后开始憧憬日语专业。选了日语是接受了老师的建议,首先老师认为我的性格适合学习语言,其次这个学校的日语是语言类最好的专业。

(A07/开放式问卷调查/2011-09-20)

　　因为英语的出路更多一些,取舍之后第一专业报的英语。日语也不错,毕竟我有兴趣。

(A08/开放式问卷调查/2011-09-20)

　　综上所述,把日语专业作为第一志愿的学生和把日语专业为第二、三、四、五志愿的学生相比,学习日语的理由相对明确。把日语专业作为第一志愿的学生的理由可总结为:(1)对日本文学和动画感兴趣;(2)容易就业。A01的日语学习动机以日本文学为契机,想要更深入了解日本文化,同时认为日语作为小语种容易就业。A02的日语学习动机包含父母推荐的容易就业的动机和自己对日本动画感兴趣的动机。在这一时期,A01和A02认为,日语专业容易就业的动机和对日本动画或文学感兴趣的动机同时存在,至于这2种动机中哪种动机更强则无法判断。

　　其余6名学生选择日语专业作为第二、三、四、五志愿的理由大致可总结为以下5类：(1)对语言学习感兴趣；(2)日语属于文科,擅长文科学习；(3)日语中有汉字,容易掌握；(4)老师的推荐；(5)对动画的兴趣。还有一个不可忽视的原因,虽然学生未提及,在以理工科为主的华中科技大学,文科生能选择的专业极其有限,加上对各专业并不了解,有学生甚至表示除了第一志愿专业外其他志愿均为随意填写的。对这部分学生来说,他们虽对未被第一志愿专业录取而感到遗憾,但出于文科专业中日语专业就业较理想、文科生擅长学习语言、日语与汉语的联系及对日本动画的兴趣等原因,他们对日语专业并未感到不满。

这6名把日语选为第二、三、四、五志愿的学生未选日语作为第一志愿的理由可总结如下：(1)从就业考虑,经济类是热门专业；(2)日语从零基础开始学习,不知能否学好。这里的"热门专业"来自人们对大学专业的一些固有观念,从这里可以看出以就业为主导的实用主义依旧是左右学生专业选择的重要因素。特别是A05和A08,在后续访谈中,2名学生均表现出对日本动画的极大兴趣,但在决定第一志愿时,他们选择的依然是一般认为的应用面更广、更加实用的会计专业和英语专业。至于为什么会出现这种现象,笔者认为,是因为大学入学前,学生基本上每天进行高强度学习,目的是在高考中取得高分,考上好大学。至于大学学习什么专业无论是学生还是家长或学校都不重视。这导致学生并没有去发掘自己的兴趣,对专业选择很迷茫,因此很容易随大流选择一般认为的"热门专业"。

二、类型2学习者的学习动机

类型2学生中除1名女生外,其余6名为男生,他们在专业志愿中未填报日语专业,是被调剂进来的学生。在接到日语专业的录取通知书后,他们的反应如下：

> 不可置信,甚至产生了绝望的感觉。
>
> （A09/开放式问卷调查/2011-09-20）

> 我怎么能学日语呢？日语没有科技含量(不是自然科学),没有前途。
>
> （A10/开放式问卷调查/2011-09-20）

> 很惊讶,没能选上自己喜欢的专业,心里觉得不舒服。
>
> （A11/开放式问卷调查/2011-09-20）

感觉有点惊讶,怎么会来学语言专业,但也不是特别反感,一切随缘,呵呵。

(A12/开放式问卷调查/2011-09-20)

有点不舒服,想过转专业,感觉对日语兴趣很小。

(A13/开放式问卷调查/2011-09-20)

心里很空吧,只能走一步算一步,尽力学好,很无助,有点失落失望,但很快会继续努力。

(A14/开放式问卷调查/2011-09-20)

无所谓,上大学不管什么专业都行。

(A15/开放式问卷调查/2011-09-20)

对大多数理科生来说,他们从没想到会被调剂到日语专业,因此对日语专业抱有很强烈的抵触情绪。但其中也有例外,如A12不像其他学习者那样有强烈的抵触情绪,从随后的追踪采访可以看出,他仅对理科生被调剂到语言专业感到不可思议而已。而A15则认为考上大学就行,专业并不重要。

对于产生抵触情绪的原因,他们做了如下陈述:

本身是理科生,学日语毫无优势,文科生本身习文,而语言也是文科的一部分;而且感觉语言像一种工具,大学4年不应该仅仅学一种工具;(我的性格)更适合学习机械之类的理工科门类。

(A09/开放式问卷调查/2011-09-20)

压根没想学日语,没想学人文科学,想学自然科学。

(A10/开放式问卷调查/2011-09-20)

没有想过语言方面的专业,日语是文科专业,而自己是理科生,就没有想去选。

(A11/开放式问卷调查/2011-09-20)

因为我比较喜欢理工科方面的东西,也比较擅长;而通过对英语的学习,我发觉自己比较懒,不太喜欢记背的东西。

(A12/开放式问卷调查/2011-09-20)

因为是理科生,所以对那些文字型专业不感兴趣,有点不喜欢死记硬背;而且这所学校是一所理科性大学,学外语应该去武汉大学。

(A13/开放式问卷调查/2011-09-20)

我是理科生,不擅长文科,语言是一种抽象思维、逻辑思维。

(A14/开放式问卷调查/2011-09-20)

他们对被调剂到日语专业感到震惊,不仅仅是对日语专业,对所有文科专业均带有抵触情绪。其抵触情绪可归结为以下几点:(1)日语是文科专业,理科生不擅长;(2)语言只是一种工具,不应该被作为专业来学习4年;(3)通过既往的英语学习经历,发现不喜欢需要大量背诵的课程;(4)华中科技大学的强势是理工科专业,日语属于弱势专业。从以上几点可看出,高中学习理科的他们对文科性质的日语专业的偏见很大,认为自己不适合学习日语,日语也不值得作为专业来学习。

三、入学前的学习行为

学习开始前学生的学习行为,是指为了学习某内容而做的准备,也称学习准备(readiness for learning)。学习开始前,类型1的8名学生中7名在不同程度上利用各种资源接触日语。

以前就有了解,接到录取通知后,上网看教学视频,看日本作家的一些书,如渡边淳一,电视改编的《失乐园》。

(A01/开放式问卷调查/2011-09-20)

听过几首日文歌,看日文发音视频。

(A02/开放式问卷调查/2011-09-20)

自学日语,基本词汇,50音图;了解日语考试进程;了解日本语言文化与中国语言文化的关系。

(A03/开放式问卷调查/2011-09-20)

没有。

　　　　　　　　（A04/开放式问卷调查/2011-09-20）

一直很喜欢日本的动画,动画看了很多。

　　　　　　　　（A05/开放式问卷调查/2011-09-20）

在网上查了一些资料,查了日本语言的组成部分、日本历史。

　　　　　　　　（A06/开放式问卷调查/2011-09-20）

看日语视频;父亲教导,父亲学过半年日语。

　　　　　　　　（A07/开放式问卷调查/2011-09-20）

看日本小说(轻小说),学习日语,上网了解,通过留学的同学了解。

　　　　　　　　（A08/开放式问卷调查/2011-09-20）

　　如前所述,大部分学生在知道专业是日语后,在不同程度上通过不同途径获取了日语和日本的相关知识。获得途径为利用网络等收集各自感兴趣的日本相关信息、自学日语基础知识。他们中除A08[①]外均未系统地学过日语。学习效果方面,学生对日语本身的学习较少,对日本文化和文学兴趣较大,通过这些了解,他们对日本的认识增加。广义上的学习准备也包含学生原本就持有的与日本相关的固有知识。对日本的固有知识方面,调查结果显示,学生大多通过初高中的历史课、书籍、电视、网络等了解了日本历史和文化。他们对日本的印象中,既有“日本人勤劳谦虚”“日本动画产业成熟”“日本是一个经济大国,是一个文明国家”“工作认真”等积极的一面,也有“封建的社会体制,女性社会地位低”“对日本侵略战争的憎恨”等负面的一面。由以上内容可看出,在日语学习开始前把日语专业作为第一志愿与把日语专业作为第二、三、四、五志愿的学生在学习准备上并无太大差别,可认为他们基本上从零基础开始学习日语,同时从对日本的印象可看出,他们看待日本不偏激,因此可认为这些因素对日语学习无较大负面影响。

────────

　　① A08在2011年3月确定被保送日语专业后,在培训机构用《新版中日交流标准日本语》教材学习了3个月,后放置了3个月,入学时经笔者确认,50音已学完,但因没有持续背诵,几乎已全部忘记。

下面来看类型2学生在知道被调剂到日语专业后的学习行为。

> 通过网上的一些启蒙课件学习简易日文对话。
>
> （A09/开放式问卷调查/2011-09-20）

> 没有。
>
> （A10/开放式问卷调查/2011-09-20）

> 通过网上查阅资料,并且看了一些日本动画。
>
> （A11/开放式问卷调查/2011-09-20）

> 暑假里找了《大逃杀》1、2,《千与千寻》之类的不错的影视
> 作品。
>
> （A12/开放式问卷调查/2011-09-20）

> 也只看了一些日本名家(川端康成、村上春树)的名著,了解
> 他们的生活方式、一些习俗和思考方式。
>
> （A13/开放式问卷调查/2011-09-20）

> 看了一下基本资料,《新版中日交流标准日本语》看了几页,
> 没看懂。
>
> （A14/开放式问卷调查/2011-09-20）

> 没有。
>
> （A15/开放式问卷调查/2011-09-20）

类型2学生本来希望进入理工科专业,但因分数不够而被调剂到日语专业,接到录取通知虽然一时不能接受,但随后一般表现出积极的态度,在这点上,类型2和类型1学生虽然在进入日语专业的方式上(是否自愿)不同,但在入学前的学习行为上并无区别。大学入学前,学生们或多或少地接触到了日语相关资源,但并未系统学习,因此基本上可看作从零基础开始学习日语。

类型2学生为调剂生,对日本的看法可能与类型1学生不同,下面是他们对日本的印象。

不是特别了解,主要通过杂文、历史资料、新闻中对日本进行
了解,对日本的政治,尤其是其对中国的政策关注较多。

（A09/开放式问卷调查/2011-09-20）

日本小,发展空间小;中日发生过战争,关系不太好;日本人
团结。

（A10/开放式问卷调查/2011-09-20）

日本人民族感强,很团结,但军国主义在日本人中阴魂不散;
日本人非常注重礼仪,日本父母从不溺爱孩子,日本孩子独立生
活能力很强。

（A11/开放式问卷调查/2011-09-20）

只觉得日本利益、等级、长幼尊卑观念很强;日本的爱国向心
力很强;日本文化在当代呈现多元化,有冲突也有促进;日本通过
第三产业,广泛影响着亚洲世界。

（A12/开放式问卷调查/2011-09-20）

通过日本受灾,知道日本人民族感强,稳重,日本虽小却不容
小觑,另外他们也极重视传统文化传承。

（A13/开放式问卷调查/2011-09-20）

和服、相扑、川端康成,其他不了解。

（A14/开放式问卷调查/2011-09-20）

动画、富士山、日语、高收入、地震频发。

（A15/开放式问卷调查/2011-09-20）

类型2学生对日本的了解仅限于大众对日本的一般认识,这些认识产
生的源头主要有《语文》教材(日本名作介绍部分)、新闻、动画、电影、中国
抗日题材电视剧、历史教材、有日本留学经验的同学等。如前所述,日语学
习开始前,在日本和日语相关知识方面,类型2和类型1学生并无区别,这
些是他们在成长过程或学习过程中自然接受的信息。

综上所述,所有学生学习开始前的学习准备大致处于相同水平,对学习新语言是否有自信的调查中,除了类型2学生A10回答"不知道"外,其余学生对即将开始的日语学习很有自信:"别人能做到的事情自己也能做到。"

<h2 style="text-align:center">第二节 学习动机的影响因素</h2>

一、学习者因素

如上所述,研究发现造成个体差异的学习者因素有:年龄、性别等天生的无法改变的因素,情绪、学习适应性等多年积累下来的很难改变的内在因素,以及学习动机、学习策略等易受外界影响而发生改变的外在因素。对学习者因素的构成,不同的研究人员给出了不同的分类方法,本研究中学习者因素的内容如图4-1所示。本研究将年龄、智力、学习风格排除在外。年龄方面,我国接受高等教育的学生年龄大致相同;智力方面,本研究的研究对象除A08外均通过参加普通高等学校招生全国统一考试(The National College Entrance Examination,简称"高考")被录取到华中科技大学,智力可视为相差不大。学习风格、学习策略①属于极其微观的学习行为,采用质化研究方法的本研究很难对其进行测量,因此将这3种因素排除在外。

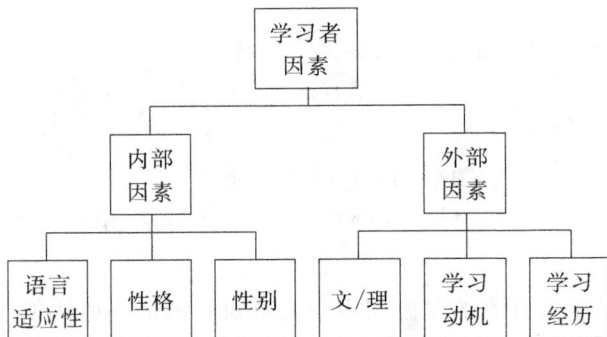

图4-1 学习者因素的构成

---

① 这里的学习策略指的是微观层面上的策略,后文中出现的优秀学习者的学习策略是指宏观层面上的策略。

学生对以上因素的看法可能会影响学习过程和学习结果,因此有必要对其进行调查。在语言适应性方面,这是在语言学习中经常被讨论的概念,本研究调查了与语言学习密切相关的短时记忆力。在日语专业学生大致适应了日语学习后(一年级下学期),让他们在规定的20分钟内尽全力记忆20个新单词,然后测试每个学生对此学习任务的完成情况。为了激发他们的积极性,本研究实施了奖励措施,结果表明,学生的短时记忆力几乎没有差别。出于以上原因,可认为本研究中日语专业学生的语言适应性无明显差异。

一般认为,语言学习需要学生敢于开口说,因此语言学习与性格内向、外向密切相关。15名学生使用量表诊断了自己的性格,其中14名认为语言学习中性格外向的学生,更敢于和乐于交流沟通,对语言学习更有利。但有意思的是,判断自己的性格不适合语言学习的学生并不打算转专业,而认为自己适合语言学习的学生却积极开始着手准备转专业。也就是说,在选择专业时,性格因素没有决定性影响。性别因素上,除了1名学生认为女性擅长感性思考,对学习语言有利外,其他学生都认为性别和语言学习没有关系。

外语专业从性质来看属于文科,高中学习理科的学生在开始学习前可能会有畏难情绪。图4-2是学生对日语学习与文理科关系的看法的调查。

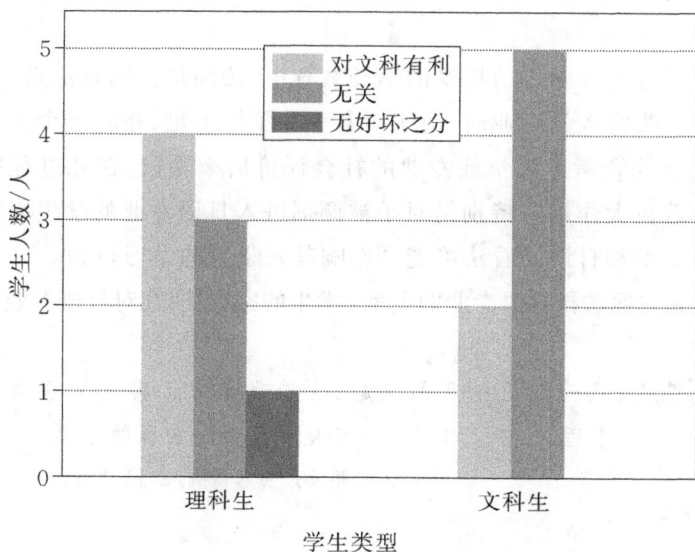

图4-2 学生对日语学习与文理科关系的看法的调查

调查结果显示,文科生7人中,2人认为接受过大量记忆训练的文科生更擅长学习语言,而其余5人则认为没有关系。理科生中有一半学生认为文科生高中时学习的文科科目较多,经常训练记忆力,因此对语言学习有利。其余4人中3人认为两者没有关系,1人认为虽然有关系,但文科和理科只是学习方法不同,没有好坏之分。总的来说,文科生不认为自己在语言学习上有优势,理科生则认为自己学习语言没有优势,不能发挥理科优势,这也是大部分理科生后来转专业的原因之一。

学习经历方面,在学习一门新的语言时,学生往往有意识地将其与以往的语言学习经历联系起来。学习者一般从中学开始学习英语,在日语学习开始前大多数学生认为,日语和英语学习有共同点,但这一想法在日语学习开始后发生改变,他们认为两者语言体系不同,日语学习和英语学习没有关系。

综上所述,本研究中的日语专业学生认为,一些学习者因素会对日语学习产生影响,但这些因素实际上给学生的学习带来的影响可以说接近于零。排除了以上因素,本研究将着重探讨影响学习行为和学习结果的学习动机。

二、对日本和日语的态度

所谓对日本和日语的态度,是学生本人和周围的人对日本和日语的态度。我们来看一下日语专业学生的家人、朋友对学生进入日语专业的意见,因为他们的意见可能对学生的学习动机产生较大的有时甚至是决定性的影响。

学生在进入大学之前接受的学校教育中,按照自己的意愿选修课程的机会极少。决定大学专业时,由于对各专业了解不足,相较于个人兴趣,学生更倾向于综合考虑大学或专业的社会评价后来决定,在此过程中,学生父母发挥着较大作用。特别是对于被调剂进入日语专业的学生来说,家人和朋友对日本和日语的看法可能会影响其入学后的学习行为。

下面是自愿选择日语专业的类型1学生的家人、朋友对日语专业的态度。

> 赞成,认为日语是我的兴趣,支持我干自己喜欢的事情;其次,日语是小语种,就业前景好,家人不担心未来我的生活。
>
> (A01/开放式问卷调查/2011-09-20)

> 家人亲戚中,有人支持,认为就业形势不错,并且与我的兴趣相符合;朋友中也有支持的,认为小语种将来就业形势还好,日本动画文化传播得比较迅速;也有持消极态度的,认为日语难学,并

且身边同学一般是经济管理专业的,我这类专业很少有人报。
　　　　　　　　　　　　　（A02/开放式问卷调查/2011-09-20）

　　他们都很支持我学习日语,但同时鼓励我再辅修一门其他专业,仅仅学好日语是不够的,因为语言只是工具,语言虽然是技术活,学会要时间和精力,但真正的竞争是在个人的能力和综合素质方面;自己非常赞同,他们都很明智的。
　　　　　　　　　　　　　（A03/开放式问卷调查/2011-09-20）

　　不同的想法都有:家长认为学好了就会很好,有一些亲戚朋友不支持,可能对日语有抵触情绪(历史课本上日本人曾对中国人进行杀戮,尤其是采用细菌战、毒气战等手段),他们认为很残忍;(自己认为)既然不能被第一专业录取,那就爱我所选吧。
　　　　　　　　　　　　　（A04/开放式问卷调查/2011-09-20）

　　我爸妈非常高兴,爷爷不喜欢(经历过战争);爸妈高兴,认为挺好的,他们真的比我还高兴,认为学小语种很好,掌握一门语言很有实际意义,这也是我感兴趣的专业。
　　　　　　　　　　　　　（A05/开放式问卷调查/2011-09-20）

　　老师对我的专业非常赞成,但亲戚中有人不赞成,认为语言学了没什么用;(自己认为)既然选择了,就应该继续下去,既然有日语专业,只要学好,就有用。
　　　　　　　　　　　　　（A06/开放式问卷调查/2011-09-20）

　　父母尊重我的选择,支持我的选择;有人会试图说服我学别的专业,大多数人都是信任与鼓励;(自己认为)认定日语专业,既然选择这条路,就要坚定不移地走下去,期望收获成功。
　　　　　　　　　　　　　（A07/开放式问卷调查/2011-09-20）

　　有些人认为日语的前途很好,有一些因为历史上的战争的关系而反对,但总体上还支持,小部分不表态;(自己认为)学好自己的,做到最好没有错。
　　　　　　　　　　　　　（A08/开放式问卷调查/2011-09-20）

可见,类型1学生家人和朋友赞成、反对选择日语专业的理由可分别总结如下:

赞成:(1)语言学习很实用,日语是小语种,将来的就业比较好;(2)学生自身对语言学习和日语感兴趣,家人尊重他们的决定。

反对:(1)有家人因为中日历史问题而对日本怀有憎恶感,自然而然地厌恶日语;(2)语言工具论,语言无用论;(3)日语专业学习人数较少,经济管理类专业更受欢迎。

对于以上学生进入日语专业学习,家人朋友有赞成和反对2种意见,不过,学生自身对日语的态度较为积极:无论别人如何认为,自己只要好好学习,将来肯定不会差。把日语专业作为第一志愿的学生自不必说,把日语专业作为第二、三、四、五志愿的学生也没有转专业的想法。可以看出,部分家人、朋友对日本的消极想法并未对学生的学习动机产生消极影响。

以下是类型2学生在知道被调剂到日语专业后,其家人和朋友做出的反应:

> 十分不看好,一是觉得没有前途,二是觉得我不适合学习语言;我入学后在积极转专业的同时,也应该认真学习,尽力学好这门课。
>
> (A09/开放式问卷调查/2011-09-20)

> 邻居:只要有书读,就不怕。同学:你可真够惨的! 老师:理科生怎么能去学日语呢? 母亲:好好学,好考研! 自己:转专业,要不就好好干,学出点名堂。
>
> (A10/开放式问卷调查/2011-09-20)

> 开始有点不能接受,后来慢慢了解,觉得还行。家人:不管是什么专业,只要学好就行;同学:啊,什么? 日语专业? 你怎么会读日语呢? 我觉得很自然,日语显然不是我喜欢的专业,但慢慢了解后或许会感兴趣的。
>
> (A11/开放式问卷调查/2011-09-20)

> 积极的:觉得小语种是个不错的选择,就日语来说,专业也不错,有机会出国。消极的:认为日语对我而言,可能不太适合,不

能充分发挥我在理工科方面的优势。我做事要么不做,做的话就
想完成好,制造激情去了解日语。

(A12/开放式问卷调查/2011-09-20)

开始时有些失望、质疑,多方打听后,处于观望状态,就看是
否能学好,如果不能再考虑转专业什么的;随机应变,既考虑转专
业,又考虑辅修或修双学位,努力拓展知识面。

(A13/开放式问卷调查/2011-09-20)

很多人说小语种很好,工作好找,我半信半疑,因为对日语不
了解。

(A14/开放式问卷调查/2011-09-20)

父母对此"不感冒",意见不大,一切随我;我觉得无所谓,该
怎么学就怎么学,学好它是自己的义务、责任。

(A15/开放式问卷调查/2011-09-20)

除A15以外,类型2学生及他们的家人和朋友对日语专业的态度比较
消极,他们认为日语专业不能发挥其擅长理科的优势,对能否找到好工作
也将信将疑。这些对类型2学生的学习动机产生了消极影响。譬如,A12
入学后,见到了被录取到华中科技大学工科专业的高中同学,看到高中时
每次测验均比自己成绩差的同学进入了自己梦想中的工科专业学习,而自
己只能在日语专业,感到非常难受。受此刺激后,他迅速购买了转专业备
考的复习资料。此阶段中只有A15例外,他认为大学里专业并不重要,学
好目前的专业就可以,家人对此也并不在意。

第三节　入学后的学习轨迹

以上是进入日语专业前2种类型学生的学习动机、学习行为以及家
人、朋友的看法。日语学习开始后,这些学习者的日语学习分别呈现出不
同的轨迹。下面以单个学习者为单位,详细描述其在大学4年里日语学习
动机和学习行为的变化。以下构建学生的学习动机模型时一般以学期为
单位,因转专业成功的A14和A15只学习了半年日语,所以在构建学习动

机的变化模型时时间间隔相对较短。

一、学习者A01——大学后期觉醒

A01之所以选择日语作为第一志愿,是因为其对日本文学很感兴趣,且对日语专业的就业充满信心。日语学习开始后,A01对向往已久的日语学习感到兴奋。在50音学习结束后的开放式问卷调查中,她认为日语课非常有趣,但同时对包括日语学习在内的大学生活,也存在这样的困惑:没有适应大学生活,也或许是没有合理规划时间,不知道怎样合理平衡学习时间与平时一些活动的时间。A01以为大学有很多属于自己的空余时间,但上了大学后发现很忙(开放式问卷调查/2011-10-06)。

在调查中发现,A01学习50音时,对于区别"な"行和"ら"行感到困难。同时更令她感到困惑的是,不知道如何合理分配大学课外时间,每天忙碌的大学生活与A01想象中的大学生活相去甚远,此时A01尚处于大学生活和日语学习的适应期。

此后,第一学年上学期的期中考试前后,A01的状态发生了如下变化:"刚开始的没有扎根的比较漂浮的感觉稳定下来,把日语当作了专业来学习。"(开放式问卷调查/2011-11-21)此时,"没有扎根的比较漂浮的感觉"应该是A01在摸索如何分配好课外时间时产生的浮躁的心理状态,经过一段时间的适应,A01找到了兼顾专业学习和社团生活的平衡点。

如前所述,高中学习文科的学生一般英语成绩不错,成功的英语学习经历给了他们很大自信。A01便是其中的一个案例,在日语学习开始前,她认为英语学习和日语学习相通。但日语学习开始后,A01对此有了以下新的看法:大一的时候就发觉日语完全和英语不一样,整个人就有点不适应,以前那种学习英语的方法就好像是没有用了,开始就学得不太好,刚开始学完50音,记第1课、第2课单词的时候就觉得好难记(访谈/2014-09-01)。

从以上叙述中可看出,A01在日语学习开始后,发现日语与之前英语学习的语法体系、发音、语调等都完全不同,以前的学习经验完全行不通,所以在日语学习上遇到了巨大困难。即便如此,A01仍然迎难而上,针对这些困难花费了大量的时间去克服。当时的学习日记上记录着A01是如何努力解决这些学习困难的。

A老师说要每天坚持听听力,可我总是隔两三天听1次听力,听的时间比较长,一次1—1.5小时,量比较大,我想这样也可以保持耳朵的敏感,但可能效果还是没有每天听来得好,所以坚持每天抽出时间听吧!

(学习日记/2011-12-08)

　　今天晚上在自习室学日语,大概待了3小时。背了1单元《综合日语》书里的单词,复习了今天讲的语法,看了一下书上附的例句。随后听了1课听力,感觉现在听听力要比以前快了,以前一段听力如果稍微难一些,自己就要听好几遍,但是现在明显感觉听听力时比以前轻松一些……看来日々の努力の積み重ねはとても大切です! 以后应坚持每天听,不能像上学期那样时不时地偷一下小懒了……頑張っ!

(学习日记/2012-05-23)

　　这几天又开始纠结"な"行和"ら"行的发音问题,仔细地询问了好几个同学后,发现我的发音方法都是错的,A08建议我嘴巴里含块石头练习……这可以吗? ——我把自己读书的声音录了下来,真的好难听! 感觉很像男生在读书,一点儿日本女生的那种温婉淑女的感觉都体会不到……所以今天破天荒地读了整整1小时的书,平时我都只读半小时……看来以后真的要加大在读书上的时间分配力度,不只是知道要多读书,不只是听老师强调要多读书,而是要把这个自己知道的道理运用到实际行动中,从今天开始,为拥有一口漂亮优美的日本女生みたいの口音而奋斗! 頑張って!

(开放式问卷调查/2012-11-22)

　　从以上可以看出,A01反省并试图去改善日语学习中不足的地方。其中,她特别在意听力不好,通过向任课教师询问解决方法,并在学习过程中坚持实践,最终使得听力得到改善。另外,A01对从一开始就一直存在的"な"行和"ら"行不分的问题,也一直反思并想各种办法试图加以克服。表4-1是当时A01日常调查表的节选。

表4-1　A01的日语专业学生日常调查(节选)

时段	2011-11-23 (星期三)		2011-11-24 (星期四)		2011-11-28 (星期一)		2011-11-29 (星期二)	
	学习内容	精神状态	学习内容	精神状态	学习内容	精神状态	学习内容	精神状态
早读	日语新单词和课文	读得认真	日语新单词和课文	读得很认真	日语课文	好	日语新单词和课文	认真
1—2节课	日语口语	外教上课很有趣	复习综合日语语法	很认真,老师讲得很细	微积分	不是很懂	综合日语	很好
3—4节课	微积分	感觉难,没听懂	处理微积分和历史作业	一般	综合日语	认真,学到了很多	政治课	记了一会儿日语单词

从表4-1中可以看出,A01日语专业课上的精神状态一般为"认真"和"好"。笔者在课堂观察时也发现,A01积极地参加小组活动,对任课教师的提问,一直很主动地大声回答。课外A01也花费了一定的时间和精力来学习日语,学习内容是任课教师要求的综合日语课的预习和复习——课文朗读和单词背诵等。除此以外,A01几乎未主动接触与日语相关的学习资源,剩余的课外时间A01主要用于自己的爱好:"因为我大一的时候超喜欢看美剧,就狂看美剧,然后大家都看动画啊日剧啊,我都没看。"(访谈/2014-09-01)A01也试图培养对日语的兴趣,她试图用任课教师和高年级学生推荐的学习方法——通过观看日本影视作品来提升对日语学习的兴趣和学习日语,但效果却不甚理想:"当时也有看,但是不像别人那样,看了也没啥兴趣,就觉得对日语学习也没什么兴趣了。"(访谈/2015-05-24)然而这并不妨碍她花费大量时间来学习日语,对此她是这样解释地:"大一和大二的时候因为日语是专业,从心底接受了它是专业,所以才去学习的。"(访谈/2015-05-24)一、二年级时,虽然A01日语学习没有兴趣,但日语是专业,她认为应该花费大量时间和精力来学习。

从三年级开始这种状况得到改善,A01在考虑毕业后的去向时,定下了免试攻读研究生的目标,但以自己目前的成绩来看还不够资格,必须大幅度提高三年级的学习成绩才有可能。确定这个目标后,A01开始思考如何提高学习成绩。当时,班级里有通过观看日本动画而提高成绩的学生,于是A01从二年级下学期开始大量观看日本的动画和电视剧等,试图通过这种做法来提高对日语的兴趣,以便更轻松地学习,并且通过大量输入日语来克服一直以来的弱点——听力。如前所述,观看日本影视作品虽然之前已有过尝试,但因未产生兴趣,短时间内便放弃,但现在A01有了明确的目标,即使觉得没有兴趣,为了提高学习成绩也坚持了下来。另外,与一、二年级主要培养学生听、说、读、写技能的课程不同,三年级开始开设了"日本文学""日本报刊选读"等内容丰富、符合A01学习兴趣的课程,通过这些科目的学习,A01对日语学习的兴趣逐渐增强了。这种兴趣由课堂延伸到课外,使得A01不再局限于教材,而是开始广泛涉猎各方面的相关信息,譬如日本文学和日本社会等。A01的日语学习发生了如下变化:"我在大三一年沉下心来努力学好日语。不再只读课文背单词了,会自己在网上找一段有关日本历史、文化的资源来看,主动去了解日本。"(开放式问卷调查/2015-05-07)相较于一、二年级,A01在三年级时有了明确的目标,不仅花时间学习,而且开始思考如何学习,其结果为:"大三感觉自己学得还比较扎实,每次(把课堂展示的稿子)都写一遍,改了之后我再看,把自己想的再加进去。"(访谈/2014-09-01)经过这些努力,三年级时A01的成绩有大幅度提升,四年级被推荐免试攻读本校研究生。

四年级时A01除了上相关日语课程、撰写毕业论文外,还着重在以下方面下功夫:"大四期间2段和日本人交流的经历让我意识到自己口语能力的不足,这时在巩固日语写作、阅读等能力的同时,还会有意识地训练自己的日语口语,碰到一个东西、一个话题,就会想如果我面对着一个日本人,如果要聊这个东西,我应该用日语怎么说。"(开放式问卷调查/2015-05-07)

保研成功以后,她发现口语能力不理想:"口语能力比自己4年前期待的要差。主要原因还是和日本人交流机会少吧。"(开放式问卷调查/2015-05-07)A01开始有意识地去发现、弥补日语学习上的不足。为了锻炼自己的口语能力,她主动申请到日本实习了一个月左右,同时担任了日本大学生到武汉市游学时的导游。口语差的原因除了与日本人交流机会少以外,A01还认为:"看到这3年的日语学习情况,就想到我大一的时候基础没有好好打,特别是A03大一的时候就经常在那里读书,她每1课都会很认真地去背啊什么的,但是我的话,基本上就是单词记得差不多就好了,课文的话老师没有要求我就没有把它读熟,我觉得那个时候就应该多读,这样现在口语可能就会好很多。"(访谈/2014-09-01)她把班级里成绩最优秀的A03拿出来对比,后悔一、二年级未认真对待任课教师没要求检查的课文,日语基础没有打牢,才导致自己口语不理想。

A01认为,大学4年对日语学习影响最大的是对日语的兴趣:"因为看到身边爱看动画、日剧、日本综艺的同学,学起日语来明显比我们这些对日语兴趣不太大的同学轻松,学习效果也好。"(开放式问卷调查/2015-05-07)她认为自己对日语一直兴趣不够,所以学起来也很费力。虽然进入三年级后,她对日语的学习兴趣有所增加,成绩提高很多,但与只依靠看动画日语成绩便有巨大进步的A09相比,仍然逊色很多。

A01大学4年日语学习动机的变化可用图4-3表示。

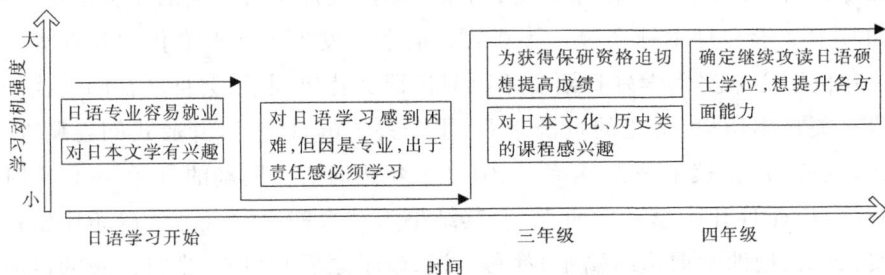

图4-3　大学4年里A01的日语学习动机变化模型

把日语专业作为第一志愿入学的A01,对日本文学有着浓厚的兴趣,且认为文科专业中日语专业就业较好,所以选择了日语专业。日语学习开始后,原本预想行得通的英语学习经验已不适用,对日语学习感到困难,兴趣减少。一、二年级,因日语是专业必须学习,出于责任感,A01花费大量时间完成任课教师布置的学习任务。升入三年级后,A01为了获得保送研究生资格,想要提高成绩,于是开始主动思考如何更有效率地学习。另外,随着日本文学等课程的开设,她开始对相关课程产生兴趣。四年级成功保研后,A01因为还要继续攻读日语研究生,所以极力想提高日语各方面的能力,把大量时间和精力用在日语学习中一直欠缺的口语学习上。

二、学习者A02——学习热情走下坡路

A02因对日本动画感兴趣和日语专业就业较理想而把日语专业选为第一志愿。一年级时,她对日语充满了新鲜感,且同班同学均为零基础开始学习日语,因此对日语学习充满了期待。另外,由于"刚刚进入大学,还保留了高中时学习的好习惯"(访谈/2015-05-24),因而能够专心学习日语。A02上课认真听讲,课下认真完成作业,还积极去寻找日语学习资源,学习很积极主动,从表4-2中可窥见一斑。

表4-2　A02的日语专业学生日常调查(节选)

时段	2011-11-23（星期三）		2011-11-24（星期四）		2011-11-28（星期一）		2011-11-29（星期二）	
	学习内容	精神状态	学习内容	精神状态	学习内容	精神状态	学习内容	精神状态
早读	日语新课单词及课文	读得认真	在东十二草坪上早读	未填	日语新课单词及课文	读得认真	日语新课课文及老课单词	读得认真
1—2节课	日语对话及语法练习	有时很紧张,但对话及游戏很有趣	去校医院看病	生病,太难受了	微积分新课	没听,在背日语单词及看新闻	日语语法及对话	读得认真,认为有趣
3—4节课	微积分新课	听得不是很认真,有点困,但听懂了	日语新课	因为生病,状态不是很好	《综合日语》书里的语法	学得较认真,老师讲得很仔细	政治课	在写历史作业

从下面的学习日记也可以看出,A02当时的日语学习不局限于课本,为了培养对日语的兴趣,她还涉猎了日本相关的文学、电视剧等。

今天我去找了一部日剧《流星花园》来看,这部电视剧是偶像剧,之前我看过它的韩版的,听同学说日版更好看,因此便找了来看。学过一段日语后,听它的日语发音,果然有一种不一样的感觉,激动,惊喜,其中有一些句子、单词,我发觉自己能够听懂,这种感觉真是不错!

(学习日记/2011-12-03)

今天我读了一本日本的小说。是尾崎红叶的《金色夜叉》,这也是我接触到的第一部日本文学作品,颇有感触。我颇接受不了这部小说(就现在看来),这部小说还是"日本史上销量第一的小说"呢。但我觉得它的文采并不出众,作家的写作方式也有点让我接受不了,尤其是对人物心理的描写部分,真令我想不通,这本书怎么会有这么大的影响力呢!或许是因为中日文化的差异,也或许是因为我第一次接触日本文学吧。看来我以后要多读些日本文学作品,多了解日本这个国家。

    注:今天读书共用了一个半小时,精神较集中。

(学习日记/2011-12-04)

    此时的A02对日语感到新鲜,尝试了很多与日本相关的事物,看日本影视作品时,听懂了里面的部分日语,便有成就感;尝试读了自己较为感兴趣的日本文学作品,但对其内容不大能理解,认为应该读更多的日本文学作品。

    A02进入大学后,本以为有很多自由支配的时间,但现实却是每天几乎都有8—10节课,对此A02"还没完全适应,上大学原来这么忙,看来上大学一定要有很强的自控能力"(开放式问卷调查/2011-10-06)。现实的大学生活与想象中的完全不同,要完全适应需要不断摸索;同时与高中不同,监督学生学习的角色消失,要求学生有自控能力。当时,A02对于日语课,觉得有趣又紧张:"日语课上有趣与紧张兼有,老师讲的内容有趣,有自己的参与很有趣。但知识未掌握,有些怕提问而紧张。"(开放式问卷调查/2011-11-21)

    进入二年级后,对日语的新鲜感减少,A02对以教材为中心的需要大量背诵的日语学习开始感到枯燥无味。另外,在听力和口语学习上遇到了困难,失去了日语学习的积极性。与一年级相比,A02依然认真上课,完成作业,但预习和复习的次数明显减少。日语学习时间减少的直接原因是此时A02购买了个人电脑[①],沉迷于网络冲浪,"到二年级,开始上网了,就分散了比较多的精力"(访谈/2015-05-24)。课外的日语学习时间减少了,二年级上学期的课堂上,她的注意力也不集中,"老师上课时气氛很紧张,我会一直很紧张"(开放式问卷调查/2015-05-07)。A02认为,课堂氛围紧张是造成自己精力分散的主要原因:"上课的时候,老师会点名发言,我的临场应变能力不是很强,然后我就时刻怕点到自己。如果不是那么严厉的课程的话,我就会思考,就会放松地学习。"(开放式问卷调查/2015-05-24)此时,主要课程综合日语的任课教师更换了,一年级上课时学生主要按座位顺序依次回答问题,学生能做好充足的准备,二年级上学期任课教师采用的方法不是按名册顺序或座位顺序点名,而是临时抽选学生回答问题。这种方式使A02一直处于紧张状态,不能沉着思考。从日本语能力测试N2的备考状态可窥见A02日语学习的精神状态。

---

    ①   当时,华中科技大学为避免学生沉迷于网络,规定在大学一年级,学生不准携带电脑。

今天大约7点15分进的教室,先背了20分钟左右的N2单词,又读了2遍《综合日语》书里的新课课文,上课前又读了听力新课单词。感觉N2单词很难记,虽然如此,每天早上仍坚持读、背。为了听听力时不至于一头雾水,提前读了新单词,但感觉没多大帮助,我想应该是没有背的原因吧。早读时状态一般都不错。上政治课时断断续续背了1单元N2单词,但总是被老师所讲内容吸引,并且还睡了20多分钟,学习效果不是很好。

综合日语课跟着老师走,状态一般般吧。

晚上去东九自习,把白天背的N2单词复习了一遍,做了几大题N2真题,错了有一半,感觉很多单词、语法即使背过了也忘了,不过值得一提的是,了解了一些N2考题,觉得这很有用。晚上大约学日语有1.5个小时吧,觉得没有完全投入进去。

感想是每天要坚持学日语,并且要投入。

(学习日记/2012-11-12)

从以上日记中可以看出,A02看似一整天都在学习日语,其实不然,这是距日本语能力测试不到1个月时的学习状态。最终A02没能通过考试,对此她这样分析原因:"到考试的最后3周才着手复习,认为还有时间,就一直往后拖。"(开放式问卷调查/2013-03-05)二年级上学期,她的日语学习在课上和课外均遇到了困难,才导致了此结果。

这一状况在下学期有所改善,与二年级上学期相反,下学期"新老师很温柔,上课很放松,能集中精神,我觉得自己学到了很多东西"(访谈/2014-09-01),A02上课时的精神状态变好。

三年级开设了日本文学、文化相关的课程,A02对这些课程产生了一定兴趣,但对于非此类课程,她课上的学习状态与二年级下学期没有差异,但她课下的预习和复习明显减少,仅在日本语能力测试N1备考期间,吸取了日本语能力测试N2备考时的教训,提前2个月开始备考,最终得以通过。

四年级时因为求职,对日语专业的兴趣大幅度减少,对她来说,即将进入社会参加工作,心思已经无法用在日语学习上,不再重视学习,"即使有时间也不会想着去学习"(访谈/2015-05-24),而只是完成教师布置的学习任务,取而代之把时间和精力均花在求职上。对此,A02这样解释:"感觉对日语兴趣不怎么大了,虽然喜欢一个东西,但学了3年,就没什么动力了。"(访谈/2015-05-24)A02对日语的兴趣维持了3年,到了四年级就没有了。一年级时,课外的日语学习主要是看自己感兴趣的日本动画、小说等。二年级购买电脑后,相较于日本或日语相关的内容,A02更忠实于自己的兴趣,更喜欢观看中国的古装剧、韩国和中国的综艺节目。四年级初又表示:"最近发现对日语的兴趣又回来了,喜欢上了动画《网球王子》。"(访谈/2014-09-01)但这种兴趣仅限于被内容吸引,并没有辐射到日语学习上。并且,因为要参加宣讲会等求职活动,A02此时的日语学习仅是为了能够顺利毕业而进行的。

回顾大学4年,A02发现自己的学习效果和刚刚入校时的期望大相径庭,她总结了如下主要原因:

(1)从高考的压力中解放出来后,过于放松自己,特别是二年级购买电脑以后,经不住网络诱惑,直接导致日语学习时间减少。

(2)自控能力较弱,除任课教师布置的作业以外,基本上没有积极主动地去寻找学习材料,而是把课外时间更多地花费在与日语无关的令自己更感兴趣的事物上了。

(3)没有明确的毕业后的目标,特别是决定毕业了直接工作以后,大学三年级通过了日本语能力测试N1后,就没有了学习目标,课外时间基本上不会预习和复习了。

(4)性格上存在问题,不敢和别人交流,对自己的口语不自信,口语说得不好。她列举了一个转专业过来的学生的案例:"S16①虽然日语不好,但是她很愿意说日语。我的话,用中文感觉都不会讲。"(访谈/2014-09-01)

以上是A02对大学4年的日语学习的反省,虽然深知自己存在上述问题,但没能抵抗住诱惑:"当时虽然也有意识到这些问题,但还是有一些诱惑,没能摆脱掉,还是自控能力比较差一点。"(访谈/2015-05-24)

下面总结A02大学4年的日语学习动机。她选择日语专业作为第一志愿是因为对日本动画感兴趣,加上日语专业就业较好,对日语的新鲜感,高中良好学习习惯的惯性作用,大一时A02学习日语较为认真努力。但二年级时A02对日语的新鲜感减少,而只是被身为日语专业学生的责任感所支配:"就觉得我是学生,就应该学习。"(访谈/2014-09-01)三年级时,开设了A02感兴趣的日本文学、文化课程,她对这些课的兴趣虽然增加,但对非此类课程依然只是受责任感所支配而学习。四年级时,A02的主要精力放在求职上,在日语学习上仅出于责任感才完成作业。大学4年影响A02学习行为最多的是责任感,对此她认为"这种责任感也挺好的,但是就感觉有

---

① 指一年级下学期通过转专业考试进入日语专业的学生,不属于本研究的研究对象。

兴趣的话,会很有趣,很轻松"(访谈/2014-09-01)。大学4年A02有时对日本和日语的相关事物产生兴趣,但是这种兴趣并不持久。A02大学4年日语学习动机的变化总结如图4-4所示。

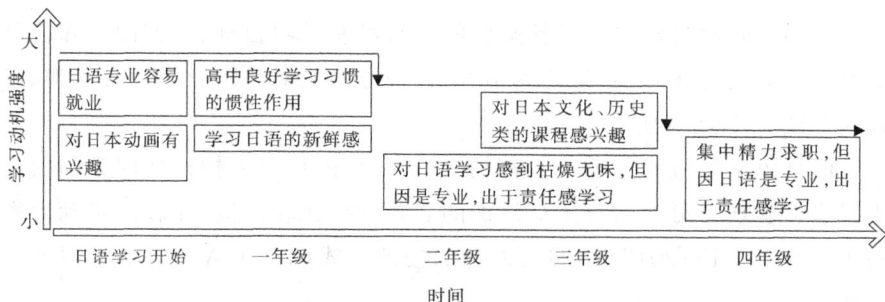

图4-4　大学4年里A02的日语学习动机变化模型

三、学习者A04——苦苦寻找学习激情

A04最初选择的第一志愿是华中科技大学的文科专业中专业排名较靠前的国际贸易专业,但未被录取而进入了非第一志愿的日语专业。进入日语专业后,她对日语及日本产生了新鲜感:"就是开始有想去了解日本文化的欲望了。"(访谈/2011-11-21)

但随着学习逐渐深入,A04对日语的新鲜感逐渐消失,学习热情减少,仅把日语当作和高中时期的科目一样来学习:"感觉很一般,没什么特别的,感觉和高中时候的课没多大区别,日语这些课感觉差不多。"(开放式问卷调查/2011-10-06)虽然A04以与高中的学习科目相同的方式来学习日语,但与高中不同的是,专业学习需要花费更长时间。A04在一、二年级的基础阶段,每天重复同样的内容——大量地背诵单词和语法,对于需要反复进行的听、说、读、写的练习,觉得"日语学习的积极性不够"(开放式问卷调查/2011-11-21),"渐渐觉得有点枯燥"(开放式问卷调查/2015-05-07)。

A04一、二年级的学习动机主要来源于完成学习任务:"比如说明天要上课,作业肯定是要做的,但是做的时候不会想喜欢什么的。"(访谈/2014-09-01)"学习动力大多是学习任务的完成,平时读书、记单词的时间相对比较多。"(开放式问卷调查/2015-05-07)而完成这些学习任务时的精神状态,无论是上课还是课下精神均不集中:"自习的时候,心思不会集中在上面,虽然去做了,就算上课的时候我都会走神,看别的书,都觉得比看日语专业书要有趣很多。"(访谈/2014-09-01)下面是A04对二年级的日语学习的精神状态的描述:

"大二时可能就是到了期末考试的时候才去看,平时虽然也有看,就是感觉自己的整个状态很迷茫那种,就是不知道自己要做什么,每天感觉自己没有目标,就感觉自己喜欢的东西都不知道,都不知道自己每天要去干吗。"(访谈/2015-09-01)

二年级时对日语失去了新鲜感的A04没有学习目标,一方面深知自己学习日语的精神状态不好,感到不安,另一方面又对日语学习没有兴趣,以致到考试前才会学习。

但日语学习过程并非一直都枯燥,A04对由日本人担任任课教师的口语课非常喜欢,"可能是日语口语课的老师性格比较活泼,比较能带动大家的积极性"(访谈/2015-05-24),教师的授课方式调动了A04日语学习的积极性。

三年级开设了日本文化、文学等科目,A04对日语学习的态度发生了变化:"我喜欢三年级的课程。精神状态也很好。"(访谈/2014-09-01)与一、二年级听、说、读、写的技能训练类课程不同,A04对古代文学产生了兴趣:"就感觉古代文学那一点还是挺有意思的。"(访谈/2014-09-01)但A04在其他日语课程上的精神状态依旧没有改变。四年级上学期,本应是求职的关键时期,没打算继续攻读研究生的A04却把求职放在一边,优先学习日语,其中主要是日本文化的学习:"大四研究文化方面的比较多一点,看了文化、文学方面的,完成这部分学习任务的时候觉得还是比较认真的。"(访谈/2015-05-24)此时,很多学生把四年级的课程看成负担,A04却比一、二年级学得都要认真,原因是四年级的课程中有很多她感兴趣的学习内容,相较于一、二年级只把教师布置的作业当作学习任务来完成的状态,现在她从中发现了乐趣。

一、二年级,A04对日语学习没有兴趣,学习主动性虽然不够,但学习态度认真:"课外时间里自己能想到的大部分时间也都是在自习。"(访谈/2014-09-01)如前所述,A04在日语学习中,因无法找到令自己感兴趣的东西而情绪低落,但对于任课教师布置的作业均认真地完成了。从A04的日常调查表和开放式问卷调查也可确认,她课外的大部分时间用在了日语学习上。

关于日语学习效果,A04的日语成绩在班级里处于中等水平,但因为副科成绩很好,所以获得了推荐免试研究生的资格。A04却放弃了这次机会,她认为自己始终对日语学习没有太大兴趣,不希望这种状态持续下去:"感觉自己学了3年,一直都是这种状态,没有太大的兴趣。为了作业为了考试,一直感觉大学就是蒙混过关,感觉到很空虚。"(访谈/2014-09-01)

A04重视专业学习给身心带来的满足感,但遗憾的是始终没有找到,因此急于从这种状态中挣脱出来,放弃了继续进修的打算。

学习过程中,A04也曾努力培养自己对日语的兴趣。一年级时,从高年级学生那里听说看日本动画和电视剧有助于培养对日语学习的兴趣,一段时间内A04尝试着看了很多,但此方法对她没有作用。同时,四年级时性格腼腆的A04参加了演讲比赛,因为"当时就是突然想试一下,想着要锻炼自己,以前也没有参加过这种活动,就看一下自己能不能把这件事做完"(访谈/2015-05-24)。

A04反省和班级里日语成绩好的学生的差距:"一部分人因为兴趣,接触得比较多,所以学得比较好,还有一部分因为比较专注,也会学得比较好,我就是完成作业。"(访谈/2014-09-01)她认为,自己对日语的兴趣和专注度均不够。

A04大学4年间的学习动机总结如图4-5所示。

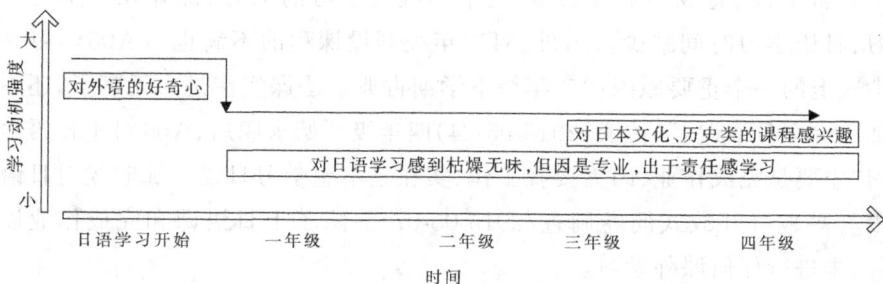

图4-5 大学4年里A04的日语学习动机变化模型

虽不是第一志愿,A04却因为对外语的好奇心而选择了日语专业,随后对日语的新鲜感逐渐减少,觉得日语学习枯燥无味,但因日语是专业,出于责任感而学习。三、四年级时,与日本文化相关的课程有所增加,A04对这些课程的兴趣增强,与一、二年级相比,日语学习更加主动。但是,这只是对日本文化相关课程的态度,A04对非此类课程的日语学习仍觉无趣,尽管如此,基于日语专业学生的责任感,还是认真完成了学习任务。

四、学习者A06——被身边学习氛围驱动

A06虽没有选择日语作为第一志愿,但被华中科技大学的名校光环吸引,且认为自己擅长文科,便把日语专业选为志愿之一。四年级开学时,A06对一年级到三年级的日语学习总结道:"其实我感觉我的学习兴趣一直都是一般般,就大一到大三没有很喜欢也没有很讨厌,就是完成任务的

那种。"(访谈/2014-09-01)这反映了A06大学前3年的日语学习状况——对日语学习兴趣不大,以完成学习任务为学习目标。不过,A06在一年级上学期开始接触日语时也有短暂的新鲜感:"开始学习时觉得日语新鲜,有兴趣。"(开放式问卷调查/2015-05-07)此时,A06对日语感到新鲜,且从中获得了成就感:"学了日语看日剧特别兴奋,希望多了解日本,将来去日本。"(开放式问卷调查/2011-11-21)她以日语为切入点,进而想更多地去了解日本。

但这种新鲜感随着日语学习的深入而逐渐减少,"为了学习而学习"成了A06学习日语的动力。大学二年级A06决定毕业后直接工作,从此降低了日语的要求,"感觉成绩过得去就行,不至于太差就行了"(访谈/2015-05-24),虽然学习成绩不能做到很好,但也不能太差,一般学生能通过的测试自己也要通过。因此为了通过日语专业学生必须通过的日本语能力测试N2和N1,A06分别在二年级上学期和三年级上学期,比平时花费了更多时间备考复习,最终得以顺利通过。在日本语能力测试N1通过以后,除了日常上课、完成作业外,A06找不到继续学习的动力,课外几乎不再学习,日语学习时间减少。另外,对三年级开设课程的不满也是A06学习兴趣减退的一个重要原因:"三年级下学期古典语法课实在是太无聊了,还不如上综合日语课。"(访谈/2015-05-24)四年级开始求职后,A06对于日语学习"主要是完成作业,因为要找工作,实在是不想学习日语。那时候对日语没有兴趣"(开放式问卷调查/2015-05-07)。除了上日语课和完成作业以外,未进行任何课外学习。

大学4年的日语学习中,A06对日语的学习兴趣始终不大,只是"把它当作学习任务来完成的"(访谈/2015-05-24),但也认真完成了学习任务,表4-3能证实这一点。

表4-3　A06的日语专业学生日常调查(节选)

时段	2011-11-16 (星期三)		2011-11-17 (星期四)		2011-11-18 (星期五)		2011-11-21 (星期一)		2011-11-22 (星期二)	
	学习内容	精神状态	学习内容	精神状态	学习内容	精神状态	学习内容	精神状态	学习内容	精神状态
早读	读第6课的单词	不错,只有一些时间走神	读第6课的单词	很认真,因为要听写	读日语5、6、7课的单词、课文	读得蛮认真的	读第7课的单词和课文	很认真,觉得老师今天要教新课	预习第7课第2单元的单词和课文	比较认真,怕老师点名

续表

时段	2011-11-16（星期三）		2011-11-17（星期四）		2011-11-18（星期五）		2011-11-21（星期一）		2011-11-22（星期二）	
	学习内容	精神状态	学习内容	精神状态	学习内容	精神状态	学习内容	精神状态	学习内容	精神状态
1—2节课	不是很认真,语法比较多	听写不是很满意,练习册还行	计算机理论知识	由于不怎么了解计算机,听不懂	军事理论的论文	不是很认真,想睡觉	微积分,讲练习	比较认真,之前讲新课不是很懂	综合日语第7课第2单元语法和第3单元单词	不是很认真,语法比较多
3—4节课	微积分,讲新课	不是很认真	综合日语第7课单词,学习动词过去式	因为预习过,所以听得很认真,动词过去式不是很懂	写论文和复习微积分	看书很认真,微积分不好	第7课第2单元课文,学习语法	很认真,换了一个老师,语法很重要	政治第3单元,领悟人生真谛	不认真,在看日语书

从下面的学习日记中可以看出,A06在课外也花费了一定时间认真地学习日语,学习内容主要是教材的复习和预习。特别是日语能力测试备考期间(二年级上学期和三年级上学期),A06的课外学习主要围绕备考来进行。下面的日记中的下画线部分表示A06在学习中主动思考怎样学习才能更有效率。

今天下午背了第9课第1单元的单词,读了一下课文,为明天上课稍微做一下准备,然后就认真看《新版标准日本语》上的口语课文。都没怎么认真看书,好多东西都没记,今天事情不多,<u>就把课文上面一些重要的语法记录到自己的笔记本上,这样以后复习会方便一点</u>,我发现有些词组一样的日语很相似,每次都会弄混了,记清楚很困难,要花一段时间才能记住,学日语真不简单啊,<u>今天晚上在寝室读了课文,还复习了第5课的单词</u>,我怕再不复习一下单词就全忘了。

（学习日记/2011-12-11）

晚上去自习，今天精神状态比较好，<u>单词分了两个时间段来记，一个晚上总的下来将近2个单元，花了90分钟左右</u>，感觉还不错。语法今天看了1个单元，第19单元是最后一个单元，这个单元主要讲敬语的使用方法，当初学的时候感觉不难，但错了好多，很多选项意思都差不多，难以分辨，还稍微看了一下后面的语法总结，将类似的语法放在一起进行比较。今天晚上做了一份N2听力试卷，或许因为比较简单，正确率较高，很高兴，很有成就感。做了阅读，差不多5个错1个的概率，如果考试能这样，也就满足了，要求不高。

（学习日记/2012-11-21）

另外，在A06的学习日记里也可以看到这样有趣的描述。

<u>晚上去教室自习了，其实自己并不是很想去自习，但寝室的人都去教室，一个人待在寝室心里不舒服</u>。7:00—8:40听13课与15课的听力，这2课的内容不是很难，容易理解，可能是语法学过的缘故吧。8:40—9:10看课文，在心里默读，增进对课文句子的理解与语法的熟悉。9:10—9:30背英语单词，不知不觉英语课就快结束了，要开始慢慢背单词了。其实晚上的状态不是很好，做听力的时候注意力比较集中，但到看课文与单词的时候就不能集中注意力，静不下心，<u>可能本来心里就不是很想自习，以后不要勉强自己</u>。

（学习日记/2012-05-23）

A06虽然不想去自习室，但室友们都去了自习室，心里感到不安才勉强自己也去。即使不去自习室，在宿舍里也能学习，但这样一来，只有自己在没有学习氛围的环境中学习，会产生罪恶感，因此A06即使不情愿也还是去了自习室，但学习效率并不高。从这段描述中可窥见A06不愿落后于人的心理。

A06的日语成绩在班级里处于中等水平。对此，A06列举了班级里优秀学习者的案例说明了原因："没有A03努力，A09是对动画有兴趣，我又没有什么兴趣,我一般般就得了。"(访谈/2014-09-01)A03和A09是班级里日语成绩的佼佼者,A03的特点是勤奋,能长时间待在自习室学习,而A06在学习日记和访谈中多次提到"我不能长时间待在自习室里,学习一会儿就要回寝室放松"(学习日记/2012-05-22、2012-05-27、2014-09-01),显然A03的学习方法并不适合她。而另一名优秀学习者A09的学习特点和A03完全相反,很少花时间学习教材,主要通过大量观看日本动画来学习,A06也曾试图通过观看日本的影视作品等来培养对日语的兴趣,却没有效果。

关于日语学习的影响因素,A06列举了2点。第1点是任课教师是否严格要求自己。A06不太擅长自我监控,任课教师未规定学习任务时,会放松学习甚至不学,只有在任课教师严格要求时才会认真完成。二年级上学期,任课教师对课文背诵要求非常严格,A06每次都完成得很好。对此,A06认为:"这因人而异,对于自觉的人来说,都没关系。但对于我这样不自觉的学生来说,还是严一点的老师比较好。"(访谈/2015-05-24)第2点是受学习环境(室友)的影响。A06具体叙述如下:"我们寝室的人就是一个人去学习了,其他人如果还在寝室玩手机、玩电脑的话,心里会很过意不去。就像现在写论文,他们三个完成了,我就会有压力、有动力。如果一个寝室的人都没有完成,那么大家都会等到最后来赶。"(访谈/2015-05-24)

除上课外,对她来说,相处时间最久的室友起到了积极的带动作用,不光是这次访谈,A06在学习日记中也记录了室友的影响。A06列举的第2点和第1点关系密切,正因为A06自控能力有限,才寄托于室友对自己的带动,寻求良好的外部学习环境。

综上所述,A06大学4年的日语学习动机变化如图4-6所示。

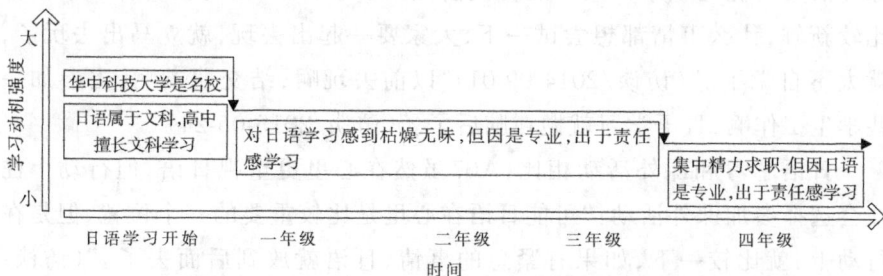

图4-6　大学4年里A06的日语学习动机变化模型

A06最初虽然没能进入第一志愿的专业,但因为被华中科技大学的排名所吸引,所以从有限的选择中"懵懂"地选择了日语专业。日语学习开始后,A06觉得日语很新鲜,随后新鲜感逐渐减少,她学习日语变成"为了学习而学习",这源于作为日语专业学生的责任感。特别是在通过N1后,她失去了学习的目标,日语学习仅限于上课和完成作业,这也是源于身为日语专业学生的责任感。

五、学习者A07——从倒数到中上游的逆袭

A07因高中教师的推荐,并且觉得日语专业是华中科技大学语言类最好的专业,所以把日语专业填入志愿之一。日语学习开始后,她对日语有着强烈的好奇心,但也感受到日语学习的困难:"有趣,但很难,很紧张,自己没有充分的时间来复习和预习,担心自己表现不好。一旦做好充分准备,会感觉上课很享受。"(开放式问卷调查/2011-11-21)至于学习困难的原因,她这样分析道:"学习时间少,所以表现得不好,这个时候就会想,为什么不花更多时间来学习呢?想着学得更好一点。不管怎样,始终积极对待,学得不好是自己的问题,干吗懈怠?每一门课都有其存在的意义,认真去听都会有收获,但平时感觉琐碎的事太多,很累。"(开放式问卷调查/2011-11-21)从A07的学习日记中,经常可以看到她利用课外时间参加社团活动。她不仅对日语感到新鲜,还对大学生活中的其他事物感到新鲜,但有限的课外时间和繁重的学习压力导致她一年级未能很好地适应大学生活:"没有很好地适应,高中就每天学习,现在各种繁杂的事情很多,需要协调各种工作时间,学习时间不那么充足。"(开放式问卷调查/2011-10-06)从每天学习的高中生活解放出来后,A07享受着能自由支配课余时间的大学生活,参加了许多感兴趣的课外活动,使得原本就有限的课外时间更少了,无法保证日语学习时间。从下面的日记中能读取日语学习和这些课外活动的优先顺序:"大一的时候偷懒太多了,大一的时候对什么事情都比较新鲜,什么事情都想尝试一下,大家要一起出去玩,就立马出去玩了,就太不自觉了。"(访谈/2014-09-01)"以前去玩啊,结交朋友啊,去参加一些学生工作啊,日语学习就抛在脑后了。"(访谈/2015-05-24)

日语学习和课外活动相比,A07虽然在心里更重视日语,但行动上往往会选择参加课外活动:"可能日语在心里是比较重要的一个位置,但是在行动上,就比较一下,如果有紧急的事情,日语就放到后面去了。"(访谈/2014-09-01)这种学习态度最终导致在第1学期的期末考试中,A07的成绩为班级倒数。受此刺激,进入下学期后,A07在学习行为上开始有所改善。

　　大一上学期参加太多的活动,没怎么学日语,下学期就开始重视日语学习。预习课本,跟读,记单词,准备课堂展示内容。觉得最难的还是记单词。一个劲地记单词,对此感到厌倦。当时也学着用高中学英语的方法来学习日语,因为时间较短,感觉没什么效果。

(访谈/2015-05-24)

　　一年级的时候,很少向其他人请教学习方法,在不知道怎么学习日语的情况下糊里糊涂时间就过去了,学习效果也不好,感觉很受挫,日语学习就更加懈怠了。

(访谈/2014-09-01)

A07按照自己的学习方法努力了一段时间,但因为坚持时间较短,在看到效果之前便放弃,所以成绩一直没有明显改善,日语学习的信心也就越来越不足。二年级上学期,A07报考了日本语能力测试N2,但课外时间参加的社团活动仍与一年级一样多,耗费了大量时间。

　　18:00—20:00讨厌的总结,又要赶着写活动总结……
　　20:30—22:30听力练习,作业部分比较简单,练习册听力文章很难,口语化,很多简化语,不知道其中的变形规则,听起来很吃力。应该要向老师请教一下其中的知识。

(学习日记/2012-05-18)

　　结果,A07并未通过N2考试,她认为原因是:"坚持不够,两天打鱼,三天晒网,断断续续未成系统和规律。"(开放式问卷调查/2013-03-05)A07在学习行为上虽然比一年级花费时间更多,但并未坚持,所以导致这一结果。因此,她日语学习的信心进一步减退:"影响还是挺大的,主要是一件事情用力了,没有回报就很不平衡。"(访谈/2015-05-24)

　　二年级下学期,A07开始学习新闻专业双学位,她一直想学习新闻专业,高考填志愿时,也把新闻专业放在日语专业之前。新闻双学位由武汉大学开设,周六、周日上课,A07基本上未缺席过。另外,因为日语学习效果一直不好,所以A07便把时间和精力花在新闻专业上。此时,A07在课外仍热衷于参加各项与日语学习无关的课外活动。

　　到了三年级,A07在思考自己毕业后的去向时,突然发现自己的日语

成绩和班上的其他学生相比有很大的差距,于是开始改变日语学习态度:
"这是我自己的专业,要认真学习才能变成自己的东西,以前学的离开课本
和老师就不会了,要真正意义上掌握才行。"(访谈/2015-05-24)她开始有
危机感,开始思考作为一个日语专业学生,自己目前的学习效果是否合格。
进入三年级以后,A07开始第1次真正意义上思考如何赶上班上的其他学
生,至少要能克服自己对日语的畏难情绪和自卑心理:"到了大三的时候,
就开始想以后的事情了,以前想事情就只是停留在想法上,大三的那个时
候就是想要怎么去实现,那个时候想了一下,觉得自己这也不够那也不够,
觉得自己要努力了。"(访谈/2015-05-24)

为此,A07思考了一些适合自己的方法。在日语课堂上,在此之前经
常走神的她为了使自己集中精力,强迫自己坐到教室里的第一排座位,让
自己处于任课教师的"监视"之下,从而使自己集中精力,认真听讲。以下
是她当时对这一行为的感受。

> 日语课堂上我逼迫自己坐在前排的位置,让自己成为老师上
> 课点名的"出头鸟",一开始是很痛苦的,由于自己的日语水平差
> 了很多,口语表达就像是被人扼住喉咙,想说说不出,尽管自己有
> 想法却没办法说出来,课下我就把以往上课用的口语书翻出来重
> 新学习,从基础开始学起。坐在前排的好处是上课很专心,不会
> 玩手机,不会打瞌睡,上课效率高,课后复习的负担小了很多,我
> 就可以腾出许多时间来认真准备发言,借着发言锻炼自己的口
> 语,学着如何在表达意见的过程中吸引听众的注意力,而不是像
> 以前一样应付差事,现在很乐意去做这样一件事情。

> 上课时和老师的互动让我得到日语学习的满足感,也让我明
> 显地感觉到学习的成效,日语N1考试虽然分数不高,但还算顺利
> 通过,期末的成绩也是有所进步。

> (开放式问卷调查/2015-05-07)

> 大三的时候,我开始比较积极地和各个老师互动,课上和课
> 下都有。一、二年级的时候,其实在学习上我是个比较没自信的
> 人,所以我就想:我是不是太笨了啊?就是对于学习本身我想得
> 不多,但是对于学习之外我又想得太多了。前两年,我就是挺苦
> 恼的,后来就想我干吗想那么多,就直接课上问老师。

> (访谈/2014-09-01)

那时候上课强迫自己坐在第 1 排，上课的时候遇到不懂的立即问老师，老师也可以听到，给你解答，那个时候就觉得豁出去了，反正我要学，以前因为自己学得差，越是学得差，越不敢向老师提问。

（访谈/2015-05-24）

进入三年级，A07 意识到作为日语专业的学生，目前的日语水平远远不够，于是开始反思自己的日语学习，想方设法改善自己的学习行为。对 A07 来说，最有效的是在课堂上坐在最接近任课教师的座位上听讲。一、二年级时，因讨厌上课时被点名回答问题，一直坐在教室后排，导致上课时经常开小差，学习效率低下。到了三年级，为了能集中精力听讲，强迫自己坐在前排，并且积极回答问题："对于不懂的问题直接在课堂上询问教师，这样一来，课堂效率提高了很多。"更重要的是，通过与教师上课时的互动（回答问题等）和课外交流，她找到了日语学习的自信。从以下叙述中可以看出坐在前排这一行为对 A07 的意义："不管是课堂上还是课下的知识，包括一些日语学习的网站，都找来看，现在可能一时派不上用场，但是我知道多了一些知识储备，这可能跟我坐在第一排有关系。"（访谈/2014-09-01）

此外，A07 还在以下方面改善了学习行为："之前就是完成度不高，没那么用心，老师说'你去了解一下''你去查一下，单词背一下'，一般不会去做，但是之后就会不一样，完成度就不一样，比如查一个单词，我自己就会了解它更多一点，还有就是自己除了老师布置的任务之外，比如这篇文章讲了哪些道理，比如说讲到某一件事情的时候，到底这是一件什么事情，在日本是怎么样的，就会想要去了解。"（访谈/2014-09-01）另外，A07 在三年级时意识到，一、二年级时未好好学习日语，基础不牢固，这直接影响了三年级的日语学习，因此在学习之余也拿出一、二年级的日语教材进行复习，从基础开始重新学习。三年级上学期，她的日语成绩有了明显改善，通过了班级里仅有一半通过率的 N1，A07 为此感到很自豪，认为是自己一系列努力的成果。

此时，在考虑毕业后的去向时，A07 想从事与双学位新闻专业相关的工作，她决定报考新闻专业的研究生。因此，从三年级升入四年级的暑假开始，她着手复习考研相关科目。四年级上学期，她主要复习新闻专业考试科目，因时间紧张，并不愿意学习日语，即便如此，基本上也未缺席过日语课,还是完成了教师布置的学习任务,进行了最低限度的学习:"到考研备考后期时,那个时候真不想去上日语课了,感觉时间真的没有了。在上日语课的时候试了一下,边听课边复习考研,但发觉老师在前面讲课,没法集中精神,发现既没有复习好考研科目,又没有学习好日语,后来就干脆上课还是学日语吧。"(访谈/2015-05-24)

从上面的叙述中可以看出,因要准备考研,A07把日语课看成负担,但是基于学校规定和任课教师的要求,即使不情愿也基本上没有缺席过。A07考研失败后,进入下学期,日语学习只有毕业论文写作。在这期间,A07在报社实习了两个月,她再次体会到了日语的重要性:"2015年1月份到2月份实习期间,了解到当今的媒体越来越追求国际化传播,小至省级媒体网站都开始设置日语版新闻报道,深感专业不可丢,哪怕把它当作生存技能也要继续学下去。"(开放式问卷调查/2015-05-07)

正是这段经历,使A07对日语学习的态度发生了较大转变:"现在就感觉日语学习是自己的事,马上就要步入社会,使用日语了。以前只是把学习日语当作学习任务来完成。"(访谈/2015-05-24)在此之前,A07对待日语学习就是完成学习任务,但是此时却感到日语与自己未来想从事的新闻方面的工作密切相关,这一观念的转变使A07的学习行为大为改善。

> 现在要毕业了,大家都在想把教科书扔掉,我在想怎么把教科书捡起来,我其实发现里面有很多基础,里面有很多没注意的,现在把它捡起来看一下,然后平时的话因为毕竟对日语的理解还是有一定的水平的,现在有时候会听一下新闻,NHK的,以前上课的时候,觉得这是一种任务,现在听就没有一种学习的压力,特别是每天会听着睡觉。
>
> (访谈/2015-05-24)

四年级时,大部分学生的日语学习动机在不同程度上发生了减退,但A07从将来想从事的工作中感受到日语的重要性,所以临近毕业时仍坚持每天学习。

A07大学4年日语学习动机的变化可归结为图4-7。

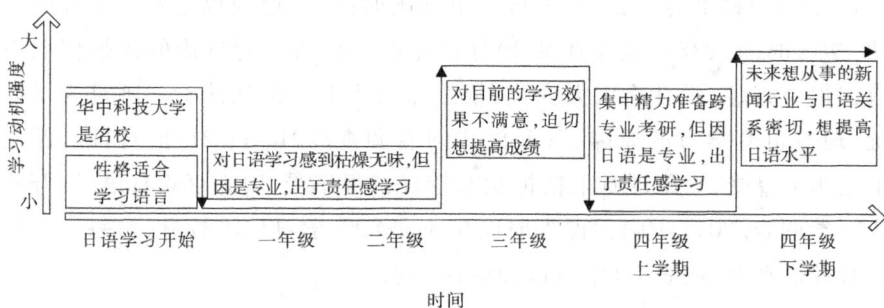

图4-7　大学4年里A07的日语学习动机变化模型

　　A07虽然未把日语专业作为第一志愿,但基于性格适合语言学习和华中科技大学的日语专业评价较好这2点,她把日语专业选为志愿专业之一。入校后,她对一切事物感到新鲜,总是优先参加课外活动,而把日语学习放在最后,此时仅因日语是专业,出于责任感而学习。三年级时,考虑到毕业后的去向时,A07认为,自己作为日语专业的学生,目前的学习效果太差,于是迫切想要提高日语的成绩。四年级上学期,因要准备跨专业考研,时间有限,所以并不愿意上日语课,但碍于学校规定和任课教师的要求,还是一如既往地上课并完成作业。四年级下学期,A07觉察到日语与自己未来工作的相关性,就开始主动学习日语。

六、学习者A08——专注于课外活动

　　A08一直对日本动画感兴趣,高三时确定保送到华中科技大学日语专业后,A08在培训机构学习了3个月日语,掌握了50音图和一些简单句型。进入大学后,学习50音图时,经常被任课教师表扬发音好,在随后的50音测验中虽取得了较好成绩,但仍不满足:“我觉得成绩不好,没有做到全对。”(开放式问卷调查/2011-10-06)可见,A08因自己已经学过50音,对自己要求也更高。进入课文学习后,在单词听写测验中,表现较差,对此A08分析:“很一般,单词几乎没背,错误很多。”(开放式问卷调查/2011-10-12)“课余时间没有把握好。”(开放式问卷调查/2011-10-12)不同于50音学习,课文对A08来说是新内容,他课外很少花时间学习,自然不能取得好成绩。那他把课外时间都花在哪里了呢？A08进入大学后,便加入了外国语学院的学生会,课外时间基本上都花在学生会工作上。

　　A08认为,自己比班级里其他学生早学习日语3个月,理应比别人成绩好,于是开始反思成绩不理想的原因,以寻求改善方法:“要把学习视为主业,多背单词,尤其是(日语中的)汉字,十分重要。”(开放式问卷调查/

2011-10-12)跟平时相比,周末可自由支配时间多,但他也主要忙于社团活动,学习时间只有完成作业那30分钟左右。但A08对日语的兴趣依旧不减:"很有兴趣,没什么太大变化,依然热情不减。但从前看动画是为了好玩,现在也有学习的原因。"(开放式问卷调查/2011-11-21)他对日语课堂也是非常享受,日语课堂上精神状态较好:"很享受,因为喜欢日语。"(开放式问卷调查/2011-10-12)课外时间虽不是每天学习日语教材,但每天一定会看日语动画,从表4-4中可以确认这一点。

表4-4　A08的日语专业学生日常调查(节选)[①]

时段	2011-11-16 (星期三)		2011-11-17 (星期四)		2011-11-18 (星期五)		2011-11-21 (星期一)		2011-11-22 (星期二)	
	学习内容	精神状态	学习内容	精神状态	学习内容	精神状态	学习内容	精神状态	学习内容	精神状态
下课后(分时间段记录)	5:30—6:30 6:30—10:00 10:00—11:00	外出洗澡 师生交流会 看书,收拾	8:00—10:00 10:00—11:00 11:00—12:00	预习 动画 聊天	8:30—9:30 9:30—11:00 11:00—1:00	玩 开会 玩,看动画	8:00—10:00 10:00—11:00 11:00—12:30	吃饭,学习 打电话 聊天	8:00—9:00 9:00—10:30 10:30—11:00 11:00—12:00	洗衣服 查寝 洗漱 动画

从A08的学习日记里也可以看出,其课外学习日语教材的时间极少,即使学习也仅有5—15分钟的时间,但每天都会观看动画。

> 今天一天没怎么看书,早上9点起来之后,做了英语听力,然后玩了会游戏。午饭之后,去打了一下午篮球。晚上一直在看动画,就当是学习日语了。今天没有学习,坐在书桌前一点动力都没有……
>
> (学习日记/2011-12-04)

> 今天有外教的口语课和综合日语课,S老师总是在课后布置2篇要背的课文,因为是对话所以很好记,但今天他还提了一大

[①] 下列日常调查中,A08的填写内容与笔者设计的表格不一致。

堆关于动词的问题……这个感觉，有点吃力……但也记住了大部
分，还需要强化，晚上又在忙模联（模拟联合国大会）的事，回宿舍
已经是十点半了，收拾一下就睡了。睡前看动画练听力，顺便学
了几个单词……

（学习日记/2011-12-08）

一年级上学期结束后，A08的成绩不理想，对此他反省道："后悔，没有
好好学习，也有期末生病的一些原因，当然也是自身的原因，这学期要尽全
力把加权分提上来。"（开放式问卷调查/2012-02-15）他对今后应该如何改
善也有详细计划："学习上更加努力，好好规划自己的生活，工作上更加努
力，但注意不要在上面花太多时间，主业是学习。"（开放式问卷调查/2012-
02-15）下面可从A08一年级下学期的学习日记中看出他是否把以上计划
付诸实践。

昨天下午和晚上2个活动终于搞完了，有些累……上午的课
认真听了，下午去上了自习，但是一直在学计算机，没有看日语。
最后要走的时候简单看了看语法点。晚上回宿舍就没看书，因为
是周末的开始，还是去玩了……今天的日语学习就是复习课上内
容和简单地看了看语法点，没什么特殊的。晚上按照惯例看了会
儿动画，练习听力。

（学习日记/2012-06-15）

今天没什么特殊的，上午睡觉，下午去东九上自习，自习内容
是教科书上的单词和练习册上的习题，做了17、18课的习题，背
了背18、19课的单词，效率一般，还在自习室看了会儿动画，就当
练习听力了。晚上回宿舍没有看书，只是玩，睡前看了会儿动画，
练习听力。

（学习日记/2012-06-16）

总体而言，A08一年级下学期的学习日记和上学期相比，内容并没有
大的变化，除上课外，课外很少学习日语教材。究其原因："我没有复习和
预习的习惯，上完课之后就算了，课上能听多少是多少，有的时候想起来了
还是拿起书来写写作业，然后把那个作业都搞定了，再看看书上的东西，但
是比较少。"（访谈/2014-09-01）

A08也想提高日语成绩,每次期末考试过后的一小段时间内,受到不理想成绩的刺激,他都下决心要改变现状,但始终不能坚持:"每次考试之后、开学之前,下决心下得挺狠。但是实际上到时候就不是那么回事了。谁都是成绩越好越高兴,就是经不住诱惑。"(访谈/2014-09-01)在想法上,他认为日语学习很重要,但在行动上却未做出相应的努力。未努力的原因除受课外活动的诱惑外,还有A08讨厌日语学习中大量的背诵内容:"大一上学期东西比较简单,而且都是理解性的,越往后面就是越要死记硬背,死记硬背的那些东西越来越多,学得吃力一些。"(访谈/2014-09-01)"从小就是背诵啊什么的这个都不太行。"(访谈/2014-09-01)

大学刚入学时,A08把班级第一作为自己的目标,但随着日语学习的深入,不理想的日语成绩并未有任何改善,A08开始调整日语学习的期望值,把顺利毕业作为目标:"首先是自己专业,学肯定是要学的,出类拔萃做不到,但是能做到跟得上,把毕业证拿了。"(访谈/2014-09-01)不喜欢大量背诵的A08,虽然三年级报考了日本语能力测试N1,却未能通过,直到四年级才通过。

大学4年A08的日语学习动机的变化可归结为图4-8。

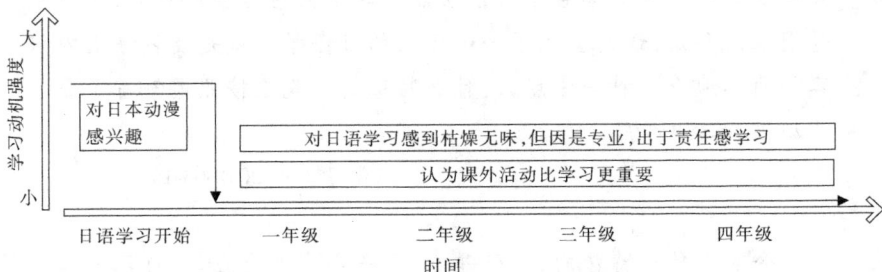

图4-8　大学4年里A08的日语学习动机变化模型

A08因对日本动画感兴趣,把日语专业作为第二志愿,入学前在培训机构学习过3个月的日语。入学后因学习内容增多、在日语学习上花费时间较少,且讨厌背诵,他的成绩一直不理想,但因是日语专业,出于责任感未缺席过日语课程,也按时完成学习任务。他认为,大学不应该像高中那样每天都学习,所以他把绝大部分时间花费在课外活动上。

七、学习者A09——从倒数到第一的逆袭

A09高中是理科生,被调剂到日语专业,对日语专业有着强烈的抵触情绪。这种抵触情绪来自身为理科生的自豪感,其实不光是日语专业,她对所有文科性质的专业均带有抵触情绪。入学后了解到转专业能申请的

专业极其有限,她根据自己的兴趣把转出专业确定在经济、管理学科类专业,购买了转专业所需图书,转专业意愿强烈:"想转专业,能转最好。"(开放式问卷调查/2011-10-06)但是,通过一段时间的日语学习,A09的想法发生了改变,开始认为现在最重要的是自己目前的专业。究其原因,她对转专业有以下顾虑:"不知道转专业能不能合格,就算能转,少学一个学期,会跟不上进度,或被分到较差的班级。"(开放式问卷调查/2011-10-06)另外,经过对日语和日语专业的初步了解,她对日语的抵触情绪也有所缓解:"还是对日语有了一定程度的了解吧!对日语不那么排斥了。"(开放式问卷调查/2011-11-21)对日语和日语专业的了解主要来源于和日语系教师、高年级学生的交流。通过这些交流她开始认为:"日语还是有前途的。"(开放式问卷调查/2011-11-21)

课堂上,A09态度积极,"喜欢听老师讲课"(开放式问卷调查/2011-10-06),"每节课都能学到点知识,很开心,也很充实"(开放式问卷调查/2011-11-21)。从笔者的课堂观察中也可看出,在日语课堂上的小组活动中,A09积极参加到和其他学生的互动中。下面我们通过表4-5来看一下A09如何度过课外时间。

表4-5 A09的日语专业学生日常调查(节选)

时段	2011-11-26(星期六)		2011-11-27(星期日)	
	内容(包括学习、工作、休闲,精确到时间段)	精神状态	内容(包括学习、工作、休闲,精确到时间段)	精神状态
上午	8:00 起床 8:00—13:00 在宿舍做表格	没睡醒,又头疼,还要赶着做作业啊	8:30 起床 9:00—12:00 在宿舍用电脑查日本儿童传统游戏	不错的,清醒,就是看了大量资料后有点混乱了
下午	13:00—19:00 写活动策划,上网查资料	比较清醒,有条理,状态很好啊,真难得	12:00—13:00 逛了一圈其他班的展示,去计算机机房改作业	无限慌张,时间不够用啊
			3:00—5:30 去商场采购活动用品	砍价难啊
晚上	19:00—22:00 洗澡,吃饭,睡觉	时间飞快啊,一下子就没了……	6:00—9:00 机房交作业上网以后,收拾寝室	终于完成了,松了一口气了,和狗窝一个档次了
备注	周末果然容易放纵自己啊		没有时间练日语啦!第8课学得好差,怎么办	

从上述日常调查表中可发现,周末时间 A09 主要用于处理与日语无关的事务,很少学习日语。笔者与她的日常接触和她的学习日记也证实了这一情况。A09 入学后,对一切都感到新鲜,同时加入了 3 个社团。A09 这样描述当时的大学生活:"很纠结,很混乱,各种课都是,完全没有头绪,这很让人头疼。"(开放式问卷调查/2011-11-21)一年级上学期,课程数量非常多,课外时间极其有限,她不知如何合理利用课外时间。从下列日记中,可窥见 A09 的日常生活。

> 今天睡到了 11 点,下去吃了个午饭,刚拿出日语书,我就接到一个悲剧的电话——有志愿者请假,我又要去替班,站在会场里真的让我很无语,不过站在旁边听听模拟联合国大会还是不错的,至少可以练一练自己的英语听力。
>
> (学习日记/2011-12-11)

> 今天回寝室后还是背单词,背过一次但貌似又忘记了好多,总感觉脑子不够用,塞进去了新的,旧的就忘记了,导致日语的学习很是头疼啊!有的时候真的不知道该怎么办好了,头脑一片混乱,总觉得单词只能记在眼睛里,怎么也放不进大脑里,读了好多的单词,但究竟记进去了多少呢?我自己都没有信心了,混乱了,还有日文的语法,比单词还让我纠结,受不了啊,有什么好的方法没?
>
> (学习日记/2011-12-12)

结合笔者和 A09 的日常接触,可以说上述第一则日记记录的基本上是 A09 一年级上学期周末的时间分配方式。第二则日记则是记录 A09 对日语单词、语法等学习方法的苦恼,这一苦恼产生于她设定的学习目标,"以最少的时间记最多的单词"(学习日记/2011-12-10),即寻找在日语学习中最有效率的学习方法。A09 高中为理科生,一直坚信日语学习像理科中的解题一样,存在更有效率的学习方法,而不是花大量时间反复背诵单词和语法。一年级下学期,A09 携带电脑到学校,开始大量观看日本动画。观看的契机是听力课程任课教师的建议:"日语的动画、电视剧对日语的学习很有好处。"(访谈/2014-09-01)对 A09 来说,观看动画的学习方式是与日语相关且最适合她,又令她没有罪恶感的学习活动。

从下面的学习日记里可看出 A09 对日语中的简体很熟悉,因为她大量观赏的动画中大多数为简体形式的表达,她认为简体"更好听",这也侧面反映出A09接触的日本动画数量之多。同时,她虽然对日语课上走神表示反省,但却并未改观:"第一年上课基本上没听课,上课光看小说去了。"(访谈/2014-09-01)对日语的新鲜感过去后,A09在课堂上便沉迷于用手机浏览电子图书。当时主要课程综合日语的任课教师也证实了这一点,但因不知道A09是在用手机查日语词典,还是在做与日语学习无关的事情,很难批评教育。在她的日记中随处可见对上课走神的反省,却并未有任何改善。下列日记后半部分记录了A09在本该进行日语教材学习的时间却经不住动画的诱惑。

> 今天的口语课学的是简体呢,虽然听起来随意了许多,可使用起来不随意啊……各种规矩……更可怕的是我已经习惯了敬体,简体吃不开了……真心受不了啊……说简体多自在呀,而且个人觉得,简体的语调更丰富,说起来更好听呢! 以后要适应用简体说话!
>
> 综合日语课再次神游了……在此对本人提出强烈谴责! 不可以走神的!
>
> 一定一定要好好听课!
>
> 下午体育课,于是晚上再次自习……可是……果然不能开电脑的啊! 我又开始看动画了……而且一口气看了7集……于是一个晚上又没有了……我需要忏悔……不行! 以后真的是非周末不看动画! 不然的话我真的会疯了的!
>
> 老实悔过,今天一天貌似又没有学日语……实在是不应该啊! 以后绝对不可以再这样啦!

(学习日记/2012-05-22)

一年级时,A09观看动画时抱着学习日语的想法,但在观看过程中总是不自觉地被内容吸引:"看着看着就沉进去了,就完全把这个目的忘记掉了。"(访谈/2014-09-01)对于此时观看动画的益处,A09在三年级结束时这样回忆:"大一下学期我带了电脑,看了很多动画,大一的时候可能正是打基础的时候,那时候看了动画可能对我自己也没多大帮助。"(访谈/2014-09-01)此时,虽然大量观看动画,但A09过度关注剧情,这对基础阶段的日语学习并无多大帮助。此外,A09还热衷于参加和日语相关的社团活动,和动画社团的学生去唱歌,以及参加日语协会的交流会等。相较于日语课堂和日语教材,A09一年级时对动画和课外活动更感兴趣。

A09虽有转专业的意愿,但也因不能合理利用时间而未付诸实践:"我是属于那种憋了很久被放出来的,那个时候就想着去玩了。"(访谈/2014-09-01)即使这样,A09还是想参加转专业考试,但因转出人数有限制且提交转专业材料迟于其他学生,未能获得参加考试的资格。

二年级,主要课程综合日语的任课教师变成以严格出名的W,和一年级的教学方式大不相同,W在课堂上经常突然提问,对课文的背诵检查也很严格。A09不得不改变以往的学习态度和学习习惯,上课不再玩手机,对老师布置的学习任务也都认真地一一完成。究其原因,她归结为:"不想被老师骂。我个人比较怕老师,所以有严厉一点的老师我上课会更认真,更不敢偷懒,成绩就会更好一些。"(开放式问卷调查/2015-05-07)A09在课外仍和一年级一样大量观看动画。二年级上学期,A09因脚受伤而卧床休息了2周时间,这2周时间也是A09感觉日语突飞猛进的时期。这段时期,A09平均每天观看动画时长高达20个小时,在日常生活中使用日语表达也是从这个时期开始的,她这样解释这种行为:"每天都泡在日语中,自然而然地会用日语讲话了。"(访谈/2014-09-01)因每天长时间接触日语,耳濡目染自然就会了。在日常生活中,同班同学之间一般除了类似于"おはよう"之类的寒暄用语会使用日语外,很少使用日语,但A09把想要表达的都尝试用日语来说:"大一还在学基础,想说也说不出来。到二年级时,有了一定积累后,就能说出来了。"(开放式问卷调查/2014-09-01)从与学生的日常接触中,笔者了解到A09和同学一般用日语讲话,甚至被部分同学(A02、A06等)要求使用中文。在与笔者的交流中,A09夹杂日语的表达令人印象深刻。

二年级上学期,A09报考了N2,关于备考,她在学习日记中记录如下:

今天一上午的课,中午去剪了刘海,换个心情吧,下午的体育课不能上好伤心啊!

什么时候才能活蹦乱跳地跑啊!默默地窝在寝室里看柯南……哀怨啊哀怨……不过现在不看字幕也可以一遍过了,这点还是蛮开心的,动画不能说完全没有好处,但是现在貌似没有那么多时间看动画了……好伤心哦……晚上默默地去自习……突然发现语法一点都不想学习……不管怎样,熬过N2再说吧!

(学习日记/2012-11-14)

　　元气大伤啊！昨天的户外活动直接导致今天倒下后一直爬不起来啊！在床上躺了一整个上午,好罪恶……语法和单词放了有两天了……下午开始背书……可是对着电脑就是无法集中精神啊！下一次的课堂展示要讲什么呢？下个礼拜又怎么样呢？一直到现在背书还是背不下来啊！果然背书还是在教学楼里比较静得下来啊！不过不光是背书,记东西都是一样的。

（学习日记/2011-11-18）

　　以上学习日记是在距离考试还有1个月的时候写的。从第1则日记可看出,A09不看中文字幕也能看懂动画,她对这一进步很满意。但一到备考上,从对日语语法"一点都不想学习"可窥见她对日语教材学习的抵触心理。从第2则日记可以看出A09课外学习日语的状态。她努力地想完成作业,却因为电脑的存在而无法集中精神复习备考。随着考试临近,从下列日记中能感受到A09的焦虑:"考试周了……整整10天的假啊！还有价值450元人民币的N2考试……真的……一天干什么了呢？上午看动画,下午开始做模拟题……做了半套,就疯狂啦！好耗时间啊！如果照这样的速度,没4个小时①怎么能结束考试啊,好无奈啊！还有这几天了……怎么办啊！到底怎么办啊！"（学习日记/2012-11-23）

　　此时距考试仅有10多天,A09一如既往地观看动画,从上述日记的字里行间明显感觉得到A09的焦虑,她把这一情绪对家人吐露出来,且表达了不想参加考试的意愿。在得到家人的鼓励后,仅做了9套真题就参加了考试,结果却取得了班级第一名的成绩,其中听力和阅读两项取得了满分。一年级时,A09的日语成绩在班里倒数,无论是学生还是教师均惊叹于她取得的成绩。

　　从此,A09日语学习的自信心大增,二年级下学期又以班级第一名的成绩通过了N1考试,复习备考过程和N2相似,她的复习方法可从下列访谈中窥得一二:"我记单词、记语法都是靠大量的练习,然后就是做题,做完题后改,可能就是这样来锻炼直觉,我可能不知道这是什么、那是什么,但是我这样写过去感觉是哪一个,错了以后,我再凭感觉进行纠正,我可能什么语法都不知道,但我就是知道,这个可能是对的。"（访谈/2014-09-01）

　　对A09来说,口头背诵单词和语法的方法效率并不高,取而代之的是通过大量的练习达到记忆的目的。笔者推测,A09在大量接触日本动画时

---

①　日本语能力测试N2的考试时间为155分钟,这里A09做模拟题时间需要花费4个小时。

培养了日语语感,因此做题这一学习方式对她来说更有效率。

二年级下学期,A09选择了金融双学位,选择理由为:"本来进来的时候我就是被调剂的啊,然后知道有双学位的时候我就毫不犹豫地选了,也没有说是为了考研专门学的,相对来说比较喜欢,因为我本来就是理科生,我理科比较好,一直让我学文科,显得比较闷。"(访谈/2014-09-01)A09尽管在日语学习上取得了很好的成绩,但对自己是理科生却一直学习文科这一点耿耿于怀,在她看来,只要能学习偏理科的专业就行。

三年级,A09的日语学习仍然以观看动画为主。此外,因开设了日本文化、古典文学的课程,她开始接触相关图书,以下是她此时的日语学习方法:

> 日本的颜色,因为日本的色表和中国的色表很不一样吧,比如说ねずみ色、きつね色,就是这些,第一是因为它们的名字很好玩,有的是上课的时候提到的,有的是看书的时候提到的,比如说看《源氏物语》,里面写的衣服很漂亮,然后就发现那个时候的和服还讲究颜色搭配,看什么颜色和什么颜色搭配很好看,然后就找了好大一张色表来研究。色表肯定是不完全的,有时候提到的颜色色表上没有,我就去找这些颜色是什么颜色,然后就把它整理成一张好大的表出来。
>
> (访谈/2015-05-24)

> 我还对吃的查了很多。我觉得它的名字好玩的话,我都会去找,看到中文的时候,我想这个应该在菜中有使用,所以我就去找它的日语。
>
> (访谈/2015-05-24)

从上述访谈可看出,三年级时A09以日本动画、文学作品为媒介,对日本文化表现出极大兴趣。此时开设的日本文化、文学课程也给A09提供了学习材料,她的兴趣面因而变得更为宽广。三年级主要课程的任课教师更换为要求不严格的L后,A09认为自己的日语相较于二年级有所倒退,且课文形式由口语转变为文章形式,她对教材的学习兴趣不大。下学期,A09决定报考经济专业的研究生,理由是只靠日语专业,很难找到心仪的工作。但后来A09获得了本校免试推荐研究生的资格,也因跨专业考研的不确定性,她便放弃了跨专业考研。

四年级时,为了接触最真实的日本,增加和日本人接触的机会,A09参加了中华杯华中赛区日语演讲大赛,获得第一名,同时还担任了日本人的中文教师。

在A09日语学习动机的影响因素中,她认为决定性因素在于主要任课教师是否严格。令她改变最大的当属二年级上学期的W,在这位教师的严格要求下,A09课上能够集中精力,课外也能认真完成日语学习任务;此外,对日本的关注影响词汇量的大小。例如,如果对日本食物感兴趣,自然而然掌握的食物的相关词汇比其他学生多一些。最后是日语的使用环境,她在与班级同学的交流中积极使用日语,这对她的日语学习帮助很大。

A09大学4年的日语学习动机的变化可归结为图4-9。

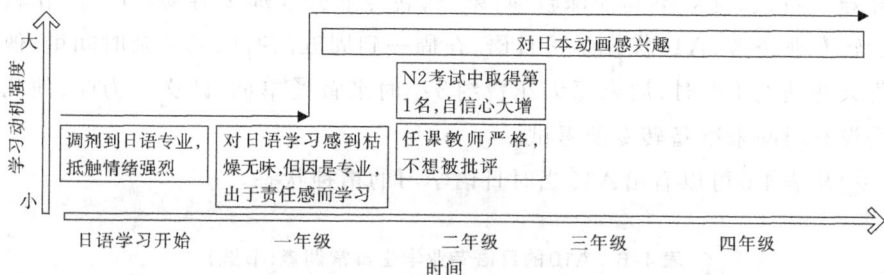

图4-9　A09大学4年里的日语学习动机变化模型

A09最初被调剂到日语专业时带有强烈的抵触情绪,相较于日语教材学习,她对丰富多彩的课外活动表现出更大兴趣,对日语课则没有太大兴趣,课上精神不集中,仅出于责任感而学习。二年级上学期时,因为怕严格的任课教师的批评,A09一改往日的学习态度,课上、课下均认真起来。一年级下学期开始对日本动画表现出强烈兴趣,大量观看动画,这一成果在二年级上学期表现出来,日本语能力测试N2获得班级第一名后,A09日语学习信心大增。

八、学习者A10——争做男生中的翘楚

A10因被调剂到日语专业而对日语专业产生了严重的抵触情绪,一入学便购买了转专业考试的备考图书。50音学习结束后,A10对转专业的态度为:"想转专业,能转最好,因为兴趣,想转到生命科学与技术学院的任一专业。"(开放式问卷调查/2011-10-06)A10心里虽然想转专业,却抱有顾虑:"害怕到头来,两头不讨好,害怕自己的选择是错误的。所以对转专业不能抱太大希望。"(开放式问卷调查/2011-10-06)此时,A10虽有转专业的想法,但在学习行为上还是把大部分时间花费在日语学习上。

　　好不容易从每天学习的高中解放出来,正准备享受自由自在的大学生活时,A10却发现大学每天课程数量多,课外可支配时间少,现实和想象差距太大,一时适应不过来,特别是对课外时间应如何分配感到特别苦恼,导致"上课容易走神,有些麻木,原因是睡眠不足,而且课后没有复习"(开放式问卷调查/2011-10-06)。原本课外时间就很有限,再加上A10此时并不知道如何来合理分配时间,导致他在日语学习上花费时间过少,跟不上课程进度,上课精神不集中。这一问题在入学2个月后的期中考试前后得以解决。经过该阶段,A10转专业的意愿进一步减弱了,其心态转变主要有如下原因:第一,在日语专业召开的师生交流会上对毕业生的就业前景有了初步了解,对日语专业有了信心;第二,任课教师非常有责任感,自己不好好学习,感觉对不起任课教师;第三,转专业并非那么容易。因此,相较于转专业备考,A10优先学习日语,在周一到周五的有限的课余时间里,他每天花费约1小时,周末每天花费约3小时来背诵单词、课文。为此,他几乎没有时间来准备转专业考试。

　　从表4-6可以看出A10当时日语学习的精神状态。

表4-6　A10的日语专业学生日常调查(节选)

时段	2011-11-23（星期三）		2011-11-24（星期四）		2011-11-28（星期一）		2011-11-29（星期二）	
	学习内容	精神状态	学习内容	精神状态	学习内容	精神状态	学习内容	精神状态
早读	日语	注意力不集中	日语	没集中注意力	微积分	未填	日语	认真,低效率
1—2节课	综合日语	没有记住形容词,很烦	计算机,日语	计算机老师讲话不太有吸引力,学日语效率低	微积分	很着急赶论文	综合日语	认真
3—4节课	微积分	自己看了会儿书,没听讲	综合日语	开了会儿小差后就听讲了	综合日语	认真听讲	政治	困,睡着了

　　从表4-6中可看出,A10日语课上精神状态并不好,课上注意力不集中的表述很多。记录日常调查表的2周内仅有4天在课外学习了日语,那他没学习日语的课外时间是如何度过的呢?笔者在和A10的日常接触中发

现：“平时晚上和室友闲聊着时间就过去了。”（日常接触/2011-11-27）对课外时间的分配问题，在A10的学习日记里也有提到。

> 其实大学里作业不多，空闲时间很多，完全可以不熬夜的，只是白天没有计划好怎么利用时间，好像什么都得赶着做。所以我决定从明天开始要早睡早起，还要把心思放到学习上来。
>
> （学习日记/2011-12-05）

> 今天晚上背了几个单词。觉得白天跟不上进度，很多单词都没有记住。现在单词越来越多，落下的单词也越来越多，很想要赶上，但却不知道从哪里开始。
>
> （学习日记/2011-12-06）

A10在上述日记中认识到自己在时间分配上的问题，决心改变这一现状，却并未付诸实践。学期末虽然参加了转专业考试，但因准备不足，未能成功转出。

一年级下学期，听任课教师介绍观看动画对日语学习有好处，A10也尝试过：“因为学了一点，入门了，有点想要进一步了解以便学好一些，看人家说得很好，自己也很想说得流利一些，所以看一些动画，想着能不看字幕，自己能够听懂。”（访谈/2015-05-24）和上学期相比，下学期A10更擅长管理时间，随着学习内容的增加，课外的日语学习时间也大幅增加。因在寝室学习效率低下，与上学期不同，课外时间里A10待在寝室的时间减少了，他开始有意识地去自习室学习。此时，A10给自己设定的日语学习目标为：“跟着大家的步子走，希望自己不落下就行。”（开放式问卷调查/2015-05-07）A10口中的“落下”的基准为班级上的男生，意思是只要不比班上的其他男生差就可以。A10不和班级里的女生比较的原因为“如果我像她们这么勤奋的话，我的成绩会更好”（日常接触/2012-05-24）。女生一有时间便去自习室学习、花费大量时间背诵的做法，A10并不赞同。

到了二年级，综合日语和听力课程的作业较多，A10花费了大量的课外时间来完成。A10报考了N2，虽不是每天花时间复习备考，但还是相应增加了学习时间。下面的学习日记是距离考试1个月时写下的：“下午用了2小时看了2个单元N2语法，晚上用了2个小时看了1个单元单词和1个单元语法，有意加快了速度，只看一两个例句，上次看的单词已经忘了，刚看完就做后面的练习才会做。反正要加快速度，不然就看不完了。'综合日语'的单词也要及时背。"(学习日记/2012-11-15)最终A10通过了日本语能力测试N2。A10的学习成绩在所有男生中最好,他认为,相较于自己时间上的付出,能取得这个成绩很满足。二年级下学期,A10选择攻读经济双学位,周五的课外时间、周六、周日均用于双学位学习,日语学习时间因此减少。

三年级上学期,A10报考了日本语能力测试N1,比以往都要认真地复习备考,虽然通过,却并没有考出他期望的分数。他认为付出努力没有得到回报,失去了继续努力的动力:"到后面感觉没有成就感,你很努力,别人和你一样努力,然后别人比你好,你就会受到挫折。"(访谈/2015-05-24)为此,A10烦恼不已:"自己已经很努力了,还是赶不上那些女生。"(访谈/2015-05-24)此后他失去了学习目标,也不再努力:"上课全在玩手机,课下打游戏。后来间歇性地觉得这样不好,于是学习日语,但是没有坚持。"(开放式问卷调查/2015-05-07)但A10并不是对所有日语课程都不感兴趣,三年级下学期开设的口译实践课程,他认为"很实用"(访谈/2014-09-01),短时间内对此课程表现出兴趣,想要好好学习,但因有大量内容需要背诵,并未坚持下来。

四年级开学后,为求职做准备的A10有好好学习的想法,但对如何学感到困惑,"感觉学也不知道学什么东西,不知道从何做起"(访谈/2015-05-24),始终停留在想法阶段。所以,四年级除了常规上课、完成作业外,A10几乎没有学习日语,主要时间和精力花在求职上。

大学4年的学习效果未达到期望的水平,对此A10这样分析原因:"并不是说对日语非常感兴趣,只是说看大家都学,觉得自己不要落后,就要一起学。"(访谈/2015-05-24)A10大学4年的学习动机变化归结起来如图4-10所示。

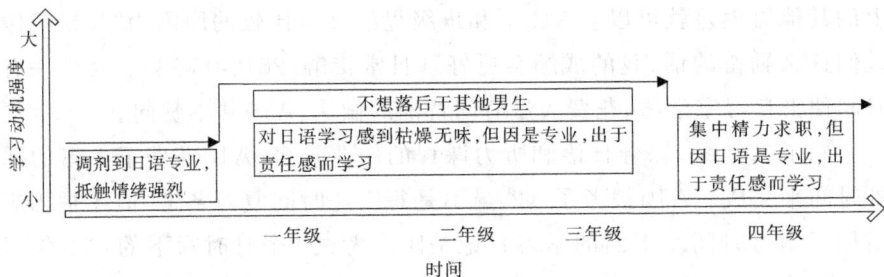

图4-10　大学4年里A10的日语学习动机变化模型

A10最初对调剂到日语专业有抵触情绪,有转专业意向,但因专业是日语,便优先学习日语。A10觉得需要大量背诵的日语学习枯燥无味,对日语学习兴趣不大,但因日语是自己的专业,出于责任感,也不想落后于其他男生,所以能够正常上课、完成学习任务。有时试图提高学习成绩,但因短时间内看不到效果,坚持不久便放弃。四年级时,因学习目标（通过N1）达成,就失去了学习目标,且忙于求职,出于责任感而仅进行最低限度的日语学习。

九、学习者A11——日语与双学位并进

A11被调剂到日语专业,对此他表现出强烈的抵触情绪。50音学习时,他在日语课上的精神状态不理想,原因是预习不充分:"很难,很紧张,因为预习不够充分。"（开放式问卷调查/2011-10-06）进入大学后,A11发现大学课程数量之多完全超出想象,对有限的课外时间未做规划。而且他还想转专业,每天除了学习日语,也会进行半小时左右的转专业备考。这样一来,日语复习和预习时间的不足导致他上课跟不上进度,因而课上精神状态"很紧张"。以上状态从表4-7可得到证实。

表4-7　A11的日语专业学生日常调查（节选）

时段	2011-11-28（星期一）		2011-11-29（星期二）		2011-11-23（星期三）		2011-11-24（星期四）		2011-11-25（星期五）	
	学习内容	精神状态	学习内容	精神状态	学习内容	精神状态	学习内容	精神状态	学习内容	精神状态
下课后（分时间段记录）	10:00—11:00开会	有些兴奋	10:00—11:00学日语	比较认真	做作业	觉得有点烦（作业太复杂）	9:00—9:30做微积分作业 9:30—11:00记单词,读课文	很认真	学日语（记单词,做练习册）	未填

这一周里有3天时间从早上8点到晚上8点半均有课,剩下2天课程虽只到下午6点,但到8点半又安排了其他活动,学生能够自由支配的时间极少,其中A11分配时间最多的活动是日语学习,其次是转专业备考——学习英语和微积分,最后是其他一些相对不重要的科目的学习。以上印证了A11此时的时间分配:"以专业学习为主,在保证专业学习的情况下抽出一定时间备考转专业科目。"（开放式问卷调查/2011-10-06）

当时,A11对转专业的意愿和刚入学时相比有所减弱:"能转最好。转

专业的心态变弱,原因是对日语学习的深入和对转专业了解程度的加深。"(开放式问卷调查/2011-11-21)"日语学习的深入"主要指,与前面的学习者一样,和教师、高年级学生的交流,使他对日语专业的不安在一定程度上得以减轻。"对转专业了解的增加"主要指入学后,A11在日语专业转出人数限制、接收专业转入人数限制、转专业考试难度大等方面有了一定的了解,不确定自己能否转成功。

大一上学期末,A11参加了转专业考试,但因复习备考不足,未能通过。期末考试时日语成绩也不理想,对此他打算这样来改进:"每天有计划地学习,处理好专业课和其他课的关系。将空余的时间合理地分配,尽可能用来学习。"(开放式问卷调查/2012-02-15)大一下学期,虽没有了转专业的干扰,但对日语学习的新鲜感也减少了,此时A11的日语学习动机为:"对日语的热情减少了,学习日语的动机就是想把成绩提高点。"(开放式问卷调查/2015-05-24)上学期,因不知道如何分配课外时间,加上转专业备考也花费了一定时间,日语学习的时间并不多。而进入下学期后,从笔者的日常接触和学习日记中可看出,A11的课外时间基本上都在学习日语。

> 今天轮到我进行课堂展示,早上前2节没有课,一直在寝室里背发言稿。终于背得还算熟练。因为早上没有读课文,所以被老师点起来读课文的时候,读得很不熟。以后上新课文之前一定要先读熟。晚上6:30—7:30记单词,这个单元的单词非常多,花了好长时间也没记熟,只有以后再记了。7:30—8:30读课文,单词读熟了,读课文也容易多了。然后参考后面的语法理解课文,不懂的做了记号。
>
> (学习日记/2012-06-04)

> 晚7:00—8:00听听力,听的是今天上课老师讲的,我还没听明白的地方。听完后对着原文看了一下,都明白了。
> 9:30—11:00继续记昨天没记完的单词。今天虽然勉强记住了,但是很快就会忘记。以后还要巩固。还把第2单元的单词读了几遍。
>
> (学习日记/2012-06-05)

从上面的日记中可以看出,和上学期相比,A11在日语学习上花费了更多的课外时间。但是对感到学习有困难的听力作业的完成度却并不尽如人意:"(听力作业)布置了很多,总是赶在要交作业的时候听一下,有时候没时间听的话,就随便听了一下,反正没有很认真地去每天都听什么的。"(访谈/2014-09-01)A11从一开始便感觉到听力学习是自己在日语学习上的短板,虽有改善的意识,却最终未能付诸实践:"因为太忙了,又忘记弄了。"(访谈/2015-05-24)

二年级上学期,A11"这学期报考了N2,考过N2成了这学期学日语的主要目的"(开放式问卷调查/2015-05-07)。A11的复习备考过程如下:"开始背了1个月单词,觉得效率太低,便放弃了。考前2个星期看完了语法。"(开放式问卷调查/2013-03-05)A11最终通过了考试。下学期,因为A11一直对计算机感兴趣,"(计算机)具体一点嘛,主要是搞软件和硬件,我主要是想搞软件方面"(访谈/2014-09-01),所以选择了华中科技大学的计算机双学位。A11非常重视双学位,从未缺席周六、周日的课程,不光如此,A11对双学位课程的预习和复习也不懈怠,周四、周五也会花时间来学习。此时,A11确定的日语学习目标是维持现状,因为在双学位学习开始后,他便把学习重心放在双学位上,客观上无法在日语学习上取得更大的进步。此阶段,除了期中、期末考试前会复习日语外,平时除了完成作业基本不学习日语。

三年级上学期,A11报考了N1,他认为自己没有认真复习就通过了N2,所以在备考N1时效仿N2的备考方法,结果却并未通过,下学期认真备考后方才得以通过。

四年级上学期,A11备考计算机专业研究生入学考试,尽管跨专业考研难度很大,时间很紧,但A11还是一如既往地上日语课并完成作业,"只是被动地去上课。没有什么特殊的理由,感觉也不好请假"(访谈/2015-05-24),结果考研失败。下学期开始求职,一个月后A11找到了同时可运用双学位和日语知识的软件开发相关的日企工作。在班级里学生有一大半还未找到工作的情况下,A11对这一工作很满意:"很遗憾考研没有成功,但很容易就找到了比较满意的工作。"(开放式问卷调查/2015-05-07)

关于A11日语学习动机的影响因素,他主要列举了5个方面:授课方式、教师的严格程度、有无兴趣、对自身的要求、学习氛围。授课方式主要是指课堂能不能激发学生的兴趣,在语言学习中,不仅仅是语言,语言背后的文化往往更能激发学生的学习兴趣。在教师的严格程度方面,三年级下学期的任课教师Q非常严格,在其他课程上不预习、复习的A11也一次不落地预习和复习该课程,A11认为严格的教师能督促自己学习。对自身的要求方面,A11认为他对自我的要求太松,班级里总共有5名男生,A11的成绩在他们当中经常是第一、二名,因此他认为自己的日语学习尚可,这一点和学习氛围也息息相关,"我周围没有特别的学习氛围"(访谈/2015-05-24)。此外还有一些表现:同寝室的 A10、A13,一到周末便会睡到中午,在寝室自习时忍不住和他人讲话。这些都对 A11 有消极的影响。

A11 的日语学习兴趣虽然不大,但他也有意识地培养过对日语的学习兴趣。观看日本电视剧、动画,利用网上资源学习,看日文原版小说,这些方法均尝试过。其中,他认为最有效的学习方法是看日文原版小说,他认为:"自己学日文了,就不应该再看中文了,应该能看懂(日文原文)。日语还想再提高一点。"(访谈/2014-09-01)出于这些原因,他开始阅读日文原著,过程也并非一帆风顺:"开始肯定比较痛苦,但是多看一些就好了。"(访谈/2014-09-01)这一活动最显著的成果是,A11 的阅读能力显著提升,他在 N1 中的阅读部分取得了满分,对此他很有成就感。此外,对于课本学习,他认为自己不喜欢长时间背诵,所以才会尝试很多更适合自己的学习方法:"我觉得记单词很枯燥。我特别不喜欢的就是看着单词表不停地写、不停地写,主要是为了考试才这样,没办法。"(访谈/2014-09-01)大学 4 年里,他也有对日语感兴趣的时候,但持续时间较短,例如在观看动画的过程中遇到已经学过的单词或句子,会感到特别兴奋。

A11 大学 4 年里的日语学习动机的变化可总结为图 4-11。

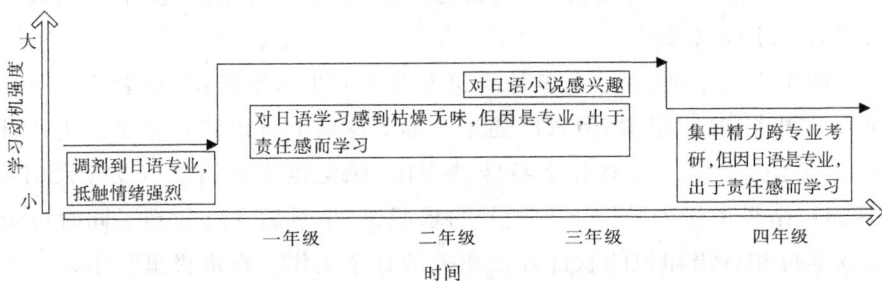

图 4-11　大学 4 年里 A11 的日语学习动机变化模型

A11 虽对调剂到日语专业有抵触情绪,但开始学习日语后,因日语是当前的专业,相较于准备转专业考试,他把日语学习放在首位。他虽然认为需要大量记忆、背诵的日语课程枯燥无味,但出于责任感,一直按部就班地学习日语。为了培养对日语的兴趣,寻找更适合自己的学习方法,A11 在二年级下学期开始阅读日文原版小说,并长期坚持下来,其学习成果在 N1 中得以体现。四年级,因要跨专业考研、求职,仅进行了最低限度的日语学习。

十、学习者A12——专注于课外活动

A12高中也是理科生,但对调剂到日语专业并没有特别反感:"不是特别反感,一切随缘。"(开放式问卷调查/2011-09-20)入学后,A12对日语不仅感到新鲜,还对大家都从零基础开始学习感到安心:"感觉很新鲜,之前学习英语时记忆不太好,但觉得日语还好,大家起点一样。"(开放式问卷调查/2015-05-24)

对于转专业,A12看到室友均有转专业意愿后,就购买了转专业备考相关图书,但后来转专业意愿较入学前减弱了:"入学之前是想能转最好,现在就只是一般想了,转不成也没关系,一直比较向往那种做科学研究的东西。"(开放式问卷调查/2011-10-06)变化的原因主要是任课教师的教导:"'综合日语'老师Y教导我们,不管将来有什么打算,首先要将手头的事做好,我很赞同。"(开放式问卷调查/2011-10-06)此外,A12对转专业考试里的英语科目没有信心,另外学习了1个学期的日语也不想浪费,于是入学2个月后放弃了转专业的想法。

表4-8记录了可自由支配的课外时间里A12的时间安排。

表4-8 A12的日语专业学生日常调查(节选)①

时段	2011-11-23（星期三）		2011-11-25（星期五）		2011-11-28（星期一）		2011-11-29（星期二）	
	学习内容	精神状态	学习内容	精神状态	学习内容	精神状态	学习内容	精神状态
下课后	给爸妈发短信,制作演示文稿,看书	挺郁闷的	和家人一起吃晚饭,回来后和姑姑通话	有点纠结	在教室继续复习了一会儿,回宿舍收东西,洗衣服,开箱子10点多以后开始写东西	未填	做了一些杂事,看日语	有点困,没看多少

在以上课外可支配时间中,除没记录的1天外,A12课外基本上没有学习日语。当时他因是否转专业一事而苦恼,家人想让他转入工科专业,但他本人却并不想转专业,为了说服家人做了很大的努力。或许此时间段比较特殊,但从一年级上学期的开放式问卷调查、日常调查表及学习日记

---

① A12日常调查表中的内容有的地方并未按照原有表格设计填写。

中均可确认,A12课外的日语学习时间较短。

在定期举行的听写测验中,A12的成绩不理想,他这样分析原因:"基本上是临时抱佛脚,因为平时都不想刻意去记。"(开放式问卷调查/2011-11-21)尽管他认为日语课"很有趣,很享受。对不懂的东西,比较有求知欲"(开放式问卷调查/2011-11-21),也放弃了转专业,但在有限的课外时间里A12总是把课外活动放在首位,日语学习和课外活动的时间分配比例为3:7。这种时间分配方式源自A12对大学生活的看法,"大学不仅仅是学习的地方"(开放式问卷调查/2011-09-20),言外之意是大学除了学习还应有丰富多彩的课余生活。一年级上学期,A12的成绩不理想,在班级中倒数,对此他并不感到意外:"总体上表现不如预期,但也在情理之中。"(开放式问卷调查/2012-02-15)他当时对日语专业的学习态度为:"大一上学期还不是很了解,就跟高中学习英语等学科一样在学日语。"(访谈/2014-09-01)

一年级下学期,上学期主动放弃转专业的他又感到后悔:"感觉他们(A14和A15)转专业挺好的,有点后悔,想转专业了。"(访谈/2014-09-01)A12羡慕转专业成功的2人,但已没有机会,只得放弃。跟上学期相比,课外的日语学习时间依然很少,但作业基本上能完成。二、三、四年级,A12的学习情况大致相同。二年级下学期,因喜欢的美国电视剧的主人公是建筑专业的,一时兴起选择了建筑双学位。第1学期基本上没缺席周末的双学位课程,但从第二学期开始就不去上课了。

二年级上学期报考了N2,复习备考期间,相较于平时他在日语学习上花费了更多时间,成功通过考试。三年级上学期,他报考了N1,因为有了备考N2的成功经验,也和备考N2时一样去准备考试,却没有通过,之后3次报考均未通过,直到大学毕业后才通过。A12原本打算大学毕业后直接工作,四年级上学期也找过一段时间工作,因没有收获便放弃了,于是他又想第二年报考建筑专业研究生。但这一计划并未实施,大学毕业半年后,他到一家与日本有合作关系的公司就职。

A12这样描述大学4年他的日语学习动机:"可能有兴趣,但比较淡,叫我看一些内容的话,我也不会抵触,但是如果这个时间比较空闲,我可以做别的事情,我可能就不会去看了,比如说我有时间去看看课本单词什么的,但是我可能就会玩别的事情去了,但如果我不想玩了有点累了,我也可以看看书。"(访谈/2015-05-24)

A12对日语兴趣很小,相较于日语,他更愿意去做与日语无关的事情。他的日语成绩一般为班级倒数,他本人也在访谈、开放式问卷调查以及和笔者的私下接触中多次表示对日语学习失去信心,有很强的挫败感,但也做过一些尝试。与需要大量记忆背诵的教材学习不同，A12也用一些"娱乐性质"的方法来学习日语，譬如观看日本动画和电影，三年级接触日本文学相关的课程后，也开始阅读相关图书。但这些尝试持续时间并不长，所以对他的日语学习并没有积极的影响。

A12大学4年的日语学习动机主要源自作为日语专业学生的责任感，在这份责任感的驱使下，A12按部就班地上日语课和完成学习任务。当然，完成学习任务也有2种方式，即努力认真地完成和临时抱佛脚地完成，A12课外的日语学习时间极为有限，临时抱佛脚地完成学习任务的情况居多。特别是在任课教师不检查学习任务的完成情况时，例如预习、复习之类的作业，他基本上不完成。他认为大学生活不仅仅是学习，参加丰富多彩的课外活动更重要。他深知学习成绩不理想的原因，但抵挡不住诱惑："就是不够努力，就是理智告诉我要好好学，天性告诉我可以玩一玩。"（开放式问卷调查/2015-05-24）A12大学4年的日语学习动机的变化可总结为图4-12。

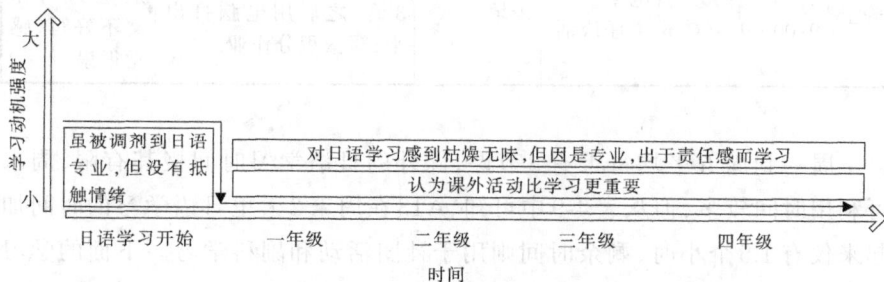

图4-12　大学4年里A12的日语学习动机变化模型

A12最初对调剂到日语专业并没有抵触情绪，入学后不久便放弃转专业的想法。大学4年里支配A12最多的学习动机来自身为日语专业学生的责任感，虽对日语专业没有多大兴趣，但他还是上课并完成作业。课外时间里，相较于日语学习，他选择优先参加课外活动。

十一、学习者A13——专注于课外活动

A13高中是理科生，知道被调剂到日语专业后就有了转专业的想法，一入学便购买了转专业考试的备考图书。但是入学1个月后，转专业的想法便发生了改变："一般想（转专业），转不成也没关系。"（开放式问卷调查/2011-10-06）不久后，他便放弃了转专业的念头，因为听说"转专业特别难，另外就好像可以学双学位"（访谈/2015-05-24）。

日语学习开始后,A13在日语课上的精神状态为:"有点难,有点紧张,因为自己没有背。"(开放式问卷调查/2011-10-06)从表4-9中可看出日语学习在A13日常生活中的地位。

表4-9　A13的日语专业学生日常调查(节选)

时段	2011-11-19(星期六)		2011-11-20(星期日)	
	学习内容(包含学习、社团活动、娱乐的具体时间段)	精神状态	学习内容(包含学习、社团活动、娱乐的具体时间段)	精神状态
上午	9:30　睡觉 9:30—11:00　读日语	松懈状态	9:30　起床 9:30—11:00　写课外活动稿件,准备论文	精神好像可以集中了
下午	13:00—17:00　在机房准备军事理论、微积分论文的材料	很无聊,大部分时间耗在网上了	写历史课感想,学习微积分发展史	很好
晚上	6:00—9:00　看电影 9:00—11:00　班主任谈话	未填	写课外活动稿件和论文3篇,之后用电脑打出来;写微积分作业	时间很紧,特别是因为作文不好写,感觉很累

周一到周五平均每天有8节课,课外的日语学习时间极其有限,周末可利用时间较多,但从表4-9中可知,A13在周末2天里日语学习的时间加起来仅有1.5个小时,剩余时间则用于社团活动和副科学习。下面的学习日记也可印证。

今天又起得很晚,吃过饭已经是中午,和A10一起去广埠屯看电脑,路很不好走,挤公交挤得够呛,整个人晕头晕脑的,好不容易忙完回家,又得去听什么国家奖学金、国家励志奖学金的报告会。什么也没听进去,就睡了一小会。晚上勉强读了一会儿日语课文,便早早地睡了。

(学习日记/2012-12-04)

早上一觉睡到10点,下午玩了会儿电脑,下了几部电影和几首歌,晚上便躺在床上看电影,一天就这么过去了。

(学习日记/2011-12-10)

　　因为要听写了,所以晚上便用来记日文单词了,注意力不太
集中,头脑也好像还没清醒似的,花了好久才记了1单元的单词,
太慢了。下午又浑浑噩噩地过去了,到了晚上才勉强拿起日语
书,仅仅读了1小时课文,就睡去了。

(学习日记/2011-12-11)

　　从上面的学习日记中可看出,每逢周末A13便很迟才起床,只有要听
写或有作业时,他才会学习日语,且总是拖到参加完课外活动后才开始学
习,学习时的精神状态也是浑浑噩噩。正如问卷里A13记录的那样:"还未
完全适应(大学生活),时间安排还是不合理,如每个星期日都得熬夜。"(开
放式问卷调查/2011-11-21)在学习日记里他也经常提到,为了完成第二天
课上要检查的作业,前一天晚上经常熬夜学习。

　　A13认为,从一开始自己便没有好好学习,导致后续学习越来越困难:
"基础没打好,学起来有一点困难。"(开放式问卷调查/2011-11-21)这种学
习状态一直持续到一年级下学期,只是与上学期不同的是,下学期他购买
电脑后,开始频繁观看日本动画、日本电视剧等影视作品了。A13在进入
大学前很少接触日本的影视作品,开始学习日语后,了解到日本影视作品
有利于学习,不喜欢学习教材的他宁愿选择这种娱乐性质的日语学习方
式。对于观看影视作品,他认为其在培养日语的学习兴趣上并没有作用:
"就算是看动画、看日剧也没对日语产生兴趣。"(访谈/2014-09-01)

　　进入二年级后,A13在开学后的短期内想要好好学习,也付出了努力,
但短时间内未看到学习效果,便放弃了:"没有什么效果,也没什么动力坚
持下去了。"(访谈/2015-05-24)从下列学习日记中可看出他当时学习日语
的精神状态:"晚上在寝室看书,不幸的是读了一会书之后手机死机了,唉,
花费了一晚上的时间修复。本来打算读书的计划泡汤了,唉,寝室不是学
习的地方。"(学习日记/2012-11-19)"毫无变化的'综合日语'课,完全事不
关己的'口语'课,下午一觉睡过去了,晚上也不知所为,一天又过去了。"
(学习日记/2012-11-20)从第1则日记可看出,A13在日语学习上没有干
劲,和前面日常调查表中记录的一样,一旦有课外活动,他就会拖延日语学
习。从第2则学习日记可以看出,A13对日语课感到麻木,课外自由散漫,
对学习生活的满意度较低。

　　A13对日语学习没有兴趣,便把希望寄托于双学位学习上,而且在学
习双学位前他甚至还打算跨专业考双学位的研究生,二年级下学期他选择
了感兴趣的武汉大学的广告学双学位,开始学习后他发现:"总感觉不知道

自己到底要干什么,学双学位也是,当时只是不太想学习日语这一块,然后就想换一个。"(访谈/2014-09-01)他原本认为,广告学就是学习如何制作广告,是很实用的专业,但事实上绝大多数内容偏理论,对A13来说实用性不大。双学位第1年期间A13的课堂出勤率较好,到了第2学年基本上没去上课了,取而代之的是在寝室和室友一起玩网络游戏。学习双学位后,A13课外的日语学习时间越发减少了。

二年级上学期、三年级上学期他相继报考了N2、N1,均以失败告终。虽然购买了复习资料,且心理上也认为应该复习,但都不了了之。A13在一、二年级曾有意识地在互联网上找日语学习资料,但是下载后从未学习过。日语学习上仅限于上日语课和完成作业。作业基本上也是临时抱佛脚:"大部分情况下都是上课前抢时间完成。"(访谈/2014-09-01)对任课教师不检查的作业,A13一般不会完成。

到了三、四年级,A13对日语学习的期望值进一步降低,只要考试及格就满足了。他对日语学习不感兴趣,学习效果不好,也没有要好好学习日语的想法,此时的他认为:"只要将来不找跟日语有关的工作,日语不好也行。"(访谈/2014-09-01)但他四年级开始求职后,很快认识到这种想法很天真,虽然尽量避开找与日语相关的工作,但毕业后还是在一家与日本有贸易往来的公司就职。

谈及与班级里优秀学习者的不同,A13认为是日语学习态度的不同造成的。他们重视日语,将日语学习放在第一位,但是A13却不同,他不喜欢长时间背诵单词和语法:"有时看到成绩觉得要好好努力,但是又不能静下心来背单词、背课文。"(访谈/2015-05-24)他认为,高中时可以花费好几个小时来解一道数学题,但在背诵日语单词、语法时却很没有耐心。

关于影响日语学习动机的因素,A13列举了心情好坏、任课教师的严格程度、努力后的回报程度3点因素。A13在心情好的时候不想学习,想进行一些娱乐活动;心情不好的时候则可以一个人自习。关于任课教师的严格程度,A13认为自己不会主动地学习,最好有严厉的任课教师给自己施加压力:"二年级'综合日语'任课老师W要求每篇课文都要背诵,这挺好的。"(开放式问卷调查/2015-05-07)另外,他觉得像自己这样平时不努力的人最后也能毕业,这一点对自己来说并没有好处,只会让自己更加放松:"日语系压力特别小,感觉自己的压力不够,还是希望有一个人逼一下自己比较好。"(访谈/2015-05-24)努力后的回报程度这一点指的是,他为了提高日语成绩也做过努力,学习成绩却并未提高,这让他沮丧,使他失去了继续努力下去的动力。

A13作为调剂生,大学4年里都对日语学习没有兴趣,即便如此,出于日语专业学生的责任感,仍然上日语课,完成学习任务。他虽然也有过改善不理想成绩的想法,但未付诸实践,或未长期坚持,久而久之,他对日语学习也越来越没有信心。

A13大学4年里学习动机的变化可归结为图4-13。

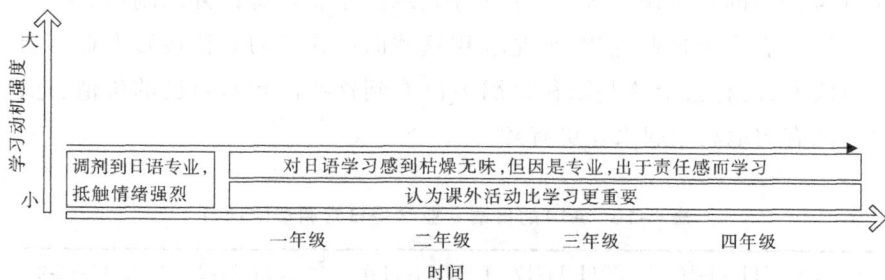

图 4-13　大学4年里A13的日语学习动机变化模型

十二、学习者A14——自始至终坚定转专业

高中是理科生的A14,被调剂到日语系,与其他被调剂到日语系的学生一样,对日语专业抵触情绪强烈。入学后,了解到转专业制度的存在后,A14对转专业的态度是:"一定要转,因为自己的特长在理工科,比较擅长逻辑分析方面,高中也是理科生,最想转去计算机,其次呢,电器、材料也行。"(开放式问卷调查/2011-10-06)从上述内容可以看出,A14在分析自己擅长领域的基础上,连要转入的专业也都考虑好了。他在入学后通过多种渠道了解了转专业的条件(转专业考试通过,且原专业各科目及格),确定了自己的努力方向。随后便购买相关图书复习备考(微积分、英语、编程等),军训开始前就已经开始了。

下面是50音学习结束后A14对日语学习的看法:"现在学的日语也挺好,自己也逐渐很感兴趣,首先得学好日语,转的专业是以后再努力的事,而且学好日语对其他专业也很有好处。"(开放式问卷调查/2011-10-06)乍一看,这和A14转专业的决心有矛盾之处,其实不然,他下决心转专业的同时,还将日语视为一种技能,认为日语对以后的专业发展有好处,所以A14将转专业备考放在第一位,将日语学习放在第二位,课外这两项活动的时间分配比例约为1:1。A14课外的日语学习时间平均每天有2小时(学50音时是1小时),A14的室友A15也认为他总是在学习。同时,A14对班里学生都觉得困难的单词背诵有自己的认识:"语言学习没有捷径,只有努力花时间背。"(开放式问卷调查/2011-11-21)

　　由于每天课外可供自由支配的时间较少,要想兼顾转专业学习和日语学习几乎不可能。为了解决学习时间少的问题,A14几乎未进行任何课外活动,除了日常吃饭、睡觉外,其他时间全部都用来学习。不仅如此,据其他学生反映以及在笔者与A14的日常接触中,发现除了日语课程外,其余的课A14基本都缺席,他"节约"下这些课程的时间来兼顾两者。表4-10是A14撰写的日常调查表,黑体部分表示的是日语课以外的副科,可以看出A14没有去上这些课程,而是利用这些时间来学习日语或转专业科目。A14认为,没有去上这些副科是因为没看到这些课程对自己的价值,把这些时间有效地利用起来才更有意义。

表4-10　A14的日语专业学生日常调查(节选)

时段	2011-11-16（星期三）		2011-11-17（星期四）		2011-11-18（星期五）		2011-11-21（星期一）		2011-11-22（星期二）	
	学习内容	精神状态	学习内容	精神状态	学习内容	精神状态	学习内容	精神状态	学习内容	精神状态
早读	记单词	很好	读日语	很好	早操	还行	病了	不舒服	背日语	很好
1—2节课	综合日语	认真听讲	**英语课没去,在寝室学习计算机**	未填	在教室里休息	有点困	病了	不舒服	综合日语	认真听讲
3—4节课	**在寝室复习日语,学习英语和计算机**	很好,很有效率	综合日语	听讲	兼职	很轻松	病了	打针后好点了	**政治课没去,去自习了**	很好

　　从表4-10可看出,他在日语学习和转专业备考时的精神状态为"有效率"或"认真"。据综合日语的任课教师反映,下课后A14经常向她请教问题。笔者进行课堂观察时也发现,A14在课堂上积极地回答问题,课下也经常请教老师。其学习成果正如同班同学对他的评价一样:"A14什么都能做好,日语也学得好,转专业考试也考得好。"A14如愿通过转专业考试

转到软件学院,期末考试的日语成绩也在班级上游。

A14认为,"(学习日语后)觉得日语更好了,但好的并不一定适合自己,想找个适合自己的专业"(开放式问卷调查/2011-11-21)。学习日语后他对日语有了一定兴趣,但是并没有打算将其作为专业继续学习。A14的转专业意愿在整个学期都没有发生变化。A14学习日语也有两方面的原因:为成功转专业,日语课程的期末考试科目必须全部通过;日语作为一种技能对所要转入的专业有好处。若只为第1点,他不必在日语学习上花如此之多的时间,笔者认为其最根本的学习动机在于,日语是当前的专业,有学习的责任和义务,所以才想学得尽量好一些。试想如果A14没有被调剂到日语专业,他很大概率不会学习日语,事实上,进入软件学院学习后,A14便没有继续学习日语了。从这点考虑,笔者认为一年级上学期A14日语学习动机的产生主要是因为日语为专业,出于责任感而需要学习。

上述A14一年级上学期的日语学习动机的变化可总结为图4-14。

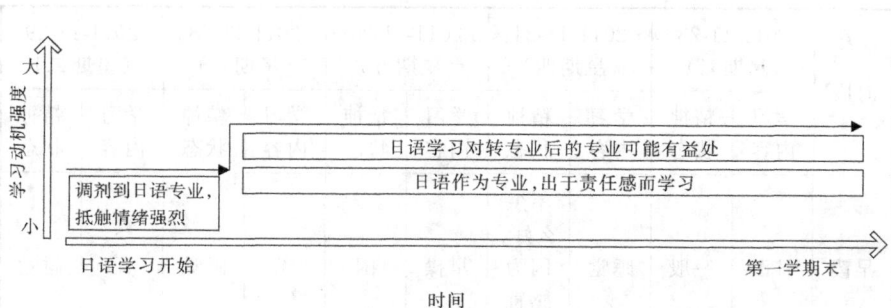

图4-14　大学4年里A14的日语学习动机变化模型

十三、学习者A15——中途决定转专业

A15虽然被调剂到日语专业,但他对日语专业并没有抵触情绪,在50音学习阶段,A15表现出极大的热情。课堂上的自由练习环节中,他每次都特别大声地练习,有了疑问马上请教任课教师。在50音的听写中,A15比班上大部分学生的成绩都优秀,对此他很满意,对日语学习"更加自信了"(开放式问卷调查/2011-10-06)。

50音学习结束,进入课文的学习后,又进行了一次听写测验,测验成绩很不理想,A15自我评价很差,他觉得原因是"背得不够,差太多"(开放式问卷调查/2011-10-12),并认为"平时多记、多背才是王道"(开放式问卷调查/2011-10-12)。A15虽意识到日语学习的方法,却未在实际行动上有任何改善,不仅如此,他对日语的学习态度还发生了一百八十度大转弯。课堂上,从前积极主动参加小组活动的他变得被动;再也不积极回答问题了,课下也不再向老师请教。

此时距日语学习开始不到20天时间,A15对日语的学习兴趣发生了翻天覆地的变化,由最初的很感兴趣转变为"不知道在学习什么,感觉没多大兴趣"(开放式问卷调查/2011-10-12)。取而代之的是"想转专业,对日语不感兴趣"(开放式问卷调查/2011-10-12)的想法,这一想法也得到了其家人的支持:"我爷爷说,如果我喜欢日语,他什么也不会说,但是觉得我的性格不适合学习语言。他觉得管理专业很适合我。"(开放式问卷调查/2011-10-12)于是,A15开始备考转专业相关科目。

此后,由于单词和课文背诵任务的增加,日语学习需要花费大量时间,否则便跟不上教学进度,A15对日语的讨厌程度逐渐升级,从表4-11中可窥见一斑。

表4-11　A15的日语专业学生日常调查(节选)

时段	2011-11-23（星期三）		2011-11-24（星期四）		2011-11-25（星期五）		2011-11-28（星期一）		2011-11-29（星期二）	
	学习内容	精神状态	学习内容	精神状态	学习内容	精神状态	学习内容	精神状态	学习内容	精神状态
早读	日语	一般	睡觉	不怎么好,因为感冒了	早操	困	无	睡觉	无	睡觉
1—2节课	综合日语	很差,不想听代课老师讲课	计算机基础	不怎么好,因为感冒了	计算机上机	好	微积分	一般	日语	不好,同上
3—4节课	微积分课没去上	处理私事	日语	同上	未填	未填	日语	不好,不喜欢代课老师	政治课	一般

从表4-11中可看出,A15的日语学习精神状态较差,课外时间仅2、3天学习了日语。在记录日常调查表的2周时间内,半数日语课上A15的精神状态不好,不好的原因有"肚子饿了""发困了""讨厌代课老师""感冒了"

"没有兴趣"。其中,"讨厌代课老师"中的"代课老师"是指因为任课教师生病而请另一位日语教师代了2周课。相较于任课教师,代课教师对学生的要求更加严格,这是A15讨厌代课老师的主要原因。此阶段中,A15除了上日语课外,课外一度放弃了日语学习。在之后的日语期中考试中,A15未及格。以下日记记录了他当时的心理:"很不幸,自己的日语终究还是没有及格,意料之外又是意料之中,不花时间终究还是不靠谱的,可是时间只有那么多,还得分开来做很多别的事情,想来确实可悲,令人无可奈何,我只能尽我所能让期末考试不挂科吧。"(学习日记/2011-12-06)

　　A15对此结果虽已有心理准备,但还是很失落,尤其是从任课教师那里得知,转专业成功的条件不光是通过转专业考试,原专业所有科目的考试也必须及格。首次知道此规定的A15开始担心日语会成为自己转专业的绊脚石,于是便有了上述心境。他意识到为了转专业成功,在离期末考试不到2个月的时间里,应该尽最大努力争取及格。从下面的日记里可以看出A15是如何思考努力学习日语的:"早晨读了半个小时日语,培养语感,上课时听得挺认真的,课后也有复习,这种日语学习模式必须长期坚持下来才会有效果,这是以时间投入为保证的。"(学习日记/2011-12-12)从以上日记可以看出,A15在转专业备考的过程中,也花费了一定的时间和精力来学习日语。期末考试中,A15的日语科目均顺利及格,也通过了转专业考试,成功地转入管理专业。

　　上述A15一年级上学期的日语学习动机的变化可总结为图4-15。

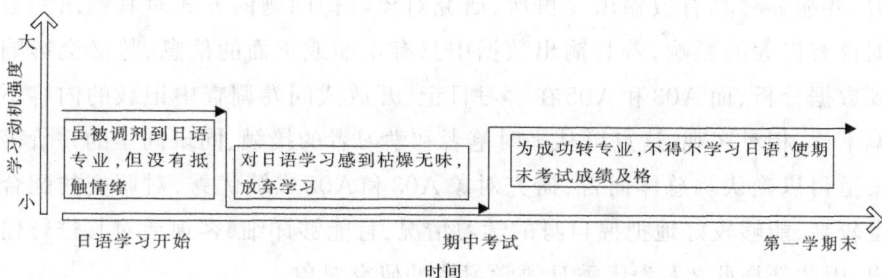

图4-15　大学4年里A15的日语学习动机变化模型

　　A15尽管高中学习理科,但一开始对被调剂到日语专业并没有抵触情绪,日语学习开始后,在学习负担较小的50音的学习过程时,他对日语感到新鲜,学习热情很高。但是,后来随着学习内容增加,A15对需要大量背诵的日语渐感枯燥乏味,一段时间内放弃了日语学习。之后,由于期中考试不及格,为了满足转专业的条件,除了备考转专业考试外也花费了一定的时间来学习日语。

第四节　优秀日语专业学习者的学习轨迹

一、优秀日语专业学习者的选择及分析方法

本节中将以2名优秀学习者的学习动机及学习策略为重心,分析她们大学4年的日语学习轨迹,以期为其他日语学习者树立学习典范,提供实用性、操作性强的学习方法。A03和A05在大学4年的日语学习中,成绩一直名列前茅。日语专业的日语课程一般训练学生的听、说、读、写、译5种技能,因此这些课程的成绩能够对学生的日语水平进行客观、准确、综合的评价。两名学生除了成绩名列前茅外,A03四年级时被成功保送至北京外国语大学日本学研究中心攻读硕士研究生,A05四年级时也因成绩优异而获得到九州大学交换留学的机会,且她们是全班同学公认的日语最好的学生。

除了成绩优异外,因本节要详细描写她们的日语学习过程,研究对象还必须具备以下条件。首先,本研究为质化研究,主要采用开放式问卷调查、学习日记等对研究对象来说负担较重的调查方法来进行调查,因此调查对象对研究的配合度决定了质化研究的质量。其次,学习策略很可能是学生本人无意识地使用的,所以研究对象需要有监控自己学习状况的能力,并能够将其有效输出。再次,研究对象看待问题的方式对其输出的数据也有极大的影响,若其输出数据中只有正面或负面的信息,势必会影响到数据分析,而A03和A05在学习日记、开放式问卷调查中记载的内容不偏不倚,相对客观,这点可从平时笔者和学习者的接触、同班同学的评价等渠道得以确认。总体而言,研究对象A03和A05成绩优秀,对调查的配合度较高,能够较好地把握自身的学习情况,且能够详细、客观地对其进行输出,因此选择此2人为优秀日语学习者的研究对象。

调查方法与上述对其他日语专业学生的调查方法相同,分析方法为把收集到的数据按照时间序列进行整理,抽取其中与学习动机和学习行为相关的部分,并按照下列步骤进行分析。

首先阐述如何具体分析学习者的学习动机。反复阅读2名学生关于学习动机的描述内容,明确其各个时期内学习动机的变化过程,构建各自的学习动机模型。在此过程中,特别注意各个学习阶段中学习动机的影响因素。

接下来介绍学习策略的分析过程。这里的学习策略是指学习者所采

取的、带来好的学习效果的具体行为。这里单纯描述学习者的行为,不引用既有的理论学说,采用桑德洛夫斯基提出的质化叙述性研究法。使用数据为2名学习者共同使用的学习策略,根据质化叙述性研究法对其进行描述和分类,得到了"学习时间""语法学习""单词、听力、口语学习""自我监控""与周围的联系"5个子类。然后再根据这些子类的异同来进一步得出上位分类——"学习时间"和"学习策略"。

二、一年级到三年级的学习动机

填报高考志愿时,A03把日语专业作为第三志愿,她认为自己有语言学习的天赋,且对日语有兴趣,日语专业的就业也较理想。那她是怎么判断自己有语言学习的天赋的呢?她认为:"我语文和英语成绩比较好,模仿能力比较强,也比较擅长语言学习中逻辑问题的处理。"(开放式问卷调查/2011-09-20)可见,A03根据以往成功的学习经验做出了这样的判断。因为日语和以往的擅长科目——语文和英语性质相似,故A03推测自己也能同样擅长日语。A03因确信自己能够学好日语,才对日语抱有兴趣。也就是说,根据既往的学习经历预测了未来学习的成功,这使她对日语产生了兴趣。这一点已被阿尔伯特·班杜拉(Albert Bandura)的自我效能感理论所证实。A03在四年级时说到当初为什么选择日语专业,她这样描述道:

> 学习兴趣一直是在增加的,没有减少。因为刚开始报这个专业算是被调剂的,当时就是随便填了一下,是我专业的第3个,前面两个是啥我都忘记了,当时也没有说很喜欢语言,上大学之前对日语一窍不通。
>
> (访谈/2014-09-01)

> 大一刚入学时对日语专业完全不了解,更谈不上有兴趣。一开始只是因为这是自己的专业,所以一直很努力地学。在取得了比较好的成绩后开始感兴趣,然后兴趣越来越浓。
>
> (开放式问卷调查/2014-10-27)

> 打基础阶段,责任大于兴趣,认为这是自己的专业,所以必须要学好,逼着自己好好学。
>
> (开放式问卷调查/2015-05-07)

以上叙述再次确认了 A03 在决定专业时并不是因为喜欢日语才选择的。本来不清楚自己想进入哪个专业学习,但她从以往文科科目的成功学习经历来看,认为日语学习可能会比较顺利,再加上就业也较理想,因此选择了日语作为第三志愿。当得知要学习日语专业后,"假期里自学后对日语有一定了解,基本的词汇会一些,但对语法一窍不通"(开放式问卷调查/2011-09-20),虽不是第一志愿,但她还是很积极地想要提前学习,为开学后的日语学习打好基础。此时,A03 的学习动机并非基于对日语或日本文化的兴趣,更多的是日语成为自己的专业后产生的责任感,在此基础上支撑 A03 的还有既往的成功学习经历产生的自我效能感,以及日语专业较理想的就业前景带来的安心感。

日语学习开始 2 个月后,A03 的日语学习动机有了如下转变:"很有兴趣,比开学时更浓,现在觉得日语发音很好听,想把日语当成自己的事业,想一心一意地好好学下去,所以很有兴趣。"(开放式问卷调查/2011-11-21)当时,A03 在听力考试中取得了好成绩,于是对今后的日语学习有了很大的信心,把日语学习定位为自己的"事业",下面的访谈也证明了这一点。

> 大一上学期学得比较吃力,可能是刚开始学习一门新的语言,都会觉得比较难,发音、记单词什么的。到大一下学期的时候,感觉入门了,不那么难了,可能是因为当时成绩也比较好吧,就慢慢地有信心了,兴趣也增加了,包括对日本文化也了解了一些,感觉挺好的。
>
> (访谈/2014-09-01)

A03 在学习一门新的外语时,和其他学生一样遇到了困难,但仍努力学习,取得的好成绩又反过来成为她继续努力的动力,自我效能感增强,学习动机也进一步增强。另外,A03 对日语学习虽然感到困难,但也能坚持学习,原因在于她前面所述的"责任大于兴趣",即因日语是专业,出于责任感而学习的动机在发挥主要作用。

在 A03 了解到奖学金制度后,认为"我家里比较困难,既然学了就想学到最好,争取拿到奖学金"(开放式问卷调查/2011-09-20),且自荐为班级的学习委员,希望自己能够带领班级同学好好学习,并试图通过担任学习委员,令外界施加的压力使自身感受到必须要学好,从而使学习动机得以提高。二年级上学期,为进一步强化自己的使命感,使学习动机得以维持、增强,A03 自荐担任班长。无论是想获得奖学金还是担任班干部,均为

A03试图通过自身的努力,来丰富学习动机的内容。

　　另一位日语专业优秀学习者A05在填报高考志愿时,认为能学到实用技能的专业有利于就业,因而把会计专业作为第一志愿,选择日语作为第二志愿则是因为"日语好听"(开放式问卷调查/2011-09-20),A05一直对日语动画感兴趣,经常观看动画。由此可见,比起本人更感兴趣的日语专业,在决定专业时A05更重视专业的就业前景。但对于进入第二志愿的日语专业她也感觉"挺高兴的"(开放式问卷调查/2011-09-20)。

　　日语学习开始后,随着时间的推移,A05的学习动机出现了以下的变化:

　　　相对于开学时兴趣减少了,主要是以前听不懂日语所以觉得好听,现在渐渐觉得与之前听的不一样。

　　　　　　　　　　　　　　　　　　　(开放式问卷调查/2011-11-21)

　　　背语法、背单词使兴趣渐渐变小,但是既然选择了这个专业还是要好好学下去。如果学不好,大学就荒废了,以后找工作也没有一技之长。

　　　　　　　　　　　　　　　　　　　(开放式问卷调查/2015-05-07)

　　　二年级下学期,对日语的兴趣和上学期没什么变化,一年级时就算对日语很有兴趣,也不愿意看课本。但是这次听力内容很有意思,我就想去听。随着越学越深,遇到困难的时候,兴趣也就渐渐减少了。

　　　　　　　　　　　　　　　　　　　(日常接触/2013-06-21)

　　　大一开始,发音什么的开始教得比较慢,那时候也比较简单,就挺认真地在练习发音,平时很简单的单词也都在记。最开始看那些动画的时候,能听懂一个单词都很兴奋……但是到了大三下学期开了日本文学史什么的,那些好像又会提起兴趣。

　　　　　　　　　　　　　　　　　　　(访谈/2014-09-01)

　　从上述画线部分可看出,日语学习开始后A05对日语的兴趣减少了。吉普森寿美子以中国香港培训机构中的日语学习者为研究对象的调查结果表明,众多学习者因憧憬日本动画等大众文化而开始日语学习,但这一动机在学习过程中较难维持(ギブソン壽美子,2009)。这与A05对日语学习的兴趣减退的现象一致。究其原因,A05在学习日语前一直把日语当作一种娱乐来享受,而将其作为专业则代表着必须完成繁重的学习任务。起初的50音学习阶段学习内容简单,且当时对日语抱有好奇心,因而未感到压力,最明显的表现是日语学习开始不久后"最开始看那些动画的时候,能听懂一个单词都很兴奋"(访谈/2014-09-01)。随着日语学习的深入,对日语的好奇心和新鲜感逐渐减少,学习内容急剧增加,特别是"发现单词没那么好记,就是长短音和那些促音容易遗漏,比如一些日语固有词汇,发音和意思没关联,就更难记,语法也比较枯燥,日语敬语又比较麻烦"(访谈/2014-09-01)。在学习过程中A05遇到了上述困难,对日语的学习兴趣因此减少了。但是,兴趣减少并没有反映在A05的学习行为上,她的学习成绩也没有发生变化,一直名列前茅。值得深究的是,A05认为"一年级就算对日语很有兴趣,也不愿意看课本",这里的"感兴趣"的内容主要是日本动画等娱乐性质的内容,而不是大量需要反复背诵的日语教材,A05的室友A03也反映,A05晚上学习完后经常会看日本动画。尽管A05对日语兴趣减少了,但这并没有影响她的学习行为,由此可推断,A05对日本动画等作品的兴趣并非推动A05日语学习的主要动机,还有更加重要的动机在对A05发生作用。她认为:"学习兴趣的减少对日语学习没有太大影响,毕竟还是要坚持到最后。"(开放式问卷调查/2014-09-01)这里的"毕竟还是要坚持到最后"的原因是,既然是日语专业,就应该好好学习,坚持到底,可见身为日语专业学生的责任感使A05在对日语学习兴趣减少的情况下继续坚持学习下去。

三、一年级到三年级的学习行为

(一)学习时间

众所周知,语言学习需要花费大量的时间来背诵单词、语法和课文。很多研究已表明,学习时间长是语言学习成功的重要因素。因此,判断目的语学习在语言学习者中处于怎样的位置时,学习时间是一个重要指标。

A03认为,日语学习成功的主要原因是"勤奋最重要"(开放式问卷调查/2014-10-27),即在所有影响日语学习的因素中,学习时间是最重要的因素。A03在学习50音时,平均课外学习时间超过3小时,远远超过了班级的平均学习时间40分钟。学习内容不仅有正在学习的50音,还包括预习未开始学习的课文。50音学习结束进入课文学习后,A03课外学习时间更长了,其原因为:"现在要记单词,记课文,记语法,记的内容多了时间自然变长了。"(开放式问卷调查/2011-10-12)A03的学习日记里有很多关于长时间学习的表述:"像这样在自习室里已经有6个小时了。"(学习日记/2012-05-17)"仔细地预习了第3课的课文,自己试着翻译了下,并简单地记了下单词。这就5点了,在自习室待了将近8个小时,其中睡了40分钟,时间过得好快。"(学习日记/2012-05-20)课外时间A03一般在自习室里度过,有时课外活动导致她没有学习日语,她便会感到不安:"今天几乎没学日语,心里感觉不踏实。"(学习日记/2012-05-24)由此可见,A03在日语学习上花费了大量的时间。

A03认为,日语学习中相对于兴趣更重要的是花时间,努力取得成绩后产生自我效能感,会增强日语学习的兴趣:"个人认为,在语言学习上勤奋比兴趣更重要,即使不是很喜欢,很努力地去学,取得一定成绩就会比较有信心,然后就会越来越喜欢。"(开放式问卷调查/2014-10-27)对A03来说,日语学习占了大学生活的绝大部分,"(回顾大学4年)可能觉得大学生活太单调了吧,大学生活中学习占了主要,其他别的事情没怎么做"(访谈/2014-09-01),这也从侧面印证了A03在日语学习上花费的时间之多。

A05对日语的兴趣虽在减少,但学习行为却没有受到影响,除了身为日语专业学生的责任感外,还有环境方面的因素:"我觉得,在学校里面有那种氛围,可以一直促进自己好好学,感觉大一到大三一直都努力过来了。"(访谈/2014-09-01)这里的"氛围"就包含室友的影响,A05与A03同住一个寝室,受到A03的影响,A05在日语学习上花费的时间也很多,课外的大部分时间用来学习日语,在回顾大学生活的前3年时,她说:"可能花在学习上的时间应该够了,也不能再多了。"(访谈/2014-09-01)可见,在A05的意识中,她在日语学习上已经花费了足够多的时间。

(二)学习策略

学生对学习策略的看法可能会影响到学习行为,因此有必要进行调查。A03认为,"学语言没有捷径,但一定有方法"(开放式问卷调查/2011-11-21),她肯定了学习策略在语言学习中的重要性。A05也认为,"方法很重要"(开放式问卷调查/2011-11-21)。可见,A03和A05均认为,在日语学习中学习策略很重要,她们使用的学习策略包含"直接策略"和"间接策略"2个子类。

(1)直接策略

本研究将直接策略定义为在学习具体项目时直接使用的学习策略。

其下位分类有"语法学习"和"单词学习、听力学习、口语学习"。

①语法学习

在语法学习中,2名学习者主要通过整理课堂上所学的语法知识来达到复习、增强记忆的目的。下面来看A03和A05使用学习策略的整体情况。

> 上课认真听讲,记下老师讲的重点;课下及时整理学习笔记,形成自己的体系;勤复习,循环复习、巩固记忆。
>
> (A03/开放式问卷调查/2011-11-21)

> 整理笔记,熟记单词,完成作业,读课文找语感,多听录音。
>
> (A05/开放式问卷调查/2011-11-21)

从学习者的学习日记中可看出,除常规的单词背诵外,课外再次整理主要科目综合日语的学习笔记,梳理已经学过的内容,是2人每天的必修课。A05的学习日记中对于重新整理笔记的重要性有如下描述。

> 晚上我进行了课堂笔记总结,回顾了今天学过的内容,因为反问自己学到了什么,有助于避免过几天就忘掉所学的内容。笔记总结花费了大约1个小时,精神很集中,一边回忆一边会提出很多问题,虽然有些没有得到解决,但我认为这项活动比较有必要,毕竟记忆力有限,学的东西很快就忘记了,记下来有利于知识的巩固。
>
> (学习日记/2011-11-30)

笔记的内容主要是上课时任课教师讲解的语法知识。教科书中的例句有限,为了让学生理解语法点,教师列举了许多其他例句,这样学习者可以通过背诵例句来掌握语法。在课堂上,学习者A03和A05没有足够的时间来详细有序地记录,只有先简略地记录下所有例句,课外时间再去整理、理解、消化这些笔记上的内容。

A03的笔记内容不限于课上所学内容,她认为平时接触到的、自己不知道的单词和语法都应该记录下来:"忽然有个想法,要再准备个本子,记一些单词和句子等,平时在课堂外接触到的东西也可以记在这个本子上,通过这个可以增加自己的语言应用能力。想法不错,马上实施。"(学习日记/2012-05-18)可以看出,A03时时刻刻都在思考如何才能更好地学习日语。这个想法也很快付诸实践:"课堂上老师举的例子都很好,都记在了新的词汇本上。"(学习日记/2012-05-23)

②单词学习、听力学习、口语学习

下面详细叙述2名学习者在单词学习、听力学习、口语学习方面的情况。2名学习者都把单词学习看成语言学习的基础。尤其是A03,她在课外学习时间非常有限的情况下,也保持每天学习单词的习惯。单词的学习方法具体来说,主要为听和复述教材光盘里的单词,并将其写在纸上,然后对照其中文意思来背诵。一边注意假名拼写和音调,一边读出声音来,做到"眼到、耳到、手到、嘴到、心到"(学习日记/2011-12-03),通过刺激各种感官来达到单词记忆的目的。

听力学习中,A03从一年级上学期开始、A05从一年级下学期开始便每天设置一定的时间,集中练习听力。在一年级的基础学习阶段,2名学习者对自身的要求是不仅要选出正确的答案,还要掌握听力原文中出现的新单词和新语法点。

口语学习中,2名学习者最常用的是背诵教材中出现的口语文章,反复练习直到能熟练、自然地背诵出来。A03对没有规定要背诵的文章也要求自己背诵,特别是三年级以后,扩充了学习资源,通过NHK新闻等日语听力材料,练习自然的口语。虽然和真实的日语交际有很大不同,但因实际能用日语交流的机会很少,只得通过这种方法来练习。A05认为,自己进行口语学习的诀窍便是朗读、背诵教材,她具体学习的方法为:"听录音然后自己试着重复一遍比较长的句子,这样不仅能考考自己的记忆力,还可以考查当听懂意思时(听的是日语,脑海呈现的是中文意思)自己能否用日语表达。"(开放式问卷/2014-11-03)

③直接策略的变化

随着学习的深入,2名学习者的学习策略也发生了变化。A03总结了从一年级到三年级的学习策略变化。

　　　　大一:完全依赖课本和老师,几乎没有自主寻找课外资料。看日剧动画也没感觉对日语提高有多大帮助。

　　　　大二:除了把握上课时间外,开始自主地寻找学习资料,通过看日剧等方式练习口语和听力,准备日本语能力测试,扩大词汇和阅读量。

　　　　大三:以自主学习为主,针对自己的薄弱点提高听力、口语和书面表达能力。

（开放式问卷调查/2014-10-27）

从 A03 的描述中可看出,她在一年级时的日语学习主要是以教材的内容和教师的指导为中心进行的,此阶段主要是掌握基础知识,还没有自主学习日语的能力,对日本电视剧等影视资源的利用较少。

一年级结束后,基础语法学习完毕,二年级上学期和下学期 A03 分别通过了 N2 和 N1。三年级上学期她参加了中华杯日语演讲比赛,作为华中地区的代表去日本东京参加了决赛,但并未获得理想的成绩。由此,她开始认识到自己日语学习中的短板,开始重视听力和口语学习。为了增加自己的词汇量,她增加了日语原版内容的阅读时间。三年级开设了"日语报刊选读"课程,为了从这门课程中学到更多,她养成了每天浏览《朝日新闻》网络版的习惯,把其中她认为好的文章打印出来,剪贴在专门的笔记本上,并把其中的重要词语摘抄下来。此外,A03 坚持每天听无字幕的 NHK 新闻,这对她提高口语能力有很大的帮助。A03 也尝试过观看各种各样的日语综艺节目,但因找不到自己感兴趣的节目,没能坚持下去。

一年级到三年级 A03 的学习策略为什么会发生以上变化呢? 笔者推测,是因为在打下基础后,学生的学习自主性增强了,使用各种学习资源的能力也随之提升了,能够自己设计学习内容,可根据实际情况提高听、说、读、写等自己实际欠缺的技能。

语言学习者的学习环境构成要素一般分为"人力资源""物力资源""社会资源"这 3 个资源(田中望·齋藤里美,1993)。华中科技大学实行寄宿制,所以可认为学生所处的社会环境相同。随着学习内容的加深,A03 以物力资源为中心调整了学习策略。大学前 3 年 A03 学习策略的变化可总结为图 4-16。

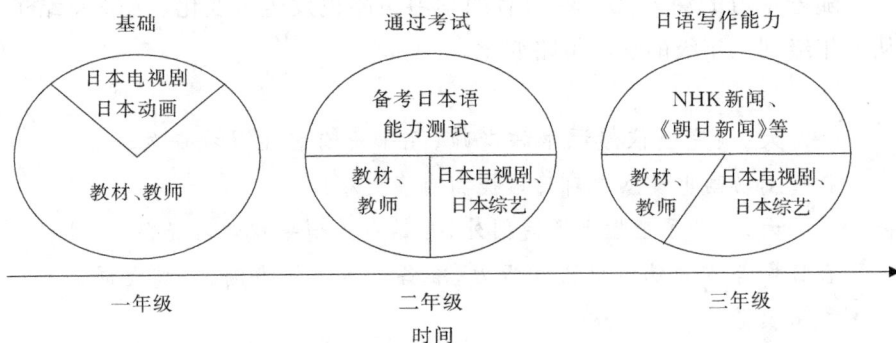

图 4-16 学习者 A03 学习策略的变化

　　另一名优秀学习者A05认识到,一年级遵从教师的指示来学习是最有效率的方法,且一年级课程多,课外可支配时间少,复习完课堂上所学内容后时间便所剩无几。二年级,在准备日本语能力测试的同时,她开始尝试阅读日语原版图书,以及听NHK的新闻。进行这些活动在日语学习方面给了A05很大的启示,她认为,仅通过课堂学到知识很难有大的进步,从课堂和教材以外的资源中可以掌握更多"鲜活"的日语知识,能够通过这些课外学习把课堂上学习不到的知识补充完整,使日语学习的知识结构得以扩充。二年级,A05通过N1后,日语基础巩固到一定程度,进入三年级后,她开始更多地接触日本电视剧等资源,此时由于开设了日语古典语法和日本文学史的课程,出于兴趣A05也开始阅读相关图书。

　　综上所述,2名学习者在初级阶段都是以教材和教师为中心进行日语学习的,但到二、三年级,开始重视提高口语能力、扩充知识面等,主要媒介是相关的电视新闻、报纸、图书、影视作品。

　　但是,对物力资源——动画、电视剧的看法,A03和A05两人之间有较大的差别。A05在处理完课堂作业后,有时间便会观看自己感兴趣的动画。A03想通过看日本的影视作品来培养兴趣,却以失败告终:"晚上回去室友在看动画,看得那么津津有味,但是我至今对日本动画、日本电视剧,没有什么特别的兴趣。"(学习日记/2012-05-29)但A03对影视作品能促进日语能力的提高这一点毫不怀疑,从以下学习日记中可知,因室友A09靠大量观看动画,日语能力才得以大幅提升,A03虽然承认观看动画在日语学习中的作用,但认为找到适合自己的学习方法更重要:"看动画对提高听力和口语能力都有很大的帮助,这从A09的进步也可以看出。但对我来说就不是很现实,用这种方法学日语我会心有不安的。总之,找到自己的方法就好了,条条大路通罗马。"(学习日记/2012-11-25)

　　(2)间接策略

　　下面来分析2名学习者的间接策略。这里的间接策略是指与日语学习没有直接关系的管理方法。2名学习者间接策略的下位分类有"自我监控"和"与周围的关系"。

　　①自我监控

　　从2名学习者的学习日记可看出,她们均有意识地对自己的日语学习进行自我监控。其中典型的案例当属A05对听力学习态度的转变。

　　学习日语之初,A05在语法学习和听力学习方面均感觉到了困难,其中语法这一难题通过上述的课外整理笔记这一方法得以解决,听力学习的难题则通过以下的过程(加下画线部分)才得以克服。

听力作业很难,做的时候很烦躁。

(学习日记/2011-12-04、2011-12-11)

听力作业总是集中在上课前一天做,感觉没什么效果。听力是我的弱项,因为平时练习不多,反应时间比较长。

(日常接触/2012-01-08)

听一课大约花费一小时,包括查单词和练习写原文,有些片假名的单词在字典里也查不到,很多的话听到了但理解不了。写原文的难点在于有些单词或语法听不懂,虽然可以选出答案,但不能每一句都弄明白。我觉得初级学习阶段有必要把每一句都搞懂,精听很重要。精神很集中,发现现在对听力不反感,因为听进去的话就会很专注,听很久也不会厌倦。

(学习日记/2012-05-21)

坚持每天晚上完成一课听力作业。

(学习日记/2012-05-22、2012-05-24、2012-05-28、2012-05-30)

一年级上学期,A05感到听力作业很难,对此并不感兴趣,完成作业经常是临时抱佛脚。后来,A05意识到听力学习是自己日语学习中的短板,她开始认真对待并花时间练习。具体做法为:不仅选择出正确答案,还要明确听力原文里每一句话的意思。慢慢地,A05对听力的抵触情绪没有了,听力水平也提高了。A05善于分析自身的问题点,并找出了相应的解决办法,能付诸实践并长期坚持下来,最终才得以克服这一难点。

A03的自我监控体现在时刻进行反思上:"去年正是借着写日记的机会,好好反思了自己整个日语学习的系统,从而发现了许多问题,慢慢地纠正探索,才渐渐地总结出一套适合自己的学习方法。现在正处在由初级向中级迈进的阶段,很有必要再认真地总结反思下自己的学习系统。"(学习日记/2012-05-16)A03把学习日记作为监控自己日语学习的手段。她在学习日记中反省了自身问题,并督促自己在今后的日语学习中要加以改善:"第一节课是听力,发下了上一次的听写成绩,86分,很差劲。没有什么借口,就是没有用心去记,还有就是听写时细节上的小毛病依然很多。"(学习日记/2012-05-23)同时,她也会进行自我激励:"哈哈,课文背得滚瓜烂熟了,好有成就感。"(学习日记/2011-12-04)这样她在学习过程中不断地反省学习情况,能够及时发现问题,进而督促自己及时改进。

②与周围的关系

前面分析了2名学习者所利用学习资源中的物力资源,这里对她们使用的人力资源进行分析。

小组活动作为学生输出所学内容的重要一环,在课堂上导入较多。在小组活动中,A03一直作为组织者去鼓励周围的同学参加,并经常积极主动地回答任课教师的问题。A05在小组活动中的表现则与A03相反。她会这样鼓励自己:"看别人都主动发言了,自己也应勇敢。"(学习日记/2011-10-06)但事实是,A05发言频率还是低于班级平均水平,她意识到自己不主动发言对日语学习不好,有积极发言的想法,却并未实施,究其原因是:"怕出错,有时是自己没准备好。"(学习日记/2011-10-06)

遇到不懂的问题时,A03积极地向周围的同学和任课教师询问,而A05则通常询问周围的同学,最初不敢问任课教师,疑问慢慢多了起来,她觉得不得不解决这些问题时,逐渐开始请教任课教师,但"感觉还是有好多问题没解决"(日常接触/2012-01-08)。

合作学习是指学生为了完成共同的学习任务而进行的有明确责任分工的互助性学习,是人力资源充分发挥作用的重要学习方式。关于日语学习中的合作学习,2名学习者承认了这一做法的优点:"和同伴一起学习可以分析句子的结构,迅速解决问题。"(开放式问卷调查/2012-01-08)但是2人均认为没有必要,其理由是:"一起学虽然可以交换意见,但是效率太差。个人偏向自己控制学习时间。"(A03/开放式问卷调查/2012-01-08)"大家都有自己的学习计划,针对弱点各个击破,所以没有必要合作学习。"(A05/开放式问卷调查/2012-01-08)2名学习者均不赞成合作学习,其原因主要在于基础阶段日语学习的主要手段还是在于自身对知识点的输入,需要个人花费大量时间来完成;多人一起学习,效果反而不理想。

另外,2名学习者在课外使用日语交流的情况不理想,因为在外语学习环境中学生使用日语交流的机会极为有限。对学生在日常生活中使用日语进行交流的频率的调查结果表明,寝室成员间会相互说"お帰り""おはよう"这样的日常寒暄用语,但仅限于此,其余则几乎没有用日语表达的机会。

四、四年级的学习动机和学习行为

四年级开始,A03成功保研到北京外国语大学日本学研究中心,A05

则前往日本九州大学交换留学。A03毕业后的去向已定,而A05则置身于每天使用日语的学习环境中,其学习动机和学习行为与大学前3年不同。

A03这样描述四年级的学习动机:"论文写作阶段,和前3年的不同之处在于开始针对自己的小方向深入系统地学习,以前就是听、说、读、写,现在就是跳出那个框架了,学习自主性很强,学习的动力来自好奇心(想理解自己所选的课题)以及好胜心(要写出一篇优秀的毕业论文)。"(开放式问卷调查/2015-05-07)

四年级上学期,A03保研成功后,主要的学习目的从"听、说、读、写"过渡到毕业论文的写作上。与前3年基础知识的学习不同,毕业论文从文献阅读到选题再到论文撰写,虽有教师指导,但绝大部分需要学生去能动地完成,A03充分认识到这一点,此时的日语学习动机基于"对研究题目的好奇心"和"要写出一篇优秀的毕业论文的好胜心"。具体来说,在毕业论文写作方面,A03的主要做法是:"大四上学期主要是写论文花的时间比较多,从11月份就开始了,那时候花了很长时间,找选题这个过程就花了很多时间,在网上下论文,一个一个看,然后找出自己感兴趣的、能够做研究的地方,主要是那个花的时间比较多。"(访谈/2015-05-24)四年级上学期,A03把主要时间和精力花费在确定选题上面。A03之所以如此认真地对待毕业论文,主要是因为她在毕业后要继续攻读日语专业研究生,毕业论文对未来的进一步深造有较大的影响。

同时,A03也没有懈怠一直以来坚持的日语能力方面的训练。为了提高自己的听力水平,保持对日语的敏感度,她坚持每天观看、听写没有字幕的日语新闻,并且每天都抽出一定时间来观看日本的电视剧。

A05则来到了九州大学,这里与国内四年级的日语学习环境完全不同,课程相对较多,且全部为日语授课,需要使用日语进行的课堂展示也多。除了完成这部分学习内容外,A05把主要的时间和精力用在申请赴日留学上,她打算毕业后去日本攻读心理学专业的硕士研究生,剩余时间主要用在联系日本相关大学的导师和撰写研究计划上。此外,也花费了一定时间撰写日语专业的毕业论文,她确定了研究生的研究方向为心理学,与日语专业并无多大关系,加上可自由支配的时间有限,在毕业论文上花费时间和精力相对其他活动较少。在与中国国内完全不同的日语学习环境中,A05的学习动机与前3年相比有很大不同,无论在课堂上还是课外,都要经常用日语表达自己的意见,因此必须重视日语口语能力。A05这一年的日语学习动机主要是想流畅地用日语表达自己的观点。为此,A05主要按照如下方法进行日语学习:

会想着怎样才能提高日语水平,而不是单一地去记单词、语法,学到一个新词时会想着怎样才能用对,想象什么时候可以用上,下次遇到类似说法可以记在一起。以前觉得用日语翻译日语可以学到更多说法,其实有时候知道中文的解释也很重要,因为当你想表达某个意思时,脑海里反应的是中文,然后搜寻对应的日文,所以记住对应关系有助于正确表达要说的话。

(开放式问卷调查/2015-05-07)

上述学习心得是 A05 在实际与日本人交流的过程中,产生的关于如何提高自己口语能力的想法。这些想法是在每天处于与日本人交流的环境中,通过不断的交流而感悟、总结到的,若处于国内与日本人交流较少的学习环境内,恐怕很少有促使她这样思考的机会,这也是交换留学给她带来的益处之一。此外,A05 认为,交换留学还给她带来了以下好处:"和前 3 年国内的日语学习不同,日本开设了各个方面的课程。对于幕府时期的历史经济文化渐渐有了兴趣。以前完全不清楚,但是现在有了点兴趣,也开始阅读相关图书了。"(开放式问卷调查/2015-05-07)

虽然华中科技大学的日语专业课程中也开设了日本历史、经济、文学等课程,但 A05 对九州大学的相关课程评价更高:"九州大学历史课上对幕府历史有趣的讲解,文学课上感受到教师自身对某些小说的热爱,这些都可以感染到学生。"(开放式问卷调查/2015-05-07)而华中科技大学的相关课程"一个学期的教学任务是完成整个日本史的教学,在这么短的时间里粗略介绍是很难讲清楚的。这样,课程只会变成学生在敷衍,只是一个拿学分的形式而已"(开放式问卷调查/2015-05-07)。在 A05 看来,要想让学生对一门课感兴趣,任课教师需要有深厚的专业知识素养,也需要科学合理地设置讲授内容。而只有去日本留学过,比较、思考过,才会产生这种看法。

四年级时,A03 和 A05 所处的学习环境的不同是 2 人学习动机和学习行为不同的主要原因。具体来说,A03 因毕业后会继续攻读硕士研究生,所以把时间和精力主要花费在与攻读研究生密切相关的毕业论文上。在日本交换留学的 A05 则主要做赴日留学的各项准备。与前 3 年只专注于"听、说、读、写"等日语基础的学习不同,她们利用前 3 年的学习成果,各自根据毕业后的去向确定了四年级的努力方向。

五、小 结

上面分别分析了大学4年里学习者A03和A05学习动机的发展变化。A03因既往类似科目的成功学习经历和日语就业前景较好,把日语选为第三志愿。但就业前景较好这一动机和与就业相关的学习动机在学习开始后就没有再出现过,笔者分析这是因为学生对专业就业的考虑仅出现在考虑是否选择这一专业时,一旦选择后,这一动机对学生的影响变小。开始学习时,A03对日语并没有兴趣,但因是专业,基于责任感而认为必须学习,同时她努力创造条件增强学习动机:相继通过担任学习委员、班长而产生的带领班级一起学习的使命感及想获得奖学金的动机。经过不断努力取得好成绩后,A03的自我效能感增强,学习动机也随之增强,从而形成良性循环。进入四年级后,除上述学习动机外,A03把主要精力放在与毕业后的去向密切相关的毕业论文上。A03大学4年的学习动机变化可整理为图4-17。

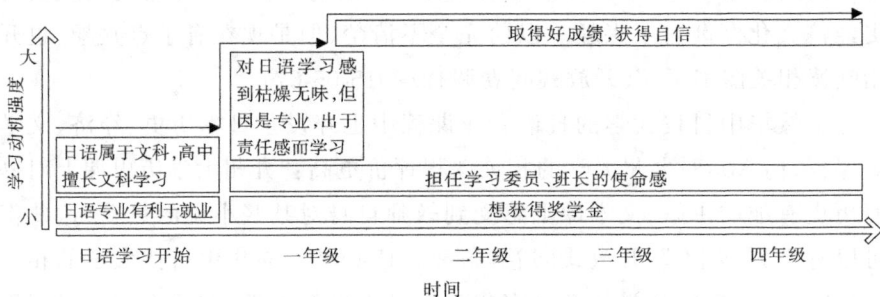

图4-17　大学4年里A03的日语学习动机变化模型

另一名优秀学习者A05因对日本动画感兴趣而把日语选择为第二志愿,开始学习日语后因大量背诵单词和课文而感到枯燥无味。但是,因为日语是专业所以必须学习,感到枯燥无味仅仅是A05心理上的变化,并未付诸行动,她仍很努力地学习日语。另外,感到枯燥无味并不意味着对日语本身失去兴趣,当学习内容有趣时,A05仍喜欢学习日语。进入四年级后,她以留学日本为目标,把主要精力花在留学准备上。A05大学4年学习动机的变化及其影响要素如图4-18所示。

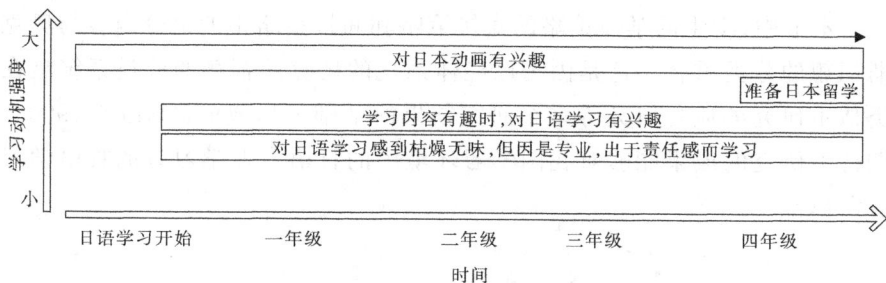

图4-18　大学4年里A05的日语学习动机变化模型

　　A03和A05填报高考志愿时,日语专业均不是第一志愿。从没有选择日语作为第一志愿可推测,这2名学习者在日语学习之初的学习动机并没有那么强烈,但经过一段时间的学习后,她们成为班级里的优秀学习者,从这点可推测成功的日语学习者不一定从一开始就具有很强的动机,通过创造各种使学习动机维持、增强的条件,学习效果也会得以提高。

　　从学习策略来看,2名学习者在日语学习上花费了大量的时间。花费力气最大的当属语法学习,即课外再次整理课堂上学习的语法笔记。通过整理课堂中所学内容,甄别出自己未掌握的难点,有助于击破难点,此方法也成为2名学生每天的必修课。单词学习中,边听录音边复述,同时写下来,并对照中文意思来记忆。听力学习中,不仅要选出正确的答案,还需掌握听力原文中所有的单词和语法。进入高年级后,2名学习者各自针对自身的弱点,充分利用各种课外资源,进行了相关训练。口语学习中,因为在外语学习环境中,与日本人接触的机会很少,所以她们大多只能背诵日语对话,试图通过输入的方式来掌握自然的日语。

　　除了直接策略以外,学习者A03和A05还使用了间接策略,即在日语学习中实施自我监控,时刻反省学习上的问题,并极力找出相应的解决办法。

　　还有一点需要特别说明的是,2名学习者虽是本研究中的日语学习典范,但收集到的数据并非全都可以成为学习典范的内容。例如,A03在学习日记中写道:"在宿舍学习效率很低。"(学习日记/2011-11-30)"单词记得也不牢,一些小的地方不够注意。"(学习日记/2011-12-11)正如A03反省的那样,学习过程并不是完美的。A05也是如此,除了没有充分利用教师等人力资源外,也反省过自己不太重视口语课的作业,预习和复习做得不够,且上课时注意力容易分散。从以上叙述可看出,优秀的日语学习者也会对自己的日语学习感到不满。反过来说,正是因为有这样的不满和反省,才会进一步考虑如何来改善。

本节中,学生的学习策略的直接策略和间接策略中的部分内容与奥克斯福德的分类重合。这是因为已经体系化的奥克斯福德的分类系统是在类似本研究的质化研究等多个研究结果的基础上形成的(Oxford,1990)。期待本研究的成果能够对我国学习环境中的日语专业学习者的日语学习有所裨益。

第五节　日语专业学习者毕业后去向

这一节将介绍日语专业学习者毕业后的去向,并针对这一状况提出改善建议。四年级上学期,本研究中的日语专业学习者中3人确定下来要继续攻读日语专业研究生,2人决定跨专业考研,其余的学习者决定求职。华中科技大学的校园招聘会高峰一般开始于每年9月份,一直持续到11月份。在此期间,除A06外,其他求职的学生均没有找到工作。唯一找到工作的A06对工作也不太满意:“我想要回到家乡江西工作,选择余地不大。”(访谈/2015-05-24)A06认为,自己能找到工作是妥协后的结果。四年级下学期,情况也没有多大改观,毕业论文和毕业前的各种活动占据了学习者很多时间,最终在四年级结束前找到工作的只有2人。华中科技大学的日语专业就业情况十分严峻,可见即使是在全国重点大学,日语专业的就业形势依旧不尽如人意。在这种严峻的就业形势下,学校和日语专业的支持必不可少。四年级上学期课程较多,学生没有时间去就业机会较多的北京、上海、广州等地求职,很多学习者因为时间问题,局限于大学所在地武汉市的招聘,甚至只考虑大学附近的企业,就业机会就进一步减少了。此时,大部分学习者每天都要为求职和考研而忙得不可开交,时间上和精神上均处于紧张状态。但此时华中科技大学的日语课程从周一到周五基本上每天都有4节课,导致求职的学生有时不能参加宣讲会,跨专业考研的学习者没有足够的时间备考。学习者很清楚这段时间对自己今后的重要性,相较于日语学习,他们更希望花费更多时间和精力在与自己毕业后去向密切相关的考研和求职上。而且在这种精神状态下,即使一如既往地参加了日语课程的学习,也很难吸收消化上课内容。

从日语专业大学4年的课程来看,一年级的课程中包含日语基础课程和一般通识课程,因此课程最多。到了二年级,一般通识课程骤减,日语课程方面不仅有基础课程,还开设了日本概况等介绍日本文化知识方面的课程。三年级和四年级上学期较少开设一般通识课程,除了日语课程外,日本文化、文学等课程增多，但课程数量不多。以上课程设置根据高等院校日语专业教学大纲制定而成，各高等院校相差不大。四年级开设日本经济、文化、口译等相关课程，深化了学习内容，使学习者对日本和日语有更全面的了解，也使他们能够为即将开始的毕业论文写作打下基础。这一初衷很好，但问题是学习者通过这些课程的学习有没有达到以上目的。从本研究的结果可看出，很显然四年级大部分学习者的日语学习精神状态欠佳，他们甚至把日语课看成负担，因此笔者认为很难达到这些课程的学习目标。要解决此问题，有必要从根本上重新考虑华中科技大学日语专业课程的设置。笔者认为，可考虑的解决办法之一是把四年级的大部分课程调整到二、三年级。比起日语基础课程，本研究中的日语专业学习者对日本文化、文学等相关课程更感兴趣，大部分学习者在学习这些课程时学习动机增强，因此根据学习者的日语学习水平把以上课程调整到二、三年级，这对增强学习者的日语学习动机、提高学习效果具有重要作用。这样一来，四年级时学习者也能够集中时间和精力进行求职和考研备考。

此外，部分学习者在求职过程中并不着急，他们认为"班里大家差不多都没什么进展，所以自己也不是很着急"（A13/访谈/2015-05-24）。也就是说，他们认为班里的学习者大部分没能找到理想的工作，所以自己也不用着急，在心理和行动上均有不重视的倾向。四年级上学期是求职的高峰期，学习者必须充分利用好这个时期，除了学校层面的职业规划方面的培训，帮助学习者明确自己的兴趣所在，指导学生为求职做好充分的心理和精神准备，日语教师也应该提供相关的指导和建议，使他们更加积极地参与到求职中来。例如，在跟日语专业求职相关的商务日语等课程中，可以介绍对他们的求职有帮助的商务礼仪、日文简历制作、日文自我介绍等有关知识，为学生的求职提供实用的学习内容。考虑到四年级上学期学生求职时能够现学现用，笔者建议，将商务日语等对学生求职有直接帮助的课程放在三年级下学期或四年级上学期。求职是学习者利用4年学习和掌握的知识开辟新的人生道路的一个重要途径，因此日语专业和日语教师有必要构建支撑服务体系，为学习者就业服务。

上面主要讨论为了服务于学生就业，日语专业和日语教师应如何创造良好的环境。对于学习者来说，过度的紧张和焦虑可能会带来反面效果，但保持适度的紧张感，积极面对求职过程中的各种挑战才是最理想的状态，这样才能保证求职更有效率，更快地找到满意的工作。一些在平时的日语学习中失去信心的学习者，在求职前甚至决定不找跟日语相关的工作,遇到门槛高的企业和与日语相关的企业,往往不愿意尝试,认为无论怎么尝试也不会成功。另外,也有学习者经过数次失败,逐渐失去自信,在求职中变得消极。学习者要想获得自信,就必须做好相关求职准备。除了上面提到的学校层面、日语系层面和教师层面对学生求职的辅导和帮助,学习者自身也应该做好力所能及的准备,积极、充分、有效地利用课余时间来提高自己的专业素养。前面讲到四年级学习者大都无心学习,或认为已经学习了3年日语,再学习的话也不知道学什么,或认为已经通过了N1,不知道还要学什么,他们从心理上对日语学习已经产生了懈怠情绪,不知道如何学习,再加上求职,所以仅进行了最低限度的日语学习,没能充分利用四年级的学习时间。四年级学生可支配的课外时间比前面3年要多得多,除了进行相关的求职准备外,学生如果能有效利用好这1年时间,日语能力应该能得到很大提升。求职压力导致学生没有心情集中精力学习日语,这一点无可厚非,但如果学生能够做到在求职和日语学习之间很好地平衡,不把求职当成日语学习的终点,而是当成另一个起点,稳步提升专业素养,就能使得自己在求职中更有信心和底气。

第六节 对日语专业学习者的分析

一、学习动机视角的分析

本研究中的以上15名日语专业学习者,进入日语专业后短时间内因好奇心而对日语产生了兴趣,此后,各个学习者的学习动机和学习行为呈现出不同的轨迹。通过以上调查发现,大学一年级到三年级的学习动机和学习行为的发展变化主要呈现出三种情况:学习动机不变型、学习动机上升型、学习动机下降型。四年级除了继续攻读日语专业研究生的A01、A03、A09这3名学习者以外,其他学生或求职或准备跨专业考研,仅进行了最低限度的日语学习。

(一)一年级到三年级

(1)学习动机不变型

根据动机强度,属于这种模式的学习者又可分为2种。第1种是始终对日语学习感兴趣的学习者。第2种学习者虽然对日语学习并不感兴趣,但由于专业是日语,受责任感所支配而学习。

第1种类型——始终对日语学习感兴趣的学习者为A05。A05因喜欢日本动画而认为日语好听，所以选择了日语专业作为第二志愿。日语学习开始后，她觉得单词和语法等的反复练习和大量背诵枯燥乏味，但这仅是A05心理上的变化，并未影响到她的日语学习行为，她认识到日语专业学生必须学习日语，因而能够一直勤奋地学习。虽对背诵等反复练习感到厌倦，但她很享受日本动画和有趣的学习内容。与动画等娱乐形式的日语学习不同，专业学习中一定会有单词、语法等需要大量背诵的学习内容，A05认为正因为喜欢日本和日语，才坚持努力学习了4年。

属于第2种类型的学习者虽然学习动机没有变化，但根据其学习行为又分为2种类型。第一种有学习者A02、A04、A06，他们在日语学习过程中，试图通过日本动画、日本电视剧、日本文学等相关内容让自己对日语产生兴趣，但以失败告终。他们虽然对日语学习不感兴趣，但还是认真地去完成日语作业，有时间也会去学习，否则就会产生别人都在学习，只有自己在玩的负罪感。他们对日语学习有较强的责任感，以完成作业为目标，除此之外很少主动学习。第二种类型有A10、A11。他们被调剂到日语专业，一年级上学期边学习日语边备考转专业，但因当前专业是日语，比起转专业考试的备考他们还是优先学习日语。转专业考试失败后，虽专心学习日语，但因不喜欢背诵大量的单词和语法，日语学习上仅限完成作业，且临时抱佛脚完成作业的情况居多。进行双学位学习后，日语学习时间减少。日本语能力测试N1通过后，他们或求职或跨专业考研，虽认为日语学习是负担，但还是一如既往地上日语课和完成学习任务。

在学习动机不变型的学习者中，其中一部分始终对日语不感兴趣。这种类型的学习者的心理按文理科来考虑的话很容易解释。文科生到大学为止学过很多与日语有相似性质的科目。虽说日语是零基础学习的语言，但在需要大量背诵记忆这一点上是共通的。而高中学习理科的学生和文科生不同，高中仅有语文和英语2门和日语学习性质类似的科目，且他们往往这些科目的成绩不尽如人意，可以预想他们对需要每天大量背诵单词、语法的日语专业的接受程度较低。同时，作为专业学习的日语，并不像高中时的科目语文和英语那样课时数量少，日语专业每天学习内容多，因此课外需要大量时间来背诵当天所学内容，这对高中是文科的学生没有那么难，这部分学生虽对日语没有兴趣，但把日语当作和高中的语文、英语、文科综合一样来学习就可以。而高中时学习文科科目经验较少的理科生一般不知道应该如何学习日语，所以他们在日语学习过程中，都不约而同地提到"现在还没有找到日语学习的方法"。理科生坚信，日语学习存在和理科科目类似的学习方法,能像解数学题一样有效率。而同样高中是理科生的学生A14(转专业成功的学生之一),一年级上学期下定决心要转专业,虽无意把日语作为专业,但在日语学习上他还是花费了大量时间。他不像其他理科生一样苦苦摸索日语学习捷径,而是认为语言学习没有捷径,唯有花时间,他在所有理科生中也是日语成绩最好的。因此,被调剂到日语专业的理科生要想快速适应日语学习,需丢掉"日语学习有和理科科目一样的学习方法"的想法,尽早明白语言学习的性质,调整心态,积极面对日语学习才是上上之策。

当然,在学习动机不变型的第2种类型的学习者3人中,也并不全是反面教材,相对较成功的是A11。A11不喜欢花大量时间背单词、语法,但尝试着摸索出了适合自己的学习方法——阅读日语原文小说。A11一直在摸索适合自己的学习方法,随着日语学习的深入,他开始尝试阅读日本文学作品,与背诵单词、语法相比,A11认为此项活动要有趣得多。但这项活动的开展也不是一帆风顺的,开始进行这项活动时,大量生词导致进展很慢,较辛苦,但对A11来说,这种辛苦比背诵单词要轻松有趣得多,能使他感受到用日语来阅读的乐趣和成就感。三年级结束后,他已完整地阅读完2本长篇日语小说,阅读能力得以提升,在日本语能力测试N1的阅读中获得了满分,对此他很满意。A11虽不喜欢大量背诵课本上的单词、语法等,但找到了更加感兴趣的学习内容。与以观看日本动画为中心的A09的学习方法相比,这种做法较容易实施,更容易入手,也更容易出成果。特别是对日语不感兴趣的学生,自己主动去寻找适合自己的学习方法时,只要这种方法能使自己在学习中获得成就感,那这就是可取的。但实际上,本研究中对日语不感兴趣的学习者,尝试过观看或阅读各种与日语相关的学习内容——电视剧、动画、文学等,但很多学习者不感兴趣或在学习效果出来前便放弃了。可见,找到符合自己兴趣的学习内容不容易,能长期坚持下去就更不容易了。

(2)学习动机下降型

这类学习者的日语学习动机大学4年均在减退,到三、四年级时他们日语学习的目的仅是能够毕业,A08、A12、A13属于此类。A08在大学入学前,在培训机构学习了3个月日语,对日语学习很有信心。A12和A13被调剂到日语专业,认为大家都是零起点开始学习日语,也有学好日语的信心。但进入日语专业学习后,因讨厌大量背诵单词、语法,他们一般优先进行课外活动,日语学习总是拖到最后,完成作业的质和量均不理想,日语成绩处于班级下游。一、二年级受到期末考试不理想成绩的刺激,他们在新学期开始后的短期内努力过,但在没看到学习效果前便放弃了。久而久之,他们再也不试图去改善成绩,四年级时日语学习的目的变成了只要取得毕业证书就行。

学习动机下降型的学习者与学习动机不变型中的第2类学习者的相同点为,他们高中均为理科生,都讨厌大量单词、语法的背诵,两者的不同之处在于对日语学习的重视程度。学习动机不变型的学习者,即使不喜欢背诵,也能完成最低限度的作业,并试图提高日语成绩。而学习动机下降型的学习者在大学生活中败给了各种诱惑,日语学习时间较少,学习任务完成得不理想。他们转而对按自己意愿选择的双学位充满了期待,但A12和A13进行双学位学习后发现其与想象中的学习内容不同,渐觉枯燥无味,中途便放弃了。学习动机不变型的学习者同样对日语没有兴趣,那么学习动机下降型的学习者和他们的学习行为为什么会不同?笔者认为,这主要源于在大学这个需要高度自律的环境中,学生是否能够控制自己。四年级时,A08虽准备赴日读研究生,但因N1未及时通过,这一愿望在毕业1年后才得以实现;A12找了一段时间的工作,没有收获,便放弃,考虑毕业后跨专业考研,但不久也放弃,毕业半年后才找到一家与日本有业务往来的公司;而A13认为,只要毕业后不从事与日本相关的工作,日语不好也没关系,心安理得地逃避日语学习,结果求职屡屡碰壁,最终也不得已就职于一家有日本业务的公司。他们的日语学习欠缺计划性,自律性较差,导致4年的学习效果不理想,专业学习的成就感很低。

(3)学习动机上升型

此类学生在日语学习过程中,学习动机逐渐增强,学习日语的能动性增强,A01、A03、A07、A09属于此类。其中,A01、A07一、二年级时对日语兴趣不大,学习主要是完成作业,很少主动学习,日语成绩处于班级中下游。进入三年级后,他们不得不开始规划毕业后的去向,此时2名学习者的学习动机和学习行为均发生了变化。A01想获得免试推荐本专业研究生的资格,因此必须提高三年级的日语成绩,为此她尝试了很多学习方法来提高日语成绩。另外,A07认为,作为日语专业的学生,自己目前的日语水平并不合格,于是开始正视日语学习的问题,并采取了切实有效的学习行为,学习成绩有了明显提升。A03是通过自身不懈的努力,A09则是通过大量观看动画,获得了理想的学习效果,这也增强了他们的自我效能感,学习动机进一步增强,从而形成良性循环。以上4名学生虽同属于学习动机上升型,但学习效果各不相同。A07在一、二年级时常是班级里的倒数第一,她的案例说明,不管基础多差,只要正视问题,寻找解决问题的方法,并真正付诸实践,成绩就可以得到改善。而像学习动机下降型的 A08、A12、A13,他们在日语学习过程中,虽也为改变成绩而做出过努力,但持续时间较短,在成绩提高之前就放弃了。一、二年级时,学习动机下降型的 3 人和 A07 一样日语成绩处于班级下游,但 A07 在三年级成绩进步明显,学习动机下降型的学生则认为因一、二年级基础没打牢,自己无论怎么努力也是徒劳。从以上对比可见,学习动机下降型的学生不过是没有决心提高成绩而已。

另外,从日语成绩优秀的 A03 和 A09 的事例来看,即使学习日语的主要媒介和手段不同,只要符合自身学习特点并花费大量时间,同样能取得理想的成绩。A03 花费大量时间以教材等传统学习媒介来学习的方法符合我们对成功学习者的认知思维。但像 A09 那样通过观看动画来提高日语水平的做法,我们对其可操作性和可复制性均持怀疑态度。本研究中,和 A09 一样喜爱日本动画的还有 A05 和 A08。A05 只是在学习任务完成以后作为娱乐活动才观看动画。而 A08 课外以社团活动为主,其余时间几乎不学习教材,但每天都会观看日本动画。A05 和 A08 在观看动画上花费的时间远不及 A09,虽然没有可比性,但笔者推测,即使其他学生和 A09 一样花费大量时间观看日本动画,也不一定能取得和 A09 同样的学习效果。事实上,其他学生也有效仿过,却以失败告终。

A03 的学习方法较容易模仿,而 A09 的学习方法则是个性化的,可复制性较低。对 A09 的学习方式,A03 认为自己无法效仿,因为那样会让自己感到不安;同时 A09 也不喜欢 A03 那种大量背诵单词、语法的学习方法。对于 A09 的日语学习方法,我们从表面上可以计算出 A09 花费在观看动画上的可量化的时间,但并不能知道 A09 在观看动画时的具体方法,例如大脑是如何处理接受画面和文字信息的,听觉发挥的又是什么作用等,且有可能连当事人自己都无法意识到此信息的具体处理过程。因此,相较于 A03,A09 的日语学习方法对于其他学习者来说模仿难度更大,这也是未把 A09 选择为第四章第五节的优秀日语学习者典型案例的原因之一。

(二)四年级

前面讲到,从一年级到三年级,学生的日语学习轨迹按照学习动机的变化趋势呈现 3 种类型——学习动机上升型、学习动机不变型、学习动机下降型。四年级时学生的学习轨迹不在此分类范围内,原因是四年级的日语学习和前 3 年大不相同。具体来说,除了确定继续攻读日语专业硕士学位的学生外,剩下的学生或跨专业考研,或求职,或为赴日留学做准备,仅进行了最低限度的日语学习。决定跨专业考研的学生,在此阶段主要把学习重心放在考研专业课的学习上,这部分学生中认为四年级的日语课程是负担的不在少数,当时,有个别跨专业考研的学生请求任课教师允许他们请假,因违反了大学的相关规定,并未得到许可。这部分学生虽极不情愿,但也还是一如既往地上日语课,完成日语作业。

四年级上学期,打算毕业后就工作的学生,在此阶段一般会花大量时间和精力来参加企业宣讲会、准备面试等。虽然四年级上学期跟一年级到三年级相比,课外可利用的时间较多,但这部分学生即使时间充裕也不想学习日语。虽不像跨专业考研的学生那样认为日语学习是负担,但在学习行为上也只是上日语课和完成作业而已。四年级下学期的主要任务为毕业论文写作,此阶段几乎没有任何课程,已经找到工作和工作还没有定下来的学生与上学期相比日语学习动机均没有变化,顺利完成毕业论文是他们的目标,除了继续攻读日语专业研究生的学生外,极少有学生主动学习日语。

四年级的学习动机和学习行为与前3年一样稳定的是通过免试推荐继续攻读日语专业研究生的3名学习者。3人因为毕业后的去向与日语专业关系密切,所以日语学习没有懈怠,仍在日语上花费大量时间和精力。

综上所述,学习动机不变型(A03在日本交换留学,所以除外)、学习动机下降型的学生的日语学习动机在四年级均减退了。特别是四年级上学期,日语课程与跨专业考研的备考和求职冲突时,尽管大部分学生不愿意上日语课或完成日语作业,但基于身为日语专业学生的责任感,还是完成了最低限度的日语学习。这里提到的学习动机持续时间至少为1个月,四年级时有学生为了准备日语面试,短时间内进行了商务日语的学习(几天到一两周时间),时间很短,对学生学习效果的影响微乎其微,可忽略不计。

二、自我效能感与习得性无助

"习得性无助"(learned helplessness)是美国心理学家马丁·塞利格曼(Martin Seligman)在1967年提出的概念,指因为重复的失败或惩罚而形成的听任摆布的行为,即通过学习而形成的一种对现实的无望和无可奈何的行为、心理状态。与"习得性无助"相反,自我效能感是个人对自己完成某方面工作能力的主观评估。评估的结果如何,将直接影响到一个人的行为动机。如果我们预测到某一特定行为会产生成功的结果,那么在执行这一行为时将会充满期待、干劲十足。反之,则会对即将执行的行为抱有消极悲观情绪,导致执行力不强。

笔者通过观察上述学生的学习动机、学习行为和学习效果,发现自我效能感在学习者的日语学习过程中起着很大的作用。学习效果好的学习者在学习过程中会倾向于沿用之前的学习方法,因为他们预料到继续这样行动则取得好成绩的可能性很大,这样积极的心理暗示对学习行为有着积极的影响。学习效果不理想的学生从自己过去失败的学习经历中得出"反正也不擅长,即使努力也会得到同样的结果"的预测,导致他们对日语学习越来越消极。下面分析在本研究中自我效能感的具体体现。

学生在填写高考志愿时,是否选择了日语专业与学生的自我效能感有很大关系。本研究中,高中学习文科的学生一般把日语专业填入了志愿,他们之所以选择一门新的语言,是因为文科生相对较擅长具有文科性质的专业,他们认为高中文科科目能够学好,那属于文科的日语专业也能够学好。而被调剂到日语专业的高中学习理科的学生,一般认为自己受到理科科目的相关训练较多,且他们的理科科目成绩比文科性质的科目——语文和英语的成绩要优秀,这造成他们中的部分对能否学好文科性质的日语持怀疑态度,这也在一定程度上造成他们或直接决定转专业或在转专业和日语专业中摇摆不定。

上面分析了入学前对日语学习结果的预期会影响学生的学习行为,在日语学习开始后也可窥见过往的学习经验对学习者的影响。

虽然在入学前,高中时期文科科目的学习经历对学习者有一定影响,但在50音学习阶段,文理科学生在日语学习的行为和结果上没有表现出差异,其中为什么理科生有既往失败的学习经历,但却不气馁,仍然花费时间来学习日语呢?由此可见,既往的文科科目学习的失败经历对理科学生的影响并不大。而同班同学均为零基础学习日语,起点相同,这给了理科生莫大的信心:既然大家起点相同,我也不会比谁差。

日语学习开始后,每学期期末考试的成绩给学习者带来的影响较大。期末考试的结果一般在暑假或寒假公布,一些成绩不理想的学生在新学期开始后的短期内会努力学习,试图改变现状,至于能坚持多久则因人而异,有像A08、A10那样短时间内没看到效果便放弃的学生,也有像A07那样一直努力到成绩显著提高的学生。前者失败的学习经历本就给学习者带来了消极影响,而努力也提高不了成绩的现实给了他们严重的打击,久而久之,他们到三、四年级索性就完全接受了这一现实,陷入习得性无助的状态中,学习动机下降型的3名学习者均属于此类现象。而A07一、二年级时学习成绩均很差，在此阶段她的表现和学习动机下降型的3名学习者一样，进入三年级后，她认为自己目前的日语水平使她羞愧，所以下定决心要改善学习成绩。从A07的案例可看出，过往失败的学习经历，在不同学习阶段对同一学习者的影响也不同。

　　反之，本研究中也出现了成功经历积极作用于学生对未来的预测的案例。学习开始之初，A03对日语学习本身不感兴趣，但通过努力获得好成绩后，便获得了自信，认为按照这样的学习方法学习下去，一定也可以成功，成功的学习经历又给了她继续努力下去的动力，像A03这样成绩优异的学习者很容易获得这样的动力。A09在日本语能力测试N2前，日语成绩在班级里为倒数，对日语学习没有信心，但在N2中取得好成绩后，她对自己的学习方法——大量观看动画、考前做真题的做法信心大增，在N1的备考中也采取了和N2备考时相同的方法，这是成功的体验给学习者带来的自信。另外，即使成绩不是班上名列前茅的学习者，也可以拥有这样的成功经历。例如，A11在N1中阅读这一项里获得了满分，这源于他一直坚持下来的日文原著阅读习惯，取得好成绩后A11的日语学习信心大为增加。另外，一年级上学期，学习完日常寒暄的简单日语后，在看动画时，学习者听到学过的句子便觉得"很兴奋"，进而想了解更多。诸如此类的小的成功体验，对学习能够带来积极影响，且这种成功体验无关学习成绩好坏，谁都可能拥有。"增加个体对成功的体验"是获得自我效能感途径中最强有力的途径(Bandura, 1977)，本研究证实了成功的学习经历与学习者的自我效能感以及日语学习取得成功均有很大的关系。

　　本研究还观察到了另一个获取自我效能感的途径——替代经验。所谓替代经验，是指通过观察他人的行为和结果，获得的关于自我可能性的认识。本研究中，通过不同学习方法学习日语的优秀学习者的代表为A03和A09，其中A03花费大量的时间学习教材，A09花费大量的时间观看日本动画。对于以观看动画为主的A09，学生们虽羡慕A09用娱乐的方式来学习，学习轻松，学习效果也好，但没有学生认为自己如果采取相同的学习行为也可获得同样的效果。而以A03为代表的努力型学习者，A08和A13曾几次向笔者表示"如果我和A03花同样的时间，我也可以学到她那样"，实际上，其隐藏含义为"我学得不好，不是因为没有能力，而是不想像A03那样花时间"，不光是A08和A13，高中学习理科的学生均有这种想法，他们轻视这种"不需要动脑子只需花时间"的学习方法。他们确信采取和A03一样的学习方法也同样可获得好成绩，这种"确信"对他们未来的学习本应产生促进作用，可事实上却并没有，究其原因为这些理科生仅停留在口头上或想象中,却没有和 A03 一样花大量时间学习日语,由此可见,替代经验产生自我效能感的一个决定性条件是付诸实践。

此外,自我效能感的信息源还包括言语劝说和情绪唤醒。言语劝说是他人的鼓励、评价、建议、劝告等。班里大部分学生上课时有这样的经历:被任课教师表扬后,信心大增,下次还想被表扬,因而努力学习。言语劝说对学生自我效能感的提升作用是显而易见的,但教师评价全班学生的学习成果时,如果标准一致则会导致学习不理想的学生得到的表扬次数相对较少,不利于学生自我效能感的提升。因此,任课教师要善于使用表扬的言语劝说,使用太多会使表扬丧失其作用,给学生"不管表现怎样都会得到表扬"的感觉,使用过少也不能使这一有效策略惠及大部分学生。合理、适度且因人而异地使用表扬的言语劝说,才可使其发挥最大作用。特别是对日语不感兴趣或学习成绩较差的学习者,只要这些学生和一贯的表现相比,有可圈可点之处,任课教师便应该不惜赞扬,这可能会极大地提升学习者的自我效能感。

情绪唤醒是指一个人的情绪状态与生理状态,有时也会影响自我效能感的水平。此处略去身体情况相关的生理状态,只谈论情绪状态。积极的心理状态能激发观察、自我调节、自我反思等认知过程,增强他们的个人控制感和信心;相反,消极的心理状态往往让人感到绝望、无助和悲观,进而导致自我怀疑和效率降低。本研究中,4年的学习时间里,这种情绪唤醒在学生参加的特殊活动(比如演讲比赛等)中得以体现,充分的准备和积极的心理状态对学习成果有积极的影响,但只靠积极的心理状态而没有知识储备上的充分准备是无法提升自我效能感的。本研究中的日语学习持续4年之久,不论他们如何巧妙地进行情绪唤醒,获得积极的心理状态,如果不掌握单词和语法等知识,在长期的日语学习中也无法提升自我效能感和学习成绩。相较于其他自我效能感的影响因素,本研究中此因素对学习者的学习影响极为有限。

上面分析了本研究中自我效能感的信息源的表现和作用。与学习者的日语学习关系最大的是成功的学习经历。学习效果好的学习者自然如此,在学习成绩不理想的学习者身上也观察到了成功的学习体验给他们的日语学习带来的积极影响。在言语劝说信息源上,要求任课教师合理使用表扬,来提升学生的自我效能感,而替代经验信息源上,即使通过观察别人的行为确信自己也能做到,如果不付诸实践也不会有任何效果。情绪唤醒对本研究中的学习者影响极小。

三、归因视角的分析

从上述各个学习者的事例中可看出,他们的学习动机受到各方面因素的影响,从而影响到学习行为和学习效果。下面从以上各个学习者的学习轨迹出发,系统总结、分析有哪些因素影响了学生的日语学习动机,主要从教师、学习者自身、学习环境三方面来分析对学习动机的影响。

在教师方面,影响学生学习动机的主要有课堂趣味性、严格的要求、教师的鼓励。有去日本交换留学经历的 A05 认为,生动有趣的课堂对学生的学习兴趣影响很大。

> 教师如果正确引导学生的学习兴趣,应该对学生学习动力的提高有很大帮助。比如在九大历史课上对幕末历史有趣的讲解,文学课上感受到教师自身对某些小说的热爱,这些都可以感染到学生。如果只是简单介绍,比如一个学期的教学任务是完成整个日本史的教学任务,在这么短的时间粗略介绍是很难讲清楚的。这样课程只会变成学生在敷衍,只是一个拿学分的形式而已。
>
> (开放式问卷调查/2015-05-07)

A05 在四年级时作为交换留学生在日本的九州大学学习了一年。A05 认为,与国内华中科技大学的性质类似的课程相比,九州大学的课程更有趣,这对她的学习动机产生了积极的影响。这要求国内课程内容设置合理,任课教师对所讲授内容有较好的积累,讲课有感染力,这样才能激发学习者的兴趣。

A05 是因为有出国留学的经验,才能够进行这样的比较。即使是没有日本留学经历的学习者,课堂趣味性对他们的学习动机的影响也很大。A11 从学生的正反两面的事例来分析课堂趣味性对学习动机的影响:"比如说 C 老师上的'综合日语'课,感觉还是比较有意思的,就是讲得很清楚,反正就不无聊,有时候让我们起来练习一下,就是不会让我们觉得枯燥,讲一个词,连它的背景都讲清楚,还有讲一篇课文,她让我们真正理解这讲的是什么意思。"(A11/访谈/2015-05-24)

不仅 A11,很多学习者都或多或少有上述经历,在学习课本时,单词、文章本身相对枯燥,单词、文章背后的文化方面的知识更能够吸引学习者。特别是进入三年级后,与日语听、说、读、写训练相关的课程数量减少了,但开设了日本文化、文学相关的课程,对一、二年级的课程没有兴趣的学习者却对这些课程感兴趣。不光日本文化、文学课,主要的精读科目综合日语如果也能融入日本文化的相关要素,使课堂变得有趣,将会在很大程度上增强学生的学习动机,这种在讲解单词、语法时融入日本文化的授课方式,特别受到对日语不感兴趣、不喜欢背诵的学习者的欢迎,他们对教材中的日语本身并不感兴趣,上课注意力经常不集中,但通过融入学生感兴趣的文化要素,则能改善学生上课时的精神状态。

相反,也有任课教师的教学方法导致学习者的学习动机减退的情况:"反正听力一直都很差。主要是觉得A老师上课方式不行。她就是放了一段录音,就听1遍,然后点学生回答问题,一个一个点,问有没有听懂,大家都没听懂,她放第2遍不就行了,还非得浪费时间一个一个说,一个一个拼凑。"(A10/访谈/2014-09-01)

A10把听力成绩差的原因归结于听力任课教师授课方法有问题。在笔者的日常接触中,发现其他学习者A06、A13等的反感程度虽不及A10那么深,但都表达了类似的观点。从A10的描述中可看出,其反感这门课主要是因为任课教师低效的授课方式,姑且不论这种认识是否正确,这个教师的授课方式确实降低了A10的日语学习动机。听力课是除口语能力外的日语综合能力的集中体现,对学习者来说是所有科目中较难的一门,学生有畏难情绪是正常的,此时需要任课教师下功夫通过设计课堂活动,有效率地把握上课节奏,尽可能减少使学习动机减退的消极因素,摸索出使听力课堂变得有趣的教学方式。

学习动机的第2点影响因素为任课教师是否严格。对不自律的学生来说,只有任课教师严格要求他们,他们才能重视该课程,才能认真完成该课程的作业。不自律的学生在课堂上也经常不能集中注意力,如果任课教师严格的话,学生的反应是:"我会上课更认真,作业更不敢偷懒。"(A09/开放式问卷调查/2015-05-07)学生上课不敢走神,因为随时可能会被点名回答问题。此外,进入二年级后,综合日语的任课教师更换为W,与一年级的教学方式不一样,W要求教材上的每篇课文均需要背诵,对此学生的评价是,"W老师要求每篇课文都要背诵,这挺好的"(A13/开放式问卷调查/2015-05-07),这从外力上督促学生在日语学习上花费时间和精力。以上这2名学习者一年级上课时经常玩手机,综合日语的任课教师换成W后,上课时回答问题不再按照座位顺序来点名,突然被任课教师点到回答问题的可能性大大增加,学生的准备时间减少,这要求学生不得不集中注意力听讲,这样才能保证被提问时能够回答上来。同时,学生的课外学习态度变化也很大,以往完成作业总是草草了事,现在不仅要认真完成作业,有时候为了上课跟上进度,连教师未布置的预习也能主动去做了。自律性较差的学生通常不自觉地拖延需要大量背诵的学习任务,但在要求严格的任课教师面前,任课教师的压力化成了学生学习的动力。但值得注意的是,虽然这种压力给绝大多数学习者的日语学习带来了积极影响,但也有例外。本研究中的A02在W的课堂上,一直处于"老师会不会叫我回答下一个问题"这种极度紧张的精神状态中,在这样的状态下,A02无法正常思考,更别说认真听讲了。可见,对同一位严格的任课教师,学生中也出现了2种完全不同的意见,问题是如何使任课教师的严格尽量对每一位学生都产生积极的作用。高中时,学生从早到晚都在备战高考,进入大学后,从高考压力中解放出来的他们,很容易陷入"大学不应该只学习"的想法,从而怠慢专业学习。对这样的学生,严厉的老师能从外界直接给学生施加压力,从而对学生的学习动机和学习行为产生直接的积极影响。但是,对自律性不差的学习者来说,就会有因课堂上过度紧张而导致注意力不集中的可能性,这种情况要求任课教师能够敏锐感知所提问题的难度,根据问题的难度决定给学生思考时间的长短,有一定时间的缓冲后,学生的紧张情绪也能得到一定程度的缓解。另外,学生也应该给自己做好心理暗示,积极去适应任课教师的教学风格,就算是只有十几人的小班授课,任课教师要兼顾到每一位学生的学习风格在实际操作上也比较困难。

第3点是教师的赞扬,即受到教师表扬的学习者,学习动机会增强。本研究中,被老师表扬朗读和课堂展示不错的学生,学习动机得到了提升。那怎样的表扬方式能使其作用发挥到最大呢?A07对此有如下见解:"例如,老师针对我的一次课堂展示进行了以下评价:'完成得很好,花了很多心思,但是还存在一些不足,希望以后能继续学习。'这时,尽管这门课里我还会有感到难以完成的任务,但这番话不只是鼓励,一些具体的建议会在潜意识里激励我下次完成得更好。"(A07/开放式问卷调查/2015-05-07)

从A07的叙述中可看出,对自己努力取得的成果,她不仅希望得到认可,还希望得到进一步改善的建议。A07的日语成绩一、二年级时一直在倒数前3名内,但从三年级开始成绩有所提高。被任课教师表扬的她对这门课变得自信,学习动机也随之增强,这对她学习效果的提升有一定促进作用。这件事虽然过去很长时间了,但A07仍记忆犹新,这也可侧面证明任课教师的这番表扬对她的影响之深。

如前所述,这里的表扬的标准应该多样化,因为学习效果好与学习效果较差的学生,对同一学习任务的完成质量会有所差异,若任课教师以同样的标准来衡量,学习效果较差者得到的表扬必定会少之又少,这对学生学习动机的增强恐怕是不利的。任课教师应关注他们,只要比上一次好,比平时好,都应该不吝啬赞美之词,这可能成为他们改变的一个重要契机。

下面分析学习者自身的因素,对此学生主要列举了兴趣和目标这2点。学生普遍认为,是否对日语感兴趣是能否学好的关键因素。在这里,"兴趣"主要指以日本影视、文化、文学等为媒介,能主动地学习日语。对此,A01通过观察班级同学的日语学习而发现:"我认为兴趣因素是影响学习的最大动机,因为看到身边爱看动画、日剧、日本综艺的同学,学起日语来明显比我们这些对日语兴趣不太大的同学轻松,学习效果也好。"(开放式问卷调查/2015-05-08)A01这里指的是以观看动画为主要学习方式的A09,她每天在寝室观看动画,取得了理想的成绩,而自己每天在自习室花费大量时间背诵日语单词和语法,成绩却赶不上A09,因此A01很羡慕A09,认为A09能够用轻松的学习方式学好日语。去日本交换留学过的A05也有相同的看法,她在学习过日本的历史后,对其产生了兴趣,也想去实地看一下,这对增强她的兴趣有较大帮助。"兴趣"的确给学习者的日语学习带来了积极的影响,但是"兴趣"能培养出来吗?如果能的话,如何培养?学习者都是通过教师或者高年级学生的推荐而尝试了看日本的电视剧、动画、日本文学等,但实际上,像A09这样能对其感兴趣且大大改善了学习效果的学生很少。A08就是这样的典型,观看动画是他每天的必修课,他对动画有着极大的兴趣,但学习效果并不好。笔者分析,一是以社团活动为重心的A08每天花费在动画上的时间无法与以观看动画为重心的A09相比,二是对于A08来说,观看动画只是一种娱乐,只是对故事着迷,没有太关注其中的日语表达。

另外,学习者自身的原因中还包含目标,具体是指在日语学习过程中,定下与自己的学习行为相关的目标,分为短期目标和长期目标。短期目标是上课时有良好表现、期末考试中取得好成绩等,学习者在日语学习过程中,树立当前的短期目标后,此后的一段时间内比以前更加努力,当学习效果明显时,学生的信心便会增强,努力也会持续下去;当学习效果不明显时,学生便会认为努力没有得到回报,学习动机减退,从而放弃努力。4年的学习过程中,短期目标与学生各个学习阶段的学习行为和学习效果密切相关。长期目标与日语毕业后的发展方向相关。一、二年级时,绝大多数学生不曾想过毕业后的去向,选修双学位的学生大多也只是抱着"还想学一个专业"或者"双学位可能对就业有利"这种不确定的想法。大学前两年学生只是单纯地学习日语,到了三年级才开始考虑毕业后的去向,根据毕业后的发展方向与日语关系的紧密程度,学生的学习行为出现了很大差异。具体来说,到了三、四年级决定攻读日语专业研究生的学习者和以前一样或比以前花费更多时间来学习日语;准备跨专业考研的学生在完成最低限度的日语学习的同时,把学习重心放在跨专业考研的备考上;决定毕业后直接工作的学生仅进行了最低限度的日语学习,他们N1通过后便失去了日语学习的目标,一些学生课外根本不学习日语了。因此,在日语学习上,毕业后的去向这个长期目标对攻读日语专业硕士学位的学生的日语学习来说有积极影响,对计划毕业后直接工作和跨专业考研的学生的日语学习来说则带来了消极影响。

综上所述,学生一、二年级受短期目标所支配,三、四年级毕业后发展方向明确起来,主要受长期目标支配。但也有A08和A13那样的例外。一、二年级时,A08忍受不了日语学习中大量的背诵,日语成绩一直不理想,于是认为日语只是自己留学日本(去日本学习别的专业)的交流工具,没必要深入学习;A13对日语没有兴趣,学习效果不理想,认为只要毕业后不从事与日语相关的工作,日语学得不好也没关系。虽然还处于一、二年级,A08和A13就有了长期目标,这也对他们的日语学习产生了消极影响,使他们不再试图提高成绩。2名学生的共同特点是日语学习效果不理想,为了逃避或使自己接受这一现实,规划好了毕业后的去向。

第3个环境方面的影响因素主要是指用日语交流的环境和日语学习氛围。前者主要指学生的口语能力不足是因为练习机会少,例如,A09在观看动画时会跟着台词不断重复剧中的对话内容,不仅会在和班里同学的日常交流中使用日语,而且和完全不懂日语的家人打电话时,也会夹杂着使用日语。在我国的日语学习环境中,与日本人交流的机会非常有限,而A09能动地创造日语交流的环境,长此以往口语能力就得到了提升。

日语学习氛围指的是全寄宿制学校特有的现象。在女生宿舍,对学习者来说室友的存在很重要。比如,除了大多数时间在宿舍观看日本动画的A09,绝大部分学生会因室友都去自习了,只有自己没去而心里感到不安,最终也会去自习室学习。而男生宿舍里的成员之间却是消极的影响,比如本应学习的时间4人却一起聊天或玩游戏。

以上我们就影响学生日语学习的主要因素进行了分析。表4-12是大学4年里从收集到的数据中提取出来的学生对学习成果的归因,括号中的数据来源加入了学生归因的对象。以单个学生为单位,从内部原因和外部原因两个维度进行总结。

表4-12　大学4年日语专业学习者对日语学习成果的归因

类型	学生	内部原因	外部原因
学习动机不变型	A02	○表现不好,以后要多花时间来记 　　　　（开放式问卷调查/听写测验/2011-10-06） ○比之前进步了,熟悉了听写方式,单词记得还行 　　　　（开放式问卷调查/听写测验/2011-11-21） ○以后要多花些时间来记单词和背课文 　　　　（学习日记/期中考试/2011-12-01） ○不怎么好,以后要花更多时间 　　　　（开放式问卷调查/期末考试/2012-02-15） ○单词比上一次听写感觉好些,但句子却惨不忍睹,临时抱佛脚总是不好的 　　　　（学习日记/听写测验/2012-05-16） ○表现一般,应该花更多的时间在日语上,特别是听力 　　　　（开放式问卷调查/期末考试/2013-03-05） ○不好,没有重视日本语能力测试,没花太多时间 　　　　（开放式问卷调查/N2/2013-03-05） ○感觉不满意,对于老师布置的作业以外的东西很少看 　　　　（访谈/前3年的日语学习/2014-09-01） ○没有主动去学;没有给自己树立一个目标;比较内向,很少做口语练习 　　　　（开放式问卷调查、访谈/4年的日语学习/ 　　　　2015-05-07、2015-05-24）	无
	A04	○很一般,对于背诵的方法要注意 　　　　（开放式问卷调查/听写测验/2011-10-06） ○比之前进步了,花的时间更多了 　　　　（开放式问卷调查/听写测验/2011-11-21） ○感觉很糟,要花时间,特别是对语法也应该关注 　　　　（学习日记/期中考试/2011-12-01） ○感觉还可以,以后要加强练习 　　　　（开放式问卷调查/期末考试/2012-02-15） ○觉得退步很大,以后要花更多时间特别是在听力上 　　　　（开放式问卷调查/期末考试/2013-03-05） ○一般。（开放式问卷调查/N2/2013-03-05） ○口语不行,练习太少 　　　　（访谈/前3年的日语学习/2014-09-01） ○不太努力 　　　　（开放式问卷调查、访谈/4年的日语学习/ 　　　　2015-05-07、2015-05-24）	无

类型	学生	内部 原因	外部 原因
学习动机 不变型	A05	○一般,要注意背诵的方法 （开放式问卷调查/听写测验/2011-10-06） ○比之前有所进步,原因是注意了背诵的方法 （开放式问卷调查/听写测验/2011-11-21） ○还可以 （开放式问卷调查/期末考试/2012-02-15） ○比以前进步了,以后要花更多时间 （开放式问卷调查/期末考试/2013-03-05） ○口语的练习太少 （访谈/前3年的日语学习/2014-09-01） ○积累不够 （开放式问卷调查、访谈/4年的日语学习/ 2015-05-07、2015-05-24）	无
	A06	○不好,以后应该花更多时间 （开放式问卷调查/听写测验/2011-10-06） ○一般,比以前进步了,注意了日文的书写 （开放式问卷调查/听写测验/2011-11-21） ○不好,练习册上一样的题目还是做错了,没有及时改 正。复习时间也不够 （学习日记/期中考试/2011-12-01） ○不太好,应该更努力的 （开放式问卷调查/期末考试/2012-02-15） ○可能是由于这个学期在N2的备考上花的时间比较 多,在综合日语上花的时间少 （开放式问卷调查/期末考试/2013-03-05） ○一般吧,按照计划来复习了 （开放式问卷调查/N2/2013-03-05） ○既不像A03那么努力,也不像A09那么对日语感兴趣 （访谈/前3年的日语学习/2014-09-01） ○时间花得不多,口语的练习太少 （开放式问卷调查、访谈/4年的日语学习/ 2015-05-07、2015-05-24）	无

续表

类型	学生	内部 原因	外部 原因
学习动机 不变型	A10	○表现得不好。没有专心背单词,临时抱佛脚 　　　　　　（开放式问卷调查/听写测验/2011-10-06） ○比上次进步了,在自习室里背了一晚上 　　　　　　（开放式问卷调查/听写测验/2011-11-21） ○明知考得很差也没有不高兴 　　　　　　（学习日记/期中考试/2011-12-01） ○总体表现还好,激励自己要努力学习 　　　　　　（开放式问卷调查/期末考试/2012-02-15） ○与上学期相比有进步,知道要考什么了 　　　　　　（开放式问卷调查/期末考试/2013-03-05） ○过了,按照计划进行了 　　　　　　（开放式问卷调查/N2/2013-03-05） ○没有目标,也不知道要学什么 　　（开放式问卷调查、访谈/4年的日语学习/ 　　　　　　　　　2015-05-07、2015-05-24）	○听力一 直都很差, 主要是听力 老师不行 （访谈/前3 年的日语学 习/2014-09- 01）
	A11	○挺好的,对以后没什么影响 　　　　　　（开放式问卷调查/听写测验/2011-10-06） ○进步了,与上次听写相比,听写前花了更多时间来记忆 　　　　　　（开放式问卷调查/听写测验/2011-11-21） ○要更加注意学习方法 　　　　　　（学习日记/期中考试/2011-12-01） ○不好,应将空余的时间合理地分配,尽可能用来学习 　　　　　　（开放式问卷调查/期末考试/2012-02-15） ○与上2次相比,没有太大变化,总体上比较差,应提 高上课的效率,多花时间 　　　　　　（开放式问卷调查/期末考试/2013-03-05） ○成绩比较满意,考前大概只复习了2个星期 　　　　　　（开放式问卷调查/N2/2013-03-05） ○没有耐心,练习不够 　　　　　　（访谈/前3年的日语学习/2014-09-01） ○练得太少 　　（开放式问卷调查、访谈/4年的日语学习/ 　　　　　　　　　2015-05-07、2015-05-24）	无

续表

类型	学生	内部原因	外部原因
学习动机上升型	A01	○成绩一般,比之前进步了,因为注意了记单词的方法 （开放式问卷调查/听写测验/2011-11-21） ○一般,以后要更加努力才是 （开放式问卷调查/期末考试/2012-02-15） ○一般,要注意背诵的方法 （开放式问卷调查/期末考试/2013-03-05） ○一般,要注意背诵的方法 （开放式问卷调查/N2/2013-03-05） ○一般,基础没打好导致后来学习有"天花板" （访谈/前3年的日语学习/2014-09-01） ○一、二年级没有太努力 （开放式问卷调查、访谈/4年的日语学习/2015-05-07、2015-05-24）	○说日语的机会很少（开放式问卷调查、访谈/4年的日语学习/2015-05-07、2015-05-24）
	A03	○还可以。以后要花更多时间,同时注意背单词的方法 （开放式问卷调查/听写测验/2011-10-06） ○一般,比之前进步了,因为增加了背单词的时间,也改善了背单词的方法 （开放式问卷调查/听写测验/2011-11-21） ○比较满意,以后像之前那样学习就行 （开放式问卷调查/期末考试/2012-02-15） ○还可以,一些小地方还是没注意,搞错了 （学习日记/听写测验/2012-05-16） ○93分,一般吧,比之前是进步了,以后要注意单词的背诵方法 （学习日记/开放式问卷调查/2012-05-21） ○听力测验86分,没花什么时间 （学习日记/听力测验/2012-05-23） ○不是第1名,有点不甘心。应该更努力的 （开放式问卷调查/期末考试/2013-03-05） ○结果还可以,在复习的前半段感觉有点松懈 （开放式问卷调查/N2/2012-03-05） ○口语和写作的练习很有必要 （访谈/前3年的日语学习/2014-09-01） ○比较满意自己的进步 （开放式问卷调查、访谈/4年的日语学习/2015-05-07、2015-05-24）	无

续表

类型	学生	内部 原因	外部 原因
学习动机 上升型	A07	○不好,应该重视背诵单词的方法 (开放式问卷调查/听写测验/2011-10-06) ○退步了,受伤了所以日语学习的时间并不多 (开放式问卷调查/听写测验/2011-11-21) ○不好,我既不聪明,记忆力也不好,还没有努力 (学习日记/期中考试/2011-12-01) ○不好,应该花更多时间的 (开放式问卷调查/期末考试/2012-02-15) ○进步了,以后要重视学习方法 (开放式问卷调查/期末考试/2013-03-05) ○没过,还是耐心不够 (开放式问卷调查/N2/2012-03-05) ○没有花足够的时间。以前没怎么和老师交流 (访谈/前3年的日语学习/2014-09-01) ○不够努力 (开放式问卷调查、访谈/4年的日语学习/ 2015-05-07、2015-05-24)	无
	A09	○太差,应该注意背诵单词的方法 (开放式问卷调查/听写测验/2011-10-06) ○没进步,还是努力不够 (开放式问卷调查/听写测验/2011-11-21) ○花的时间不够 (开放式问卷调查/期末考试/2012-02-15) ○很差,完全没有花时间 (学习日记/期中考试/2011-12-01) ○还不错,花的时间比较多 (开放式问卷调查/期末考试/2013-03-05) ○很满意,大量看动画,只做了1周的真题,考了全班第1,自己也比较自信 (开放式问卷调查/N2/2013-03-05) ○挺满意的 (访谈/前3年的日语学习/2014-09-01) ○学得比较轻松,也取得了较好的成绩,还是比较满意的 (开放式问卷调查、访谈/4年的日语学习/ 2015-05-07、2015-05-24)	○综合日语课W老师要求严格 (开放式问卷调查/期末考试/2013-03-05)

类型	学生	内部 原因	外部 原因
学习动机 下降型	A08	○不好,没有做到全对 （开放式问卷调查听写测验/2011-10-06） ○一般,比之前进步了,听写前复习了 （开放式问卷调查听写测验/2011-11-21） ○不好,应该更加努力 （学习日记/期中考试/2011-12-01） ○一般,没有花时间,今后应该更努力 （开放式问卷调查/期末考试/2012-02-15） ○不好,要多花时间 （开放式问卷调查/期末考试/2013-03-05） ○要是之前再努力一点就好了 （访谈/前3年的日语学习/2014-09-01） ○努力不够吧 （开放式问卷调查、访谈/4年的日语学习/ 2015-05-07、2015-05-24）	○那段时间感冒了（开放式问卷调查/期末考试/2012-02-15）○要改善和综合日语老师的关系（开放式问卷调查/期末考试/2013-03-05）
	A12	○不好,我又重新记忆了一遍50音 （开放式问卷调查/听写测验/2011-10-06） ○没进没退,因为平常没抓紧记,总是拖到最后才记 （开放式问卷调查/听写测验/2011-11-21） ○感觉遗憾,强记的效果没有平时多记的效果好 （学习日记/期中考试/2011-12-01） ○不好,应该在日语上面花更多时间的 （开放式问卷调查/期末考试/2012-02-15） ○比以前更差了,不知道原因,可能是中间努力了一会 儿就放弃了 （开放式问卷调查/期末考试/2013-03-05） ○不够努力吧 （访谈/前3年的日语学习/2014-09-01） ○不够努力吧 （开放式问卷调查、访谈/4年的日语学习/ 2015-05-07、2015-05-24）	无

续表

类型	学生	内部 原因	外部 原因
学习动机 下降型	A13	○不好,对今后的学习没什么影响 　　　　　　(开放式问卷调查/听写测验/2011-10-06) ○还可以,因为多花了时间 　　　　　　(开放式问卷调查/听写测验/2011-11-21) ○不好,临时抱佛脚果然靠不住 　　　　　　　(学习日记/期中考试/2011-12-01) ○不好,不只是学习时间,学习方法和效率也应该注意。 　　　　　　(开放式问卷调查/期末考试/2012-02-15) ○不好,学习没激情,也没怎么上心 　　　　　　(开放式问卷调查/期末考试/2013-03-05) ○不好,水平太低了,根本就没到报考的水平 　　　　　　(开放式问卷调查/N2/2013-03-05) ○不好,水平太低了,没花时间,也没有学习热情 　　　　　　(访谈/前3年的日语学习/2014-09-01) ○对日语没什么兴趣 　　　　　　(开放式问卷调查、访谈/4年的日语学习/ 　　　　　　2015-05-07、2015-05-24)	无
转专业 成功	A14	○不好,逐渐习惯了 　　　　　　(开放式问卷调查/听写测验/2011-10-06) ○进步了,因为花的时间多了 　　　　　　(开放式问卷调查/听写测验/2011-11-21) ○不太好 　　　　　　(开放式问卷调查/期末考试/2012-02-15)	无
	A15	○更自信了;明白了学好日语需要记忆 　　　　　　(开放式问卷调查/听写测验/2011-10-06) ○进步了,因为下了一点功夫来记忆 　　　　　　(开放式问卷调查/听写测验/2011-11-21) ○感觉这试考得令人麻木,不知何时自己的日语竟是 如此状态,但求能够及格 　　　　　　(学习日记/期中考试/2011-12-01) ○自己的日语终究还是挂科了,意料之外又是意料之 中,可是时间只有那么多,我只能尽我所能让期末考试 不挂科吧 　　　　　　(学习日记/期中考试/2011-12-01) ○不好 　　　　　　(开放式问卷调查/期末考试/2012-02-15)	无

表4-12中,学生就每一阶段的日语学习效果进行了归因,可以看出学习者是否能够正确地认识自身的日语学习,以及归因对之后的学习行为有着怎样的影响。判断学习者是否正确进行归因是综合考虑问卷调查、学习日记、访谈以及与学生私下接触等各方面后来判断的。特别是笔者作为班主任与学生接触频繁,对学生的学习情况了解相对较全面,在此背景下,学生在填写本研究的问卷时会有不得不写出真实原因的压力,尽管可能有些原因学生自己也不愿承认。另外,在日语专业仅待了1学期就通过转专业制度转出的A14和A15,他们优先准备转专业考试,对他们来说,学习日语的最大动力在于满足转专业的条件,因此他们在学习过程中对日语学习成果进行的归因分析相对较少。

学生的归因对象包含单词、句子的听写测验,期中考试、期末考试等定期举行的考试,N1,N2,以及对大学前3年或大学4年日语学习的综合表现。韦纳认为,学生的归因倾向不可避免地会影响到后续的学习行为及学习结果。本研究总结了大学4年中学生对历次学习成果的归因,发现几乎所有学习者都将学习成果归因于学习时间,认为努力等同于多花费时间学习(Weiner,1972)。

另外,在日语学习的初期,由于学习者未适应日语学习和日语测验形式,学习者的归因中包含相关内容,待学习者适应后,随着日语学习的深入,学习者逐渐倾向于将学习成果归因为努力。韦纳的归因理论认为,努力归因在稳定性维度上属于不稳定性归因,在内外维度上属于外在归因,若学习者归因于不稳定性的外在因素——努力时,则通过自身努力对未来结果有较高期待。而本研究却得到了完全不同的结果。本研究中,特别是学习效果不理想的学习者几乎从始至终把不理想的学习成果归因于努力不够。这意味着归因于努力这一不稳定的外在因素并没有对学生的学习行为和学习结果产生积极影响。具体分析下列典型案例。A08和A10确信自己如果像班级里的女生那样勤奋,也会取得不逊于她们的成绩,他们坚信自己成绩不好的原因是没有花时间学习,只要肯花时间日语就会进步。他们对自己学习日语的能力没有怀疑,对女生(除A09外)一有时间便去自习的行为嗤之以鼻,认为不是自己不行,而是不想用那样笨拙的方式来学习。还有另一种情况,受不理想成绩的刺激,短时间内学生在日语学习上花费较多时间,但不久便放弃,究其原因,一是无法长时间坚持背诵大量的学习内容,二是没有看到努力后成绩的显著提高。这说明,他们在日语学习上虽然能够正确地归因,但并没有付出相应的努力,这样亦不能对学习产生积极影响。

下面探讨大部分学习者把不理想的学习成绩归因于不够努力的情况。这与语言学习的性质有关,一般认为,在包括日语在内的语言学习中,要掌握单词和语法,必须花费时间背诵。学习效果不理想便是因为未掌握单词、语法。但A09是个例外。虽然A09学习日语的重心是观看动画,但她之所以能取得理想的成绩,最大的原因不是观看动画(同样沉迷于动画的A08的学习效果与A09完全不同),而是A09在观看动画时也同样花费了大量时间进行模仿、思考、学习,这虽然与传统意义的背诵单词、语法完全不一样,但是从结果来看,它发挥的作用有过之而无不及。因此,学习者归因的不够努力可理解为其内涵包含2个方面,这2个方面代表2种不同的学习方式,这2种学习方式殊途同归,学习者无须只倾向于其中的教材媒介的学习,而轻视影视作品等媒介。

除了归因于努力外,在听写测验中,也有学习者提到背诵单词的方法和学习效率。笔者认为,通过不断练习能够找到背诵的窍门,可以改善以上问题。实际上,本研究中,学习开始之初觉得单词背诵有困难的学习者,经过不断尝试各种方法,一般找到了适合自己的学习方法,在听写测验中也取得了较好的成绩。此种归因,亦属于不稳定的外在因素,可通过学习者的练习得到改善。

归因对行为的影响研究不光在第二语言习得领域,在社会科学各领域中的研究也广泛展开,其重要性不言而喻。然而本研究的相关结果却表明,在大学4年的时间里,学习者的归因对他们的日语学习成果几乎没有任何影响。学习者的日语学习过程中影响因素繁多且彼此间的关系错综复杂,亦因本研究是质化研究,无法证明学习效果好的学习者是不是因为对日语学习成果进行了正确归因,而大部分学习效果不好的学习者都清楚地知道自己学习日语的问题所在,但是这并没有对接下来的学习行为有积极影响。

韦纳列举了人们归因的4大因素——努力、能力、任务难度、运气,本研究只观察到了努力,剩下的能力、任务难度、运气在本研究中均未被学习者提及(Weiner,1972)。本研究的调查持续4年时间,学习者对每次的学习成果进行了归因,且这些归因与笔者了解到的情况基本一致,可认为学习者能够对其学习过程进行正确的分析,但这并没有给学生的学习行为带来积极影响。而且,笔者还观察到,在学习阶段初期,几乎所有学习者在归因后均会有意识地改善自己的学习行为,但是从长远来看,能坚持这一行为的学习者寥寥无几。笔者推测,归因对学习动机和学习行为、学习效果的影响,在1个月甚至更短时间内可能会有影响,在以年为单位的调查研究中,对学习者的影响则极为有限,且到学习后期,归因对学习者的学习几乎没有影响。

　　另外值得注意的是,学习者对学习成果进行自我评价时,既有学生以自身的要求为基准,也有学生以在班级里的排名为基准。以自身的要求为基准的典型案例是A03,在A03的自我评价中,"93分""86分"在其他学习者看来,是求之不得的好成绩,但对A03来说却是应该反省的成绩,原因在于没有达到A03对自身的要求。且学生的自我评价中,不同学习者的学习效果"不好"的内涵是不同的。A06和A13便是其中的典型案例,A13在班级中排名倒数的情况比较多,他的自我评价的"不好"是在和其他学习者比较后得出的,而上面A06的自我评价"不好",是指比之前的成绩(特别是排名)倒退了,故认为"不好"。因此,为了确认学习者是否做出"公正"的自我评价,笔者认为结合当时的日语成绩来判断会更加客观。这些自我评价也反映了学习过程中学习者各自对日语学习的期望和基准不同。

　　在学习者回顾大学前3年或大学4年的日语学习后,探讨学习者对其如何评价,对大学4年的成果如何归因,有助于了解学习者在相应学习阶段的学习情况。本节中,绝大多数学习者把不理想的学习成绩归因为努力不够,但也有例外,其中最典型的案例是A08对自己日语学习成果的反省。他认为"应该更努力一点"(访谈/2015-05-24),但同时坚持日语学习不应该只重视课本的观点,"日语系这边可能更像高中一些(课程多),又是比较应试的教育,会打击你学习日语的积极性"(开放式问卷调查、访谈/2015-05-07、2015-05-24)。他认识到自己的日语学习是失败的,但很难接受这一事实,便归因为外在因素——是日语系制度存在问题,A08的这一归因方式反映出了他对日语学习的真实态度。

第五章　日语双学位学习者的结果和分析

第一节　入学前的学习轨迹

　　如前所述,目前我国日语教育领域几乎没有以日语双学位学习者为对象的研究,甚至很少有人提及。在培养外语复合型人才的时代背景下,日语双学位学习者不在少数,他们的日语学习形态与日语专业大不相同,学习时间相对较少,且约束力较小,对学生的自主性要求颇高。因此,对他们的日语学习过程进行调查研究,特别是分析日语双学位学习者的学习轨迹,探讨影响他们的学习动机和学习行为的积极因素和消极因素,将有助于日语双学位学习者在有限的时间内提高学习效率,取得良好的学习效果。下面是中国日语双学位学习者开始学习时的学习动机的内容及其形成时期的分析。根本爱子指出,学习动机具有过程属性,有必要追溯到正式学习开始前(根本愛子,2011)。本研究赞同此观点,并在此基础上进行调查研究。

　　本研究的调查工具为开放式问卷调查和后续访谈。本研究对69名研究对象实施了开放式问卷调查,开放式问卷调查的问题由"为什么选择了日语双学位""关于日语/日本的知识""父母、朋友、老师等对日语双学位的态度"等构成。从第1个问题可直接知道学生双学位学习的动机。第2个"关于日语/日本的知识"的问题除了可以掌握学生对日本的了解程度外,还可以间接证明上一题中学生的回答。第3个问题是针对调查期间中日关系的恶化而设定的,当时,因钓鱼岛问题我国民众反日情绪高涨,学生的朋友、老师,特别是负担双学位学费的家人若持消极意见,则可能影响学生的学习动机。

　　考虑到研究对象可能不习惯需要自由回答的开放式问卷调查,在开放式问卷调查实施后又根据他们的回答情况进一步实施了追踪访谈,以期得到更为翔实准确的数据。具体来说,针对69名研究对象的开放式问卷调查的回答,对还需要进一步确认或深究的内容,进行了半结构化访谈,访谈时得到研究对象许可后进行录音。为了减轻研究对象的负担,班级②(学生主要来自华中科技大学以外的学校)的访谈安排在周末上课前或午休时间,班级①(学生主要来自笔者所在的华中科技大学)的访谈安排在周一到周五,访谈时间根据已收集到的调查问卷回答的详细程度设置为15分钟到40分钟。为了尽量减轻研究对象时间上的负担,提高研究对象的配合度,访谈地点定在研究对象所在教学楼的休息室。同时,笔者向研究对象承诺,会对所收集数据进行妥善保管和使用。

数据分析中,对开放式问卷调查和半结构化访谈收集到的数据经过如下步骤进行分析:

①将录音内容转写为文字内容,将纸质数据转写成电子数据。

②从上述转写的数据中提取日语双学位选择理由的关键词句(表5-1中的下画线部分),并对其进行编码。

③将类似的编码汇总到子类中(以下用[ ]符号来表示),进而根据子类之间的相似性总结、生成大类(以下用{ }符号来表示)。表5-1截取以上过程的部分来呈现分析过程。

表5-1 分析过程(部分)

大类	子类	编码	数据
兴趣	对日本大众文化、企业文化的兴趣	对日本游戏感兴趣	小时候就一直看着爸妈玩游戏,自己也开始玩。但是到了高中以后,就发现好多游戏是日本的,而且还是没有汉化的,然后就在想,要是学了日语就好了 (B05/访谈/2012-02-11)
		对日本企业文化、日本影视作品等感兴趣	主要是对文化感兴趣,还有就是日本文化企业的运营模式,都是值得我们学习的,语言是一门工具,用它交流多了,可能就会去了解它,当然也有一些娱乐方面的,动画,电影 (B06/访谈/2012-02-18)

一、入学前的学习动机

日语双学位学习开始时,学习者的学习动机包括以下14大类,19个子类。14个大类分别是{就业},{兴趣},{兴趣+就业},{充实+兴趣},{兴趣+易掌握},{辅助主专业},{竞争意识+兴趣,就业},{考研},{受他人影响},{实用+易掌握},{好奇心+易掌握},{外语兴趣+易掌握},{留学},{留学+兴趣}。表5-2展示了大类及其包含的子类。括号内的数字是各个分类的学习者人数。

表5-2　日语双学位学习者学习动机的分类

大类	子类（人数）	大类	子类（人数）
①就业	日语口译（1）	⑧考研	考研中的外语考试中，用日语代替英语（2）
	有利于就业（5）		
②兴趣	对日语、日本文化感兴趣（14）	⑨受他人影响	受到周围潜移默化的影响（5）
			朋友、家人的推荐（1、1）
③兴趣＋就业	对日本文化感兴趣，有助于就业（10）	⑩实用＋易掌握	想学习实用的东西，日语较易掌握（1）
	对日语感兴趣，有助于就业（6）	⑪好奇心＋易掌握	对新事物的好奇心，日语较易掌握（1）
④充实＋兴趣	充实周末生活，对动画感兴趣（3）	⑫外语兴趣＋易掌握	想学习英语以外的外语，日语较易掌握（4）
⑤兴趣＋易掌握	对日本电影等感兴趣，日语较易掌握（1）	⑬留学	对日本制造业的崇拜（1）
			想去主专业的发展强国——日本留学（3）
⑥辅助主专业	日语和主专业联系紧密，有助于主专业学习（4）		对主专业不感兴趣，想去留学但英语成绩不好（2）
⑦竞争意识＋兴趣，就业	始于与同学的竞争意识，发展为对日语的兴趣，有助于就业（1）	⑭留学＋兴趣	想去主专业的发展强国——日本留学，对日本动画感兴趣（3）

　　下面举例说明以上各大类和子类的包含内容。一个分类中若包含多个学习者，则从中选取两个学习者的回答进行说明。

　　①就业（6名）

　　{就业}有[日语口译]和[有利于就业]这2个子类。[日语口译]是学习者想成为日语口译员，[有利于就业]是指在主专业以外另外学习一个"小语种"，在将来就业时，能够占据优势。属于前者的学习者，比起主修专业来对日语更感兴趣，其目标是将来成为日语口译员，所以想通过双学位学习来实现目标。属于后者的学习者自己也不清楚日语具体如何有助于就业，大多数只是抱着"技多不压身"的模糊想法。这种想法可能是在中国有很多日资企业的背景下产生的，学习者认为掌握了日语，就业时就可以多一个选择。

　　跟现在的工业设计专业相比更喜欢日语。在进入大学之前
就看了好多动画。再加上本来就喜欢语言，以后想当日语翻译。

（B07/访谈/2012-02-18）

　　我选择日语主要是出于就业而考虑的，多学一门技术，以后
总会有用的，比如我们那里日企就挺多的。

（B08/访谈/2012-02-11）

② 兴趣（14名）

　　{兴趣}是因[对日语、日本文化感兴趣]而产生的学习动机。具体来说
包含以下2方面。一方面是对日本的大众文化包括动画、电视剧、游戏、流
行音乐等感兴趣，这部分学习者一般想通过双学位学习来达到不看中文字
幕也能理解的水平。另一方面是对日本的企业文化、日本文学、日语本身
感兴趣，试图通过系统的学习来加深理解。

　　高中的时候语文课本上就有日本的文学作品，学了之后就非
常感兴趣，大学里也读了很多日本的文学作品，就想着也读一下
用日语写的原作，而不是翻译过来的东西。

（B09/访谈/2012-02-18）

　　从小学开始就很喜欢日本的动画片，每天都有看。慢慢地就
有了没有字幕也想看懂的想法。

（B31/访谈/2012-02-18）

③兴趣＋就业（16名）

　　{兴趣＋就业}包含[对日本文化感兴趣，有助于就业]和[对日语感兴
趣，有助于就业]2个子类。持有这种动机的学习者对日本文化、日语本身
有一定兴趣，而且他们相信掌握英语以外的外语，有助于未来就业。

　　上了大学以后经常看日本的综艺节目，就觉得里面的女生讲
的日语好好听。另外，学习英语以外的外语对以后就业应该挺有
帮助的。

（B08/访谈/2012-02-11）

我对语言都有兴趣,最开始准备选英语,但是又觉得英语大家都会,就算学得好也不算一个优势。但是日语就不一样了,没有英语那么普遍。以后就业不知道怎么样,应该会有帮助吧。

(B09/访谈/2012-02-11)

④充实＋兴趣(3名)

{充实＋兴趣}是基于[充实周末生活,对动画感兴趣]而产生的学习动机。这部分学习者想要充实周末生活,试图通过双学位学习来约束自己,再加上他们对日本动画等大众文化感兴趣,所以想通过双学位学习来达到一箭双雕的目的。

希望利用周末时间来学习更多的知识,不然,整个周末在和室友打游戏中度过。而且我喜欢日本动画。

(B10/访谈/2012-02-18)

填充周末时间,让日程安排更紧。深入理解 ACG(英文 Animation Comic Game 的缩写),想听懂 J-POP(Japanese POP,日本的流行音乐),这个是最主要的。

(B01/访谈/2012-02-18)

⑤兴趣＋易掌握(1名)

{兴趣＋易掌握}是基于学习者[对日本电影等感兴趣,日语较易掌握]而产生的学习动机。拥有这种学习动机的学习者虽然对日语和日本文化有一定兴趣,但仅凭这些是不能下定决心进行双学位学习的,还因为日语中包含中国人熟悉的汉字,所以他们认为学习相对容易,在课外也不用花费太多时间进行学习。

进入大学以后,看了日本的电影和电视剧,渐渐觉得日语很好听。日语中也有汉字,应该比其他的语言好学一点。

(B11/访谈/2012-02-11)

⑥辅助主专业(4名)

{辅助主专业}是因[日语和主专业联系紧密,有助于主专业学习]而产生的学习动机。这部分学习者的专业(或兴趣点)和日本有着密不可分的关系,因此学习日语可帮助他们在专业领域有更好的发展。

> 我的专业是软件,中国经常有日本那边的外包工程,学习日
> 语对以后或许有好处。
>
> （B12/访谈/2012-02-11）

> 我的专业是社会学,是为了以后进行中日历史比较研究做准
> 备而选择的。从世界近代史来看吧,同是东亚国家,中日在19世
> 纪中叶以后走上了不同的道路,我对其中有哪些影响因素感
> 兴趣。
>
> （B04/访谈/2012-02-11）

⑦竞争意识＋兴趣,就业(1名)

｛竞争意识＋兴趣,就业｝是因[始于与同学的竞争意识,发展为对日语的兴趣,有助于就业]而产生的学习动机。高中时期,这名学习者看同班同学在自学日语,便认为自己也可以,于是有了学习的想法,到大学有时间后才开始真正付诸实践,在日语学习过程中她逐渐对日本产生向往。另外,她也认为学习一门外语对就业可能有利。

> 机缘应该是高中的一次晚自习。一个同学说他一个寒假和
> 一个暑假自学日语,在课堂上讲了几句日语,我觉得很羡慕,觉得
> 他不仅懂英语而且懂日语,我觉得还是挺厉害的。当时我就买了
> 那本书,但是买了之后就没看,直到上了大学,不知道是因为什
> 么,就突然想学日语,也许是因为闲着没事吧。我觉得首先是好
> 奇心,好胜心,最后才是演变成真正的兴趣。现在也想去日本旅
> 行,对就业应该也有帮助。
>
> （B13/访谈/2012-02-11）

⑧考研(2名)

｛考研｝是因[考研中的外语考试中,用日语代替英语]而产生的学习动机。我国研究生入学考试的外语科目中,英语是报考人数最多的语种,但其难度也广为人知。这部分学习者认为,以自己的英语水平很难通过研究生入学考试中的英语科目,于是决定用日语进行挑战。

　　我想用英语以外的语种来考研,因为以我的英语水平要合格感觉挺难的,所以想用日语来挑战。

(B14/访谈/2012-02-11)

　　听说考研英语很难,日语比较简单,所以想用日语来考。

(B15/访谈/2012-02-18)

⑨受他人影响(7名)

{受他人影响}包含[受到周围潜移默化的影响]和[朋友、家人的推荐]2个子类。具体来说,这里主要包含无意识和有意识2个方面:无意识是指受到周围人持有的对日本和日语的积极想法的影响,有意识是指朋友和家人的直接推荐。

　　我最好的朋友学的是日语专业,我的专业是广告,有一次去听日本广告公司电通的宣讲会时,那个翻译说得非常好,在他说自己是日本人之前我都没发现。慢慢地就对日本和日语有了好感。

(B16/访谈/2012-02-18)

　　我一个选日语的朋友劝了我一下,我就选了。

(B17/访谈/2012-02-11)

⑩实用＋易掌握(1名)

{实用＋易掌握}是因[想学习实用的东西,日语较易掌握]而产生的学习动机。这里的实用指的是,作为对比的对象是学习者的主专业——社会学,该学科学习内容宽泛,而语言学习可以看到实实在在的学习成果,比如能用日语交流。且日语中有汉字,对中国人来说容易掌握。

　　我的专业很广泛,连我自己都不知道在学什么,相对来说语言比较实用,我喜欢韩剧,本来想选韩语的,但是没有开设韩语,再加上日语中有汉字,觉得比较容易学。

(B18/访谈/2012-02-11)

⑪好奇心＋易掌握(1名)

{好奇心＋易掌握}是因[对新事物的好奇心,日语较易掌握]而产生的学习动机。日语与已经学过的英语不同,对学习者来说是未知的,由此她产生了想去探索的好奇心,再加上日语中有汉字,对中国人来说容易掌握。

> 我的专业是新闻学,以前没有接触过日语,觉得日语有趣,开始不知道选日语还是德语,我问日语专业的同学,他们说德语很难,日语中有汉字所以选了。
>
> (B19/访谈/2012-02-11)

⑫外语兴趣＋易掌握(4名)

{外语兴趣＋易掌握}是因[想学习英语以外的外语,日语较易掌握]而产生的学习动机。这部分学习者只是想学习一门外语,在外语当中,选择了其中包含汉字、看起来不那么难掌握的日语。

> 我对日语并不是特别感兴趣,只是觉得多学一门外语并不是坏事。日语中有汉字,学起来应该容易一些。
>
> (B20/访谈/2012-02-18)

> 学习外语就可以了解那个国家,开阔视野。不知道选法语还是日语,法语看起来挺难的。
>
> (B21/访谈/2012-02-18)

⑬留学(6名)

{留学}包含[对日本制造业的崇拜][想去主专业的发展强国——日本留学][对主专业不感兴趣,想去留学但英语成绩不好]3个子类。这部分学生打算毕业后去日本留学。第1个子类[对日本制造业的崇拜]是指学习者因身边充斥的日本产品的良好品质而憧憬日本的制造业,毕业后想继续深造,因此决定去日本留学。第2个子类是[想去主专业的发展强国——日本留学],日本在材料工学和制造业相关专业方面,处于世界领先地位,因此学习者把日本作为留学的选项之一。第3个子类是[对主专业不感兴趣,想去留学但英语成绩不好],学习者对目前专业不满,想去国外留学,但由于英语不好,于是选择日本。下面的B22有留学日本的明确目标,而B23认为日本是毕业后留学的选择之一。由于双学位开始于大学二年级下学期,很多人尚未决定毕业后的去向,日本留学一般只是其中的选择之一。

> 我一点都不喜欢自己的专业,想在研究生的时候换一个专业,第一志愿就是去日本留学换一个专业。
>
> (B22/访谈/2012-02-18)

> 不一定去日本,日本只是留学国家的一个选择。我的专业是环境工学,这方面日本和德国比较强。
>
> (B23/访谈/2012-02-11)

⑭留学＋兴趣(3名)

﹛留学＋兴趣﹜是因为[想去主专业的发展强国——日本留学,对日本动画感兴趣]产生的学习动机。日本制造业在世界上属于尖端产业,是相关专业学习者去国外留学的首选,且其对日本动画感兴趣,故把留学地点定为日本。

> 我的专业是机械制造,日本和德国在这方面很先进。我父母想让我去留学,我对德语完全不了解,再加上喜欢日本的动画,就想去日本留学。
>
> (B24/访谈/2012-02-18)

> 喜欢动画,经常玩美少女养成游戏,比较"宅"。再加上我的专业是材料科学,日本和德国比较先进,所以想去日本留学。
>
> (B25/访谈/2012-02-18)

二、学习动机视角的分析

(一)复合型学习动机和单一型学习动机

这一节主要分析日语双学位学习者开始学习时的学习动机内容的构成。本研究把由多种学习动机构成的动机称为"复合型学习动机",只有单个学习动机的动机称为"单一型学习动机"。从表5-2可以看出,学习者的学习动机包括仅由单个动机构成的单一型学习动机和由多种动机组成的复合型学习动机。持复合型学习动机的学习者有30人,其中包括﹛兴趣＋就业﹜(16名)、﹛充实＋兴趣﹜(3名)、﹛兴趣＋易掌握﹜(1名)、﹛竞争意识＋

兴趣}、就业}(1名)、{实用＋易掌握}(1名)、{好奇心＋易掌握}(1名)、{外语兴趣＋易掌握}(4名)、{留学＋兴趣}(3名)。这表明日语双学位学习者中复合型学习动机占学生总数的近一半(69名中占30名)。根本爱子认为，日本的大众文化与其他因素相互关联，共同构成了学生的学习动机(根本愛子，2011)，这与本研究的结果一致，但本研究还发现其他因素彼此之间也相互关联，共同构成了学习者的学习动机。

另外，单一型学习动机中，{兴趣}[对日语、日本文化感兴趣](14名)学习者所占比例最高。复合型学习动机中，包含"兴趣"的大类分别有{兴趣＋就业}(16名)、{充实＋兴趣}(3名)、{兴趣＋易掌握}(1名)、{竞争意识＋兴趣，就业}(1名)、{留学＋兴趣}(3名)，加上包含"兴趣"的单一型学习动机占总人数69人中的一半以上。国际交流基金对我国1800家日语教育机构的日语学习者的学习动机进行了调查。结果显示，"喜欢漫画、动画、J-POP等"和"对日语本身感兴趣"的学习者人数分别排在第1位和第3位(国际交流基金，2013)，其调查结果与本研究结果一致。

需要注意的是，单一型学习动机与复合型学习动机仅仅是从动机构成内容的多少来进行划分的，与学习动机的强度没有关系，也就是说，并不是构成内容丰富的复合型学习动机就比单一型学习动机的强度更大。

此外，还有以下因素会影响学生双学位的选择：走读距离(相对于校外的语言培训学校，华中科技大学学生更愿意在本校进行双学位学习)；想选择的第一志愿双学位课程并未开设，退而求其次选择了日语；想拿双学位证书；等等。但是，这些因素并不是左右学生选择的主要因素，所以本研究并未对以上因素进行分类。

(二)长期型学习动机和短期型学习动机

下面分析学习者日语学习动机的形成时期。其中有从高中甚至从小就开始关注日本相关元素的学习者，"高中的时候语文课本上就有日本的文学作品，学了之后就非常感兴趣"(B09/访谈/2012-02-18)，"从小学开始就很喜欢日本的动画片，每天都看"(B31/访谈/2012-02-18)。也有大学入学后才决定选修双学位课程的学习者，"我的专业是社会学，为了以后中日历史比较研究做准备"(B04/访谈/2012-02-11)，"我想用英语以外的语种来考研"(B14/访谈/2012-02-18)。由此可见，学习者日语学习动机的形成时间各不相同。前者很早开始就通过各种媒介接触日语和日本文化，对日本的兴趣已经渗透到学习者的日常生活中。本研究中，学习者的学习动机萌发较早，进入大学前通过长期接触日本和日本文化而产生的学习动机被称为"长期型学习动机";临时(决定双学位之前)或短期内(大学入学后)形成的学习动机被称为"短期型学习动机"。持有短期型学习动机的学习者一般在进入大学后就开始考虑毕业后的去向了,此时形成的这种学习动机多为"日语学习可能对未来的就业或进一步深造有用",至于具体如何有用,他们暂时还没有明确的计划,还有很重要的一点是日语中包含汉字,对中国人来说,看起来容易掌握。

持有长期型学习动机和短期型学习动机的学习者分别包含以下几种类型的学习动机,如表5-3所示。

表5-3　长期型学习动机和短期型学习动机包含的学习类型

长期型学习动机	短期型学习动机
● 对日语和日本文化感兴趣的,与{兴趣}相关的大类 ● 基于与同班同学的竞争意识而开始学习日语,后对日语和日本文化产生兴趣,同时认为日语有利于就业:{竞争意识+兴趣、就业} ● 受到他人对日本想法的潜移默化的正面影响:{受他人影响}[受到他人潜移默化的影响] ● 对日本制造业的憧憬:{留学}[对日本制造业的崇拜]	● 掌握一门外语对未来就业可能有好处:{就业}[有利于就业]、{兴趣+就业} ● 将来想去日本留学或去日本留学是其选择之一:{留学}[留学+兴趣];想在考研中用日语代替英语来考试:{考研} ● 主专业与日本联系密切,学习日语有利于主专业学习:{辅助主专业} ● 充实大学生活:{充实+兴趣};容易掌握:{兴趣+易掌握}{实用+易掌握}{好奇心+易掌握}{外语兴趣+易掌握};他人推荐自己进行双学位学习:{受他人影响}[朋友、家人的推荐]

复合型学习动机、单一型学习动机和长期型学习动机、短期型学习动机的分类源于学习动机所具有的多面性,在本研究中,前者和后者之间并没有任何相关性。具体来说,我们发现,在短期内形成的动机并不一定构成单一型学习动机,而长期形成的学习动机也不一定构成复合型学习动机。举例来说,持{兴趣}这个单一学习动机的既有从小接触日本文化、日语并对其产生兴趣,从而形成长期型学习动机的学习者(如B01),也有进入大学后,在较短时间内形成短期型学习动机的学习者(如B04)。复合型学习动机亦是如此,譬如{兴趣+就业}这一动机类型既有可能是短期形成的,也有可能是长期形成的;就业是学习者进入大学后考虑到毕业后的去向而产生的短期型学习动机,而兴趣则如前所述可能是学习者从小就有的兴趣,也可能是进入大学后才培养的兴趣。

本研究和既有研究不同,不是关注特定地区特定群体在特定时间点的学习动机的大致倾向,而是关注单个学习者,聚焦他们开始系统地进行日语双学位学习前的学习动机的内容及发展变化。调查结果表明,在决定进行日语双学位学习时,学习者中持有复合型学习动机的学习者较多。学习者的日语学习动机包括进入大学前便形成的长期型学习动机,以及大学入学后在短时间内形成的短期型学习动机,这暗示着日语学习者学习动机的形成条件较为复杂,其形成有可能要花费较长时间。本研究结果证实了根本爱子的观点——系统地把握学习者在日语学习开始前的学习动机,有利于全面掌握学习者学习动机的发展变化(根本愛子,2011)。

三、入学前的学习行为

以上根据学习动机的多面性将日语双学位学习者开始学习时的学习动机分为单一型、综合型、长期型、短期型4种类型。下面将探讨持有不同学习动机的学习者关于日语和日本文化的储备知识即学习准备。

从整体上来看,部分学习者虽然在双学位学习开始之前已经通过各种途径学习了日语,但他们希望得到更系统的学习和更好的指导,所以选择了日语双学位学习。如前所述,持有复合型学习动机的学习者,其学习动机不一定强;持有单一型学习动机的学习者,其学习动机也不一定弱。可见,无论是复合型学习动机还是单一型学习动机,都与学习者对日语和日本文化既有知识的多少无关。我们再来分析持长期型学习动机和短期型学习动机的学习者在对日语和日本的了解上是否有差异。拥有长期型学习动机的学习者虽然很早就对日语产生了兴趣,但在日语学习上并非很早就已付诸实际行动了。在日语双学位学习开始前,本研究中的学习者中有对日语感兴趣但没付诸实际行动的学习者,也有通过日语教材自学的学习者,还有在培训机构学习过日语的学习者,或者通过观看日本动画有意识地记住日常对话的学习者。同样,持有短期型学习动机的学习者对日语和日本文化的了解也未必少。譬如,持有{外语兴趣+易掌握}动机的4名学习者,虽然接触日语的时间较短,进入大学后才开始学习,但其中3人已通过大学开设的日语选修课或日语培训学校进行了较为系统的学习。

持有不同学习动机的学习者在对日本的印象方面并没有太大差异。学习者对日本的印象中,日本人礼貌、勤奋和日本环境好等积极内容占主流,此外也有压力大、自杀率高等少数负面内容。由此可见,双学位学习是学习者基于自身的意志而主动选择的,因此正面印象较多。

第二节　入学后^①的学习轨迹

本节承接上节内容,阐明日语双学位学习者在开始双学位学习后,其学习动机如何发生变化。

社会科学调查方法中的三角测量法是提高质化研究质量的有效方法之一,它采用多角度、多方法的思维策略,或由多个调查人员参与调查,或数据来源多样,或多种调查方法相结合。木下康仁指出,质化研究中使用的数据并不是单纯的质化形式的数据,而是具有丰富细节的数据,这是质化研究最大的特征(木下康仁,2007)。本研究使用的数据是2014年4月双学位的结束前所收集的开放式问卷调查的数据。这种调查方法和回溯式访谈一样,由于双学位学习时间长达2年之久,回忆2年内的学习过程时,研究对象的记忆力可能出现偏差,存在回答不准确或简略化现象。为了最大限度地避免此类情况的发生,本研究还采用其他数据,包括学习者的学习日记及开放式问卷调查,使用这些数据可以展示学习者进行双学位学习时的丰富细节。本研究的主干资料——第2学年双学位课程结束前实施的开放式问卷调查,共收集了49名研究对象的回答。另外,在学习日记方面,第1学年上学期收集了31名、第1学年下学期收集了11名学习者的学习日记;在开放式问卷调查方面,第1学年上学期(2012年2月)收集到49名、第1学年暑假(2012年8月)收集到40名、第1学年下学期(2012年12月)收集到30名学习者的数据。在进行数据分析时,先沿着纵向时间轴对各个学习者的数据进行整理,具体采用木下康仁提出的修改版扎根理论,此理论用来解释人类的行为,特别适用于解释通过与他人的相互作用而发生动态变化的现象(木下康仁,2003,2007)。本研究中的学习动机具有过程属性,它在学习者、教师以及学习环境的相互作用下发展变化,其特点与修改版扎根理论的特性契合,故采用此分析方法。首先确定分析的焦点是日语双学位学习者,分析的主题是"日语双学位学习动机的变化过程及影响因素"。然后,读取、整理每个学习者的数据,注意其中和分析焦点及主题相关的部分。对单个学习者的文字数据进行分析,使用分析表生成概念。制作分析工作表时,从具体案例开始生成定义,以此为基础生成概念。结束后再对下个学习者的数据进行研究,每次出现新案例时就生成概念。

---

① 这里的"入学后"是指双学位学习开始后。

为了不使数据的解释显得随意,还要收集各个概念中的相似案例、相反案例进行比较和确认,从而使概念更加精细化。在探讨了各概念间的相关性之后,再生成其上位分类。然后,根据各概念间的关系和概念与各上位分类间的关系,制作结果图。在此过程中,还要利用课堂观察所收集到的数据,对上述数据信息进行确认、补充等。另外,在进行数据分析时,利用学会汇报和笔者所在研究科研讨会汇报的机会,让相关质化研究的学者对生成的概念和上位分类予以确认,进一步提升本研究的信度和效度。

一、学习动机和学习行为的变化轨迹

分析结果生成了2个大类、5个子类和32个概念。在此基础上制作的结果如表5-4和图5-1所示。其中,{ }表示大类、[ ]表示子类、( )表示概念。生成的大类中包括{学习动机的变化}和{日语双学位的困难}。学习者因(就业)(兴趣)(兴趣＋就业)(充实＋兴趣)(兴趣＋易掌握)(辅助主专业)(竞争意识＋兴趣,就业)(考研)(受他人影响)(实用＋易掌握)(好奇心＋易掌握)(外语兴趣＋易掌握)(留学)(留学＋兴趣)14个概念组成的[双学位开始时的学习动机]开始了日语学习。学习开始后的第1学年上学期,学习者一般干劲十足,上课出席率很高。但是,随着日语学习的深入,对日语的新鲜感的逐渐减少,再加上{日语双学位的困难},导致大部分学习者的日语双学位学习动机减退。学习动机减退的学习者中,动机减退的原因有(自学更有效率)(不在乎双学位证书)(对将来没有帮助),他们因此放弃了第2学年的学习,而(想取得双学位证书)或对日语有(兴趣)的学习者坚持学习了2年。另外,导致学习者动机减退的{日语双学位的困难}由[双学位制度相关困难]和[上课相关困难]2个子类构成。[双学位制度相关困难]子类中包含(离上课地点远)(学费)(实习)(孤独)(想休息)(考研)6个概念,[上课相关困难]子类中包含(课程枯燥无味)(内容难)(课程进度太快)(没有时间学习)(课程进度太慢)(害怕被提问)(考试压力大)7个概念。

表5-4 基于M-GTA的日语双学位学习动机变化的分析结果

大类	子类	概念
{学习动机的变化}	[双学位开始时的学习动机]	(就业)(兴趣)(兴趣＋就业)(充实＋兴趣)(兴趣＋易掌握)(辅助主专业)(竞争意识＋兴趣,就业)(考研)(受他人影响)(实用＋易掌握)(好奇心＋易掌握)(外语兴趣＋易掌握)(留学)(留学＋兴趣)

续表

大类	子类	概念
{学习动机的变化}	[继续修读双学位原因]	(兴趣)(想取得双学位证书)
	[放弃修读双学位原因]	(自学更有效率)(不在乎双学位证书)(对将来没有帮助)
{日语双学位的困难}	[双学位制度相关困难]	(离上课地点远)(学费)(实习)(想休息)(孤独)(考研)
	[上课相关困难]	(课程枯燥无味)(内容难)(课程进度太快)(没有时间学习)(害怕被提问)(课程进度太慢)(考试压力大)

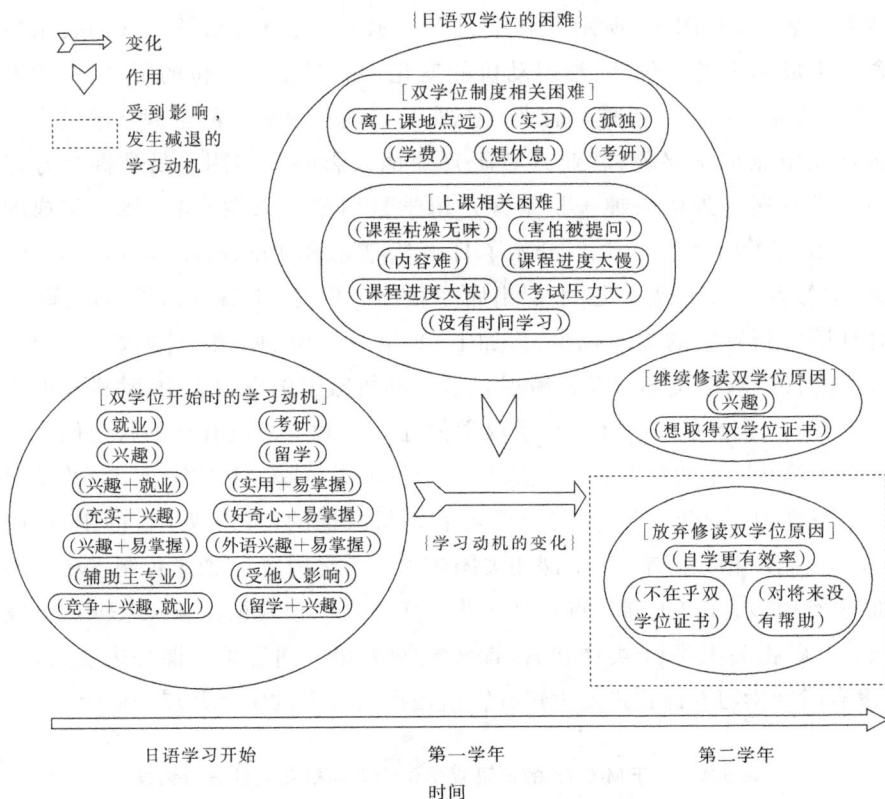

图 5-1 日语双学位学习者的学习动机变化结果

下面就以上得出的各个大类、子类和概念进行分析。

(一){学习动机的变化}

(1)[双学位开始时的学习动机]

双学位开始时的学习动机是指开始修读日语双学位时的动机。这部分内容已在第五章第一节第一小节中分析过,在此略过。

(2)[继续修读双学位原因][放弃修读双学位原因]

双学位修读1年后,面对{日语双学位的困难},学习者分别出于[放弃修读双学位原因][继续修读双学位原因],而选择放弃修读第2学年或继续修读第2学年的课程。

因[放弃修读双学位原因]而放弃双学位学习的学习者中,相较于日语教师的讲授,很多学习者感到(自学更有效率)。另外,学习者逐渐明确毕业后的去向,发现日语和未来的发展方向关系不大,或因学习效果不好,以自己现在的日语水平(对将来没有帮助)。以上这些学习者中,(不在乎双学位证书)的学习者学习了1年或未满1年便放弃了日语双学位学习。这些放弃双学位学习的学习者中,有部分学生并非放弃了日语学习:"为了以后能到日本留学,一定要过能力考试。"(B03/开放式问卷调查/2012-12-21)他们为了通过日本语能力测试,能够更有效率地学习,选择自学或去语言培训机构学习。其他放弃双学位学习的学习者,虽然放弃了双学位学习,但仍会观看一直以来都很感兴趣的日本动画。

另外,在学习困难导致动机减退的学习者中,部分学生认为双学位证书是日语学习的证明,虽学习动机减退,但(想取得双学位证书),因而能够坚持继续修读第2年的课程。但他们在第2学年的双学位学习中,上课缺席频繁,自学日语的情况较普遍。这部分学习者又分为2种类型。第1类是学生在课外自学,通过学校规定取得双学位证书必须通过的N3或大学日语四级考试。这类学生的目的只是取得双学位证书,一般不主动学习:"第2年双学位学习难度加大了嘛,课时却少了,而且上课也是以语法为中心,很枯燥。"(B30/开放式问卷调查/2014-04-05)而第2类学生则以通过更高级别的日本语能力测试N1或N2为目标,课外自行复习备考。

因[继续修读双学位原因]而坚持双学位学习的学习者中,部分学生的日语学习动机始终未发生改变,他们对日本的动画等文化抱有强烈的兴趣,并不以通过日本语能力测试为学习目标。他们对日语学习本身感到满足,对掌握的新知识感到兴奋,享受日语学习的过程,课堂出席率高:"我一开始就有信心可以坚持2年。因为兴趣而学了日语,当时也没想过要学到什么程度。对这2年的效果还是比较满意的,能看懂简单的文章,进行简单的日语交流。以后自学应该也可以。"(B31/开放式问卷调查/2014-04-08)

（二）{日语双学位的困难}

因为日语双学位是学习者出于自身意愿而选择的，所以第1学年的上学期，学习者对日语学习感到新鲜，课堂出席率较好。但随着时间的推移，面对{日语双学位的困难}，学生日语双学位的学习动机也逐渐减退。

[上课相关困难]中，随着课程内容逐渐增多，有学习者感觉（课程进度太快），跟不上教学进度："课上得有点快了，日语好难啊，日语中的汉字跟中文的意思也不一样，和中文的语法顺序也不同。"（B27/开放式问卷调查/2012-11-18）和想象中的日语学习相比（内容难）。再加上大部分学习者的主专业较忙，周一到周五无法兼顾主专业学习和日语学习，（没有时间学习）日语，因此日语学习时间仅限于周六、周日的上课时间，预习、复习时间不够导致学习者感觉（课程进度太快），从而陷入恶性循环。学习效果不好或预习、复习不到位的学习者，课堂上（害怕被提问），上课意愿减弱，自然而然也会觉得（考试压力大）。这样久而久之，学习者渐渐失去了日语学习的信心，日语双学位的学习动机也随之减退："比想象中难多了，太花时间了，完全没有时间做别的事情。学习效率也不高，没有学好的信心了。"（B28/开放式问卷调查/2012-12-21）此外，日语双学位学习的第2学年，部分学习效果好的学习者认为（课程进度太慢），效率不高，这部分学习者自行在课外自学日语教材和备考日本语能力测试，因此课堂出席率较低："第2年的时候，我觉得准备日本语能力测试的话，在培训班或者自学比较有效率。"（B08/开放式问卷调查/2012-12-21）也有过了新鲜感的部分学习者渐渐感到（课程枯燥无味）："开始的时候还很有热情，时间一长就感觉有点枯燥，上课也很单调。"（B29/开放式问卷调查/2014-04-08）

[双学位制度相关困难]方面，不少学生并不适应没有周末的生活，他们因单纯地（想休息）而逃课。特别是对非华中科技大学的学生来说，周六、周日两天必须早起赶来上课，有些学校的学生须换乘几次公交车才能到达，"每周去上课要换乘2次，特别累"（B28/开放式问卷调查/2014-04-08），因（离上课地点远）而学习动机下降的学习者不在少数。另外，因日语双学位的学习方式的关系，一般仅在周六、周日上课时才能和同班同学见面，课下一般独自学习，部分学生对此感到（孤独）。尤其是第1学年结束时，班级进行了重组，出现了被分配到新班级而感到孤独无助，并因此放弃修读的学习者："之前跟我一起上课的朋友没来上课了。我觉得语言学习2个人边鼓励边学习比较好，凭我的性格应该坚持不了，我也放弃了。"（B17/开放式问卷调查/2014-04-08）此外，还有因得不到家人支持的（学

费），或要去参加本专业（实习）而放弃的："我要去实习，如果继续修的话，就有很多课不能上。"（B29/开放式问卷调查/2014-04-08）

二、学习动机的变化类型及人数

上述研究结果显示，在2年的学习过程中，日语双学位学习者的学习动机发生了变化，根据学习动机的变化趋势，学习者分为学习动机下降型和学习动机不变型。且根据第2学年是否继续修读双学位，又分为继续修读学习者和放弃修读学习者。下面把本研究的对象所在的两个班级，按照上述分类方法汇总到表5-5中。

表5-5　日语双学位学习者动机的变化及对应人数

班级	继续修读学习者		放弃修读学习者	合计
	学习动机不变型	学习动机下降型	学习动机下降型	
班级①	4	14	7	25
班级②	5	11	8	24
合计/%	9(18.4%)	25(51.0%)	15(30.6%)	49(100%)

从表5-5可看出，超过80%的研究对象的日语双学位的学习动机减退了。从以班级为单位的学习者的学习动机变化来看，2个班级基本上没有差异。

本次调查以华中科技大学的49名日语双学位学习者为对象，以学习动机的变化为重点，使用M-GTA分析法进行了为期2年的纵向跟踪调查。本节所分析阐述的学习者的动机变化过程及其影响因素对中国双学位教育的改善具有重要意义。中国大部分大学的热门专业，因填报人数过多，分数相对较低者会被调剂到相对冷门专业，这类调剂生往往对主专业并不感兴趣，而双学位学习给了学生自由选择另一门专业的机会，能够最大限度地发挥学生的主观能动性（王峰、张彦丽，2008），但本研究发现日语双学位学习开始后，学习动机下降型的学习者人数占全体研究对象的8成以上。为改变这种现状，教师和学习者需要共同努力，使学习者的日语学习动机得以保持。另外，在日语双学位学习后期，部分学习者为了备考日本语能力测试而自学或参加更有针对性的日语培训学校的课程，他们或缺席双学位课程或干脆放弃双学位学习。和学生自学、参加日语培训学校的课程相比，除了双学位证书外，如何凸显日语双学位的优势，是我们教育工作者应该思考的问题。

三、日语双学位学习者的学习动机

(一)日语双学位学习动机和日语学习动机

从以上双学位学习者的学习轨迹可看出,放弃双学位学习不一定意味着放弃了日语学习,继续修读双学位也不一定代表双学位课堂出勤好,学习热情高。也就是说,日语双学位学习动机和日语学习动机并不一定一致。下面从自我决定理论中的内部动机、外部动机来分析学习者的学习动机。

双学位学习开始时,学习者的日语双学位学习动机与日语学习动机相同,学习者想要通过双学位学习来实现学习目标。学生的学习动机中包含就业、竞争意识、考研、实用、外语兴趣、充实、留学、易掌握、辅助主专业、受他人影响、兴趣、好奇心等。其中兴趣、外语兴趣、好奇心是内部动机,其他则归为外部动机。

日语双学位学习动机下降型中,放弃继续修读双学位的学习者有以下3种类型:

①日语和毕业后的去向无关的学习者。

②日语水平较低,日语对未来职业规划没有帮助的学习者。

③通过1年的双学位学习掌握了自学能力,认为自学更有效率的学习者。

类型①和类型②的部分学习者在放弃双学位学习后,完全放弃日语学习,日语学习动机和日语双学位的学习动机同时消失。类型③的学习者放弃日语双学位学习,双学位学习动机变为无动机,但也有部分学习者以日本语能力测试为目标或因单纯喜欢日语而继续学习,日语学习动机仍然存在。

为取得双学位证书而继续修读双学位的部分学习者一边进行双学位学习,一边复习准备比双学位学习难度更大的日本语能力测试,即这部分学生同时拥有以取得双学位证书为目的的日语双学位学习动机,以及通过日本语能力测试的日语学习动机。剩余的继续修读双学位课程的学习者因日语学习效果不理想,便一心以取得双学位证书为目标,仅进行了最低限度的日语学习,取得双学位证书是他们的日语双学位学习动机,日语学习动机已不复存在。

日语双学位学习动机下降型中的部分学习者虽然双学位学习兴趣减

少,却依然在观看一直以来就很感兴趣的日本动画。但这只是作为娱乐活动来享受,并非有意识的学习行为,在这里不作为日语双学位的学习动机或日语学习动机来探讨。这里需要注意的是,日语双学位学习动机下降型的学习者中,无论是放弃修读双学位还是继续修读双学位的学习者,无论他们以何种外部动机或内部动机开始双学位学习,他们的最终目标都转变为取得双学位学习证书或通过日本语能力测试等具有明确方向的外部动机。这是因为双学位证书和日本语能力测试证书是日语学习经历或日语水平的重要证明,对学习者来说具有较大的吸引力。

对日语双学位学习动机不变型的学习者来说,日语双学位学习动机和日语学习动机始终保持一致,均为想了解日语和日本文化的内部动机。

以上各种类型学习者的学习动机变化如图5-2所示。

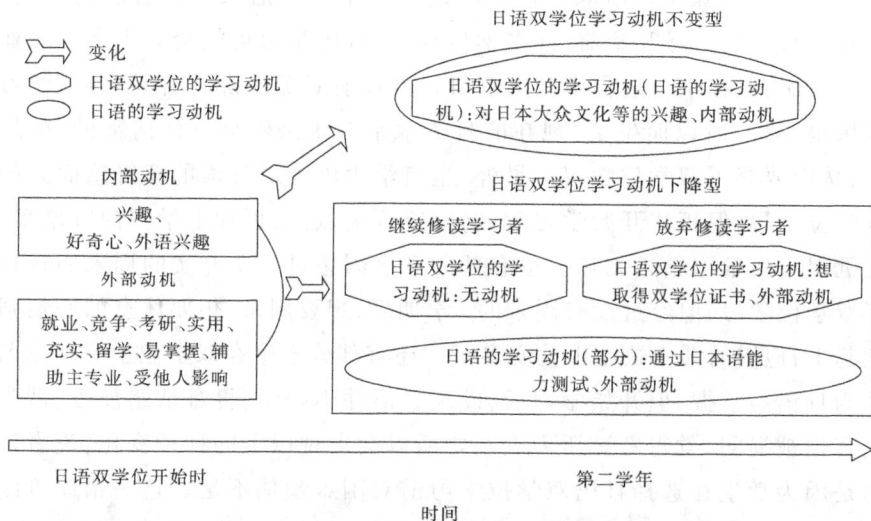

图5-2　学习者的日语双学位学习动机和日语学习动机的变化

(二)学习动机减退的原因

根据垣田直巳的分类,本节从环境因素、学生自身因素和课堂因素这3个方面来探讨学习者日语双学位学习动机减退的原因(垣田直巳,1993)。

(1)环境因素

在家庭环境中,学习者选择了日语双学位学习,自然对日本和日语学习抱有善意,但其周围特别是支付双学位学费的父母,有些因中日历史等问题而对日本和日语印象较差,所以本研究中出现了虽然想继续学习但因得不到学费支持而不得不终止双学位学习的学生。根本爱子在卡塔尔的学习环境中,发现日语不被周围人支持的理由是缺乏社会需求(根本爱子,

2011）。在本研究中，日本在历史问题上的负面形象导致学生家长不支持，这一现象只有在相关国家才会成为学习者动机减退的因素，同时也可窥见学习者一代及其父母一代在对待日本及日语的态度上的差异。另外，在社会环境中，因需要参加实习和考研，时间上受到了限制，这导致日语双学位学习动机和日语学习动机都受到了不利影响。而在学校的精神氛围和物理条件的制约上，学生心理上的孤独和上学距离远这2个因素在一定程度上导致了学习者学习动机的减退。对于学习者的孤独心理，刘恩伶（2010）认为，如果想在不同大学之间往返的跨校双学位学习中长时间坚持下去，需要在接触不同大学的校园文化时，用开放、包容的态度对待新环境和新同学。笔者赞同这一观点。

（2）学生自身因素

这主要来源于日语双学位学习前后学生对日语双学位看法的变化。在日语双学位学习开始前，许多学生认为，日语学习可能会对未来的职业规划有用，但在学习过程中却发现日语并没有想象中那么容易掌握，学习效果也不好，所以萌生了"现在的日语水平对未来不会有任何帮助"的想法，从而放弃了双学位学习。另外，也有学生因为对日语的新鲜感而开始双学位学习，但正式开始学习后，新鲜感逐渐减少，再加上学习内容增多，便觉得日语学习枯燥无味。也有部分学生因想过一个充实的周末而选择了双学位学习，但经过没有周末的1学期后，想要周末、想要休息的心情强烈起来，他们的课堂缺席也就变多了。还有部分学生在双学位学习开始前认为日语易掌握，但开始学习后，发现日语并不好学，畏难情绪加重，课堂上害怕被提问，觉得考试压力大。之所以会出现以上的种种变化，笔者认为是因为学生在选择日语双学位学习前对困难预估不足。这一错误判断导致他们在双学位学习开始后，未在日语学习上花费足够的时间和精力，学习效果并不好。对此，李莉（2009）认为，在双学位学习中，要完善双学位制度的指导体系，事先告知学习过程中有可能面对的困难，并在学习过程中对学生的困难采取迅速的应对措施，进行适当的指导，使其继续顺利学习，最终取得学位证书。此外，语言适应性、性格、学习风格等学习者自身因素在本调查的研究对象身上也无意识地展现了出来，这些因素一般较稳定，对学习者学习动机及学习行为的影响较为有限，故在此不做讨论。

（3）课堂因素

这主要指学生对课程进度的主观感受。本研究中，对于同一门课程的进度，同时出现了感觉进度过慢和感觉进度过快的学习者。教师需要考虑如何根据学习者的需求来安排课程。在这种情况下，学习开始前可以进行学习水平测试或参照期末考试成绩,根据学生的水平来进行分班,因材施教。另外,以语法为中心或照本宣科的授课方式容易使学习者感到课程枯燥无味(今福宏次,2010),本研究中的一些课程也出现了此类反馈,这一问题可通过改善课程设计和更新教授法来解决。

第三节　优秀日语双学位学习者的学习轨迹

一、优秀学习者的选择及分析方法

第一章提到对优秀学习者学习策略的分析,能对教师更好地指导学生提供有益的参考,也能给处于相同或类似环境中的学习者提供好的学习榜样和可操作性强的学习方法,因此有必要分析双学位优秀学习者的学习策略。本节以我国学习环境中的非专业日语优秀学习者为对象,解析其在学习过程中的动机的变化过程及引起变化的原因,从宏观过程来把握学生的学习策略。

本节中的日语双学位优秀学习者需满足以下2个条件:(1)2年的学习期内,通过日本语能力测试N1;(2)能够高度配合本调查,提供日语学习的丰富细节。获得华中科技大学日语双学位证书的条件为通过N3,日语双学位学习者近300人中,通过N1的学生仅为10人左右,因此设定通过N1为优秀日语双学位学习者条件之一较合理。设置第2个条件是因为,从研究对象那里收集到丰富的数据,对研究对象进行深描,是提高质化研究质量的一个重要途径,这需要研究对象对调查的高度配合,还需要其具有优秀的表达能力,因为这样才能输出日语学习的丰富细节。笔者综合考虑收集到的相关数据后,把同时满足这2个条件的学习者B01和B02选为研究对象。

下面介绍对这2名研究对象的调查研究经过。2012年2月,笔者开始在华中科技大学日语双学位的2个班级进行为期2年的纵向跟踪调查(第五章第一节和第二节)。本节选取的2名对象B01和B02,无论是在期末考试还是在N1中,都成绩优异,且始终对调查非常配合,提供了大量翔实的数据,这有助于向读者展示优秀学习者详细的学习过程和学习策略,便于读者效仿。表5-6是他们的个人简介。

表 5-6 优秀日语双学位学习者的个人简介

学生	年龄	性别	主专业
B01	19岁	男	计算机
B02	19岁	女	法学

本研究采用质化叙述性研究方法,对收集的数据进行分析。以时间顺序整理 B01 和 B02 从接触日语到双学位学习结束时的学习动机和学习策略。在学习动机方面,明确各个时期的学习动机,探索影响学习动机变化的积极因素和消极因素,从而构建学习者的学习动机模型。在学习策略方面,则将学习者具体的学习行为如实地记录下来并加以分析。

二、优秀学习者的学习动机和学习行为

下面按照时间顺序,对 B01 和 B02 的学习动机和学习策略进行描述。

(一)开始接触日语到双学位开始前

(1)学习者 B01

学习者 B01 在小学时第 1 次接触日本的动画和游戏,从那以后就开始感兴趣。感兴趣的对象并不是日语,而是动画和游戏的内容。进入高中后,1 周仅有 1 天的休息时间,他也全部用于观看日本动画。渐渐地,他在观看动画、玩游戏时不想受语言限制,想达到不看字幕也能看懂、听懂的水平,但高中学习紧张,可支配的时间较少,无法开始系统的日语学习。

上大学后时间宽裕起来,他开始每天都观看日本的动画,同时选修了两门与日语相关的通识课程,B01 从未缺席过这 2 门课,课外也花费了一定时间来预习和复习。B01 不满足于每周只有 6 节课的选修科目的学习,因而选择了修读日语双学位。

(2)学习者 B02

与 B01 不同,B02 首次接触日语是在进入大学后。因为室友的影响,她购买了日语教材,开始自学假名。室友的母亲出于工作上的原因经常去日本出差,所以室友在谈到日本时,多次提到日本比中国先进、发达的地方,在室友的带动下,全体寝室成员均开始自学日语,久而久之,B02 便对日本憧憬起来。于是她开始有意识地接触有关日本的事物,并迷上了日本动画。综合考虑各种因素,她最终决定修读日语双学位。影响她做此决定的主要有以下 3 个外部因素:①她本身是华中科技大学的学生,选择本校双学位不用担心走读距离的问题；②本来最想修读的双学位的科目，教师评价不好，不能确信自己能否学好；③高中时期的好友是日语专业学生，可以得到帮助。再加上B02有要比室友学得好的竞争意识，于是最终决定修读日语双学位。

（二）双学位开始后到双学位结束

（1）学习者B01

双学位学习开始后，周末的双学位课程增加了B01接触日语的时间。下面来分析B01具体的日语学习过程和方法。

> 今天凌晨大概花了1个多小时，看了最新一集的《名侦探柯南》和一部短片动画《萤火之森》，晚上则看新出的《伪物语》。感觉平时除了上日语课或是无聊看日语课本的时候，与日语的交集点大概就是动画日剧之类的，看这些东西感觉对听力挺好的，起码现在听日语，可能不知其中每个词的意思，不一定能写出来，但大致的意思能懂。
>
> （学习日记/2012-02-26）

> 白天上课，晚上看新番（即动画新节目）。上课是必需的，看新番算习惯。上课总共是6个多小时吧，新番今天有2部，1个多小时。
>
> （学习日记/2012-11-10）

从以上叙述可以看出，B01主要是在日语双学位课程中接触日语的，并在部分课外时间学习课本和看日本动画。他没有缺席过一次双学位课程，因为他认为："毕竟这算是自己感兴趣的课，就想着不能放过。"（开放式问卷调查/2014-04-08）"我想我对日语的执念比较深吧，看得比较重，并不是说只想混个文凭之类的。"（开放式问卷调查/2014-04-08）因为是自己感兴趣的内容，所以进入大学三年级后，在主专业的课程和实习均需要花费很多时间的情况下，他还是一如既往地上日语双学位课程。随着日语学习的深入，B01对日语课程的看法发生了如下变化："最开始，看书时有很多不懂的地方，需要老师讲得很详细才能理解。到第2年，基础知识基本上差不多了，感觉课上讲的内容比较简单之后，就容易犯困。"（开放式问卷调查/2014-04-08）开始学习时不懂的问题较多，需要有专业的教师进行详细的讲解才能够理解,因此他上课时精神很集中。但到了第2学年,B01的日语学习进度比较超前,他感到学习内容简单后,上课时的学习态度便发生了变化:"今天课上大概睡了1.5个小时,其他的时间认真听讲了吧。"(学习日记/2012-10-11)进入学习阶段后期,此时的大部分学习内容对B01来说较简单,对于熟悉的学习内容他的紧张感和好奇心减少,课堂上便不自觉地开始开小差或睡觉。即便如此,他依然认为日语课程很重要,抱着只要上课,不管多少都能学到新知识的想法,未曾缺席任何一次课。

至于课外的日语学习,B01并未有计划性地开展。除了完成主专业的学习任务外,可由自己自由支配的大部分课外时间被用来观看日本动画或者听日语歌曲,日语教科书的学习仅在日语双学位的课堂上和主专业的课堂上感到无聊时偷偷地进行。下面是B01课外日语学习的主要方式。

> 这几天一直都在看一些日文歌词,比如『終わりの世界から』。有时候就觉得语言学习是很没有方向性的,只能靠自己的不断适应去解决遇到的语言问题。
>
> (学习日记/2012-03-06)

> 有点疑问,很多女歌手在歌词中用"僕",这是一种习惯还是别的什么?
>
> (学习日记/2012-03-12)

> 这几天都在抄麻枝准(日本脚本家、作词家、作曲家)几个新曲的歌词。先是抄,然后标注汉字注音。本来多音字之类的我还是知道的,但不同的汉字用同样的读音表达出来,意思就不同了。比如やった可以写成殺った。本身应该是做到了的意思,写成汉字就成了杀掉了的意思,但是同一首歌中,殺可以念成殺める、殺った、殺す,意思都是一样的,有什么区别我就不知道了。
>
> (学习日记/2012-03-27)

B01原本就不喜欢用学习教材、读单词、背诵语法等传统的方式来学习日语,因此课外学习并不系统,像上面的叙述中出现的观看动画和抄写歌词那样,虽然活动本身是每天的必修课,但出于一时兴趣的学习内容居多,所以他认为"语言学习是很没有方向性的"。从上述的第2、第3则日记我们也可以看出,在抄写和学习动画歌曲时,他不仅欣赏音乐,还会思考其中出现的单词和语法现象,想去进一步探究。相较于日语教材的学习,对于这种学习方法,B01并非盲目地推崇,而是冷静地分析其弊端:"最近有点觉得老是看歌词对语言学习很有坏处,因为歌词中省略了很多成分。"(学习日记/2012-03-30)

　　日语双学位学习开始后,B01的学习内容不再局限于动画和动画歌曲,也开始有意识地寻找、尝试更符合自己兴趣的学习内容:"尝试看一些原版漫画,有些还是能看懂的,但是一定要读出来而且要读顺才能明白意思,从文本到语音的转化还是不熟练。"(学习日记/2012-03-05)"晚上跟班里的人去唱歌了,唱了一晚上,中间我唱了1个多小时的日语歌。"(学习日记/2012-11-11)"现在在别人的委托之下,翻译游戏里面的日语。"(学习日记/2012-11-17)从以上学习日记中的描述可知,B01在课外也会尝试进行一些与日语相关的具有娱乐性质的活动——看日语原版漫画、唱日语歌、翻译游戏中的日语。此外,他还积极参加大学校内的一切和日语相关的活动,例如日语协会(社团名称)的动画歌曲大赛及日语专业的新年晚会。另外,在双学位学习开始之前,他已经学习了1年日语,是通过学校的日本文学、日本文化的通识课程来学习的,在双学位学习开始后,他继续选修这方面的课程。尽管是晚上的选修课,他也未曾缺席过一次课程。而且,B01经常会在自己的社交工具(如QQ空间)上用日语写文章,在笔者所开设的QQ群组里也非常主动地用日语聊天。

　　综上所述,在B01的学习日记中出现最多的是观看动画等与日语相关的课外活动。相较于日语教材学习,B01对课外富有娱乐性的日语相关活动表现出更为浓烈的兴趣。一直通过大量观看日本动画来学习日语的B01,其学习风格为听觉型学习,比起传统的以看、读文字为主的视觉性学习风格,听、重复信息对他来说更有效率:"唱歌其实很有感觉的,特别是那种快歌,虽然有时候词的意思根本就不明白,但是可以很快地看歌词并唱出来,也很锻炼对日语的反应能力和语感。"(学习日记/2012-11-11)"平时说话、写字,基本不考虑语法什么的,都是怎么念顺就怎么念,怎么写顺就怎么写。总觉得学语言不该抓着语法、单词什么的不放,我本身也不喜欢功利性地学习。"(学习日记/2012-12-23)以上学习日记是B01开始学习日语第9、10个月的记录。B01认为,日语学习不应该一味地背诵教科书中的单词、语法,而是应该在自然的语境中去掌握。若为了考试去背诵单词、语法,就会感到枯燥无味,在享受感兴趣的日本动画、日语歌曲的同时学习、掌握日语是最理想的状态。因此,B01在学习日语时,并不是传统的背诵单词、语法,而是"基本不考虑语法什么的,都是怎么念顺就怎么念,怎么写顺就怎么写",依靠语感来学习,这是通过大量观看日本动画、接受动画中大量的听力训练后才能掌握的语感。下面是B01在观看日本动画时的具体方法。

> 一般是半夜先看一遍生肉(动画的无字幕版),晚上再看一遍熟肉(动画的字幕版),很多日常系的新番生肉基本能看个大概,但是碰上设定比较扭曲或是用语很奇怪的就听不明白了,而且那些莫名冒出来的外来词,不知道的话很难明白。感悟的话还是词汇量不够,但是又不想去背,真纠结。
>
> (学习日记/2012-11-10)

从上面叙述中可以看出,对同一内容的动画,B01通常会观看2遍。第1遍在没有字幕的情况下观看,第2遍对照字幕重点检查第1遍没有听明白的地方。这种习惯是在进行日语双学位学习后养成的,双学位学习开始前,相较于动画中的日语,他对动画的故事更感兴趣,但开始双学位学习后,他会有意识地通过动画等方式背诵单词、练习听力。在此过程中,很少在课外进行书本学习的他虽然发现了自己词汇量不足的问题,但也不愿意特地花时间去背诵:"今天下午上课的时候看了1单元左右的单词吧,课间别人帮我抽查前面记单词的效果,结果基本没记住,本来认识的还认识,本来不认识的还是不认识。总觉得这样记单词太不靠谱了。而且和背过单词的人相比,词汇量确实感觉差距越来越大。"(学习日记/2012-11-14)

如前所述,B01经常在主专业课上偷偷学习日语,他不喜欢反复记忆单词,花在单词背诵上的时间极为有限,导致单词记忆不准确,似是而非,不能准确地书写单词。他意识到了这个问题,知道这样下去和认真学习课本的学生相比,差距会越来越大。在备考N2时,对于背诵单词,他认为:"单词太多,记得又太少,根本记不住啊。完全不知道应该怎么来记单词。说记单词也只不过是把书翻来翻去。"(学习日记/2012-11-10)单词数量多,花费时间又少,B01感受到了记不住单词的焦虑,而他喜欢和擅长的学习方法又让他无法忍受长时间的背诵记忆这样单调的做法。

(2)学习者B02

双学位学习开始后,B02不仅周六、周日要学习双学位课程,而且周一到周五还要在预习和复习上投入大量时间,原本主专业课程就多,学习任务也重,B02感到前所未有的学习压力,并开始怀疑进行双学位学习的决定是否正确:"各种各样的事情,基本上没有时间学日语,有时候在思考自己当时报日语双学位到底对不对。"(学习日记/2012-03-09)但是,B02并没有放弃:"专业课都压死我了,但我从没想过放弃,因为B13、B32都在坚持,我是决不会放弃的。"(学习日记/2012-03-21)主专业相同的B13、B32和B02一样,选择了日语双学位学习,处于相同境遇的同专业同学的存在给了她坚持下去的动力。

双学位学习开始半年后,B02对日语学习有了新的想法:"兴趣好像减少了,毕竟新鲜感没有了,课业压力有了嘛。但自认为选择没错。"(开放式问卷调查/2012-08-14)B01选择双学位的最大动机是对日本动画感兴趣,但随着系统学习的开始,对日语的新鲜感逐渐减少,且因为学习内容不断增多,不得不花费大量时间和精力来学习。虽然如此,B01还是坚定地认为日语双学位是一个正确的选择。在日语双学位学习的第2学年上学期,B02确定免试推荐本专业研究生后,当前的日语学习对她的人生规划来说并没有实质上的帮助,但她认为"作为兴趣来学也不错"(开放式问卷调查/2013-04-01),继续坚持学习日语。

在双学位学习和主专业学习时间冲突的问题上,B02充分利用零碎时间,很好地解决了这个问题。

> 大片时间主要是学习专业课,学习日语一般是在不想看专业书的时候,或者在零碎的时间里。
> 原因:专业课还是比日语重要的,而我们的专业课是需要大片完整时间的,所以这样的时间一般是学专业课了。学语言是长期的事,我觉得每天花一点时间看一下,并不比一次花很久的时间的学习效果差,而且如果涉及记单词,就没必要花整片的时间,课间休息的时间是一个很好的选择,这样还能调节一下上专业课的疲劳。
>
> (开放式问卷调查/2012-08-14)

B02这样定位主专业法学和日语双学位:"学习专业是义务,但学习日语是基于兴趣。"(开放式问卷调查/2014-05-08)因此,在有限的课外时间里,她把完整的大块时间用于主专业学习,把零碎时间用于日语学习。虽是零碎时间,但B02粗略估算了一下,发现课外时间的一半都用在了日语学习上。日语学习已渗透到B02的日常生活中,早上一般在上课前30分钟到教室,朗读日语。即使在主专业的课堂上,在任课教师讲相对不重要的内容时,B02会边听讲边偷偷地背诵日语单词或做日语阅读题。在课间休息时间,B02会阅读简短的对话和文章。上午课程结束后,为了避免赶上食堂用餐高峰,B02一般推迟半小时左右去吃饭,这部分时间就用来学习日语。中午也会缩短午睡时间,至少用30分钟来学习日语。晚上10点以后,不想再学习主专业时,为了调节心情,她会背诵日语单词或看日本动画。此外,B02在手机里下载了日语单词背诵软件,床上的枕头旁边放着日语词典,走路时、做杂务时均会听日语相关音频。B02积极利用一切能够利用的时间,解决了日语学习时间不足的问题。解决了与主专业的学习时间相冲突的问题后,B02的日语双学位学习非常稳定。下面B02描述了她是如何利用零碎时间来学习日语单词的。

　　开始肯定比较难,反正现在单词记得还好,不知道是不是学得久了,记单词还是有所改观的。
　　单词记起来很麻烦,像我这样在课间零碎的时间记单词,我一直认为是好方法。因为有很多课间时间,就算我这次记不住,我先知道发音,下次再看,零碎的时间记单词的好处就是混个脸熟,最后也会记得比较牢。

(开放式问卷调查/2012-08-14)

大多数学习者感到日语单词难背诵,B02在学习开始之初也遇到了同样的问题,但随后及时调整,利用大量的零碎时间解决了这一问题。学习单词的材料除了教材和日语能力测试的备考用书外,还包括日本动画和日语网站。遇到生词时,她及时查询并记录下来,反复记忆后,效果就会变好。

听力学习也是大部分学生的日语学习难点,B02在听力学习上同样花费了较多的时间和精力。如前所述,B02每天走路或做杂务时,均会听日语音频,音频材料包括动画、电视剧、综艺节目、广播等。经过不懈的努力,在大多数学生感到困难的听力学习上,她也取得了较好的成绩。

在阅读方面,B02虽然阅读了大量介绍日本风土人情、著名文学作品的图书,但大学图书馆里日语原文图书偏少,因而她进行日语原文的阅读练习也偏少。口语方面的练习则是B02感觉最为不足的部分,因为没有机会和日本人练习口语,只能通过听日语音频来反复模仿练习。

总体而言,B02的日语学习以教科书为中心,课外有时会利用日本影视作品来锻炼听力等能力,也会在QQ空间等社交媒体上用日语发表状态,转发日本相关的新闻等。

在双学位上课出勤问题上,学习者B02的看法如下。

> 无论学什么都需要师傅带进门嘛,尤其在最开始的时候上课是很重要的,一些基本概念的形成需要老师来讲解,否则根基不稳。(略)学了一些基本知识之后,上课也就并不是那么重要了,毕竟有许多参考资料可以利用,而且自学是根据自己的进度来安排的,老师讲课是照顾整体的安排。
>
> （开放式问卷调查/2012-08-14）

B02除了在第1学年参加运动会缺席了2节课外,其他时间均出席了日语课,这主要是因为她很重视第1学年课堂上教授的基础知识,上课的时候精神也很集中。第2学年,她虽然没有放弃双学位学习,但课堂缺席增多,究其原因,主要有以下几点。

> 第2年可以说没去上过几次课,和第1年应该正好相反。分班以后没有了归属感,而且基础已经打得差不多了,老师上课特别慢,觉得还不如自学。所以觉得能不去就不去吧,就算去了也是在自己学自己的,或者看其他的书,老师讲课可以说基本没听过。
>
> （开放式问卷调查/2014-05-08）

与第1学年不同,第2学年时B02已经掌握了基础知识和最基本的自学能力。另外,课程进度对自己来说相对较慢,自学反而更有效率。特别是第2学年因出现了部分放弃双学位学习的学生,班级进行了重组,B02原来所在班级的学生被分配到其他班级,原有班级同学和任课教师带来的归属感消失,进一步加剧了她不想去上课的心情。

关于在课外预习和复习日语教材,B02是如下进行的。

> 一般都会预习,复习嘛,有时候做有时候不做了。不预习的话,上课就会觉得很不舒服,很容易走神;预习的话,上课听讲会有效率一些。
>
> （开放式问卷调查/2012-08-14）

> 第1年很认真地复习了。我个人对背单词很执着,因为这是

基础嘛。课文的话,基本上会在路上听音频,早上读一会儿课文,一般上完课的那个晚上和第2天都是在复习,后面的时间才预习。效果也是很不错的,我觉得考试前不复习也没问题。第2年,积累差不多了,理解能力也强了,老师讲课以及教材的内容基本上就只需要过1遍了。

(开放式问卷调查/2014-05-18)

在日语双学位开始的第1学年里,B02的日语学习主要以日语教材为中心,课外学习也把重点放在了预习教科书上。理由是,预习之后如发现不懂的地方,上课时任课教师讲到后自己印象会更深刻,上课也容易跟上进度,有利于集中精力学习。预习和复习都进行得很充分的B02对考试并没有感到太大压力。第2学年,已经具备一定自学能力的B02,虽然很少去上课,但教材学习也没有落下:"首先,教材还是有很多基础知识;其次,考试会考到部分内容。所以,我虽然没去上课,但还是花了一些时间把教材都看了一遍,该记的也记了。"(开放式问卷调查/2014-05-08)

三、优秀学习者学习轨迹的分析

(一)优秀学习者学习动机的分析

B01为了在观看日本动画和玩日语游戏时不依赖字幕而选择日语双学位学习,这种学习动机在双学位学习过程中始终未发生改变。B02进入大学后,受室友的影响,购买了学习教材,开始自学,在此过程中,对日本动画逐渐感兴趣,促使B02选择日语双学位的决定性因素也是想不依赖字幕而看懂日本动画。在此基础上,离双学位学校距离近、对想选双学位的第一志愿的不安、竞争意识等因素,进一步增强了她选择日语双学位的决心。

在双学位学习期间,B01几乎未缺席过日语双学位课程,课外时间除完成主专业作业外,几乎所有时间均用在接触日语相关事物上。B02开始日语双学位学习后,喜欢日语的学习动机本身虽然没有变化,但对日语的新鲜感减少,且因学习内容增加,感到很难兼顾主专业和双学位专业。随后,B02积极调整,利用日常生活中的零碎时间来解决学习时间不足的问题,日语双学位学习稳定了下来。

两人学习动机的共同点是,日本动画是其学习动机的触发点,他们都把日语学习当作兴趣来享受。B01把大部分课外时间用在了观看动画上,B02也把日语学习定位为在学习主专业之余调节心情。为了探讨日本流行文化爱好者是否为潜在的日语学习者,近藤裕美子、村中雅子调查了日语学习者对日本流行文化的热爱与日语学习间的关系。结果表明,对流行文化感兴趣的学生对日语学习也有很强烈的兴趣,学习目标也以与日本动画等文化相关的内容为主(近藤裕美子·村中雅子,2010)。本研究也证实了这一研究结论。另外,近藤裕美子、村中雅子还指出,系统的日语学习开始后,学生往往不能长时间坚持,放弃日语学习的现象很突出(近藤裕美子·村中雅子,2010)。本研究中的B02在学习开始之初,也有过类似的困惑,对日语的新鲜感的减少,以及在日语学习上需要花费较多的时间,甚至使其怀疑日语双学位的选择是否正确。此时支撑B02继续学下去的是对日语的喜爱,和处于相同学习环境的同专业学生的存在。在日语学习过程中,像B02这样学习动机发生减退的案例不胜枚举。垣田直巳把影响学习动机的因素分为环境因素、学生自身因素和课堂因素三种(垣田直巳,1993)。为了防止学习动机的减退,当然可以从环境因素和课堂因素出发,为维持学生的学习动机做出努力。但从B02的案例中我们发现,更为重要的是学习者自身的主观能动性,她以日本动画为契机选择学习日语,在学习过程中虽然会遇到困难,但靠自身的努力最终克服了困难。这一特点符合H. H. 斯特恩(H. H. Stern)列举的优秀语言学习者的特征之一——对语言学习困难的克服能力(Stern,1975)。另外,B01和B02出于对日本动画的喜爱而开始学习日语,这一点也契合斯特恩列举的语言优秀学习者的另外一大特征——对目的语积极且包容的态度(Stern,1975)。

双学位学习期间,学习者B01和B02学习动机的发展变化及影响因素可分别用图5-3、图5-4来表示。与B02相比,B01的学习动机没有发生改变,因而也就没有影响因素,B01认为原因为:"因为喜欢才开始学习,也没有给自己制定目标,只要能学到新知识就很开心,日语学习中并没有消极因素。"(开放式问卷调查/2014-05-08)他虽然并不喜欢需要反复背诵的教材学习,但是喜欢与日语相关的其他事物,对学习过程本身感兴趣,学习动机一直维持在较高的水平。

优秀学习者B01和B02学习动机的变化趋势不同,可见即使对于学习效果好的学生来说,其学习动机变化的模式也不固定,并无优劣之分。相反,与学习动机一直处于较高水平的B01相比,B02的案例则更具有代表性和现实意义。如前所述,日语双学位学习者大多学习动机减退了,而B02也经历了这一过程,如何走出这一困境,对由同样因素导致学习动机减退的学习者来说具有重要的借鉴意义。

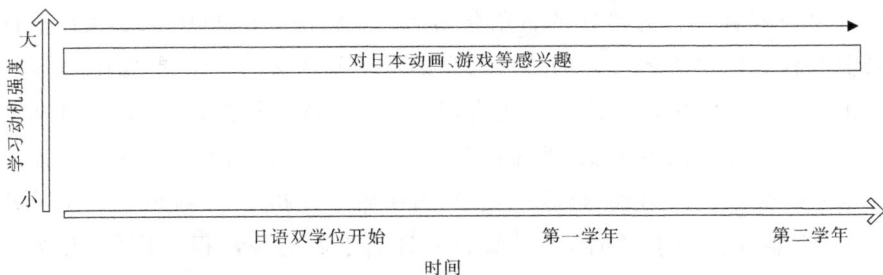

图5-3　优秀日语双学位学习者B01的学习动机变化模型

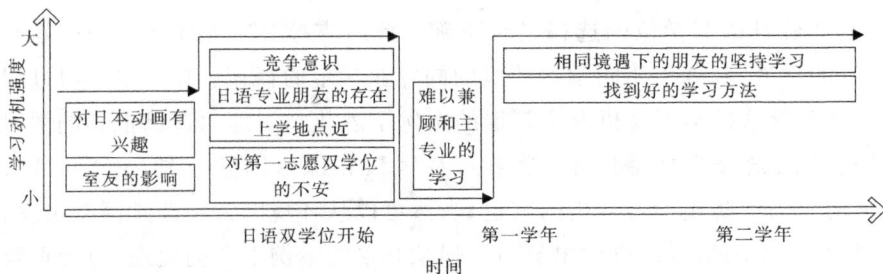

图5-4　优秀日语双学位学习者B02的学习动机变化模型

(二)优秀学习者学习行为的分析

从浜田麻里宏观策略(浜田麻里,1999)的视角看,以上2名优秀日语学习者的共同点是:(1)双学位学习开始前,已经与日语有了交点;(2)在开始双学位学习后,每天都坚持接触日语。第1点也是2名学习者选择日语双学位的一个重要契机。我国大部分大学的热门专业,报考人数超过招生人数时,分数相对较低的学生会被调剂到相对"冷门"的专业,被调剂的专业不一定是学习者心仪的专业,双学位是学生可以自由选择的学习方式,也是最大限度地发挥学习者主观能动性的学习方式(王峰、张彦丽,2008)。在本研究中,B01和B02均未对自己的主专业表现出很大的兴趣,而是一直认真、积极地学习按照自己意愿选择的日语双学位。但这并不是说,他们把日语双学位看得比主专业更为重要,特别是从B02的案例中可以看出,她把主专业学习看作自己的责任,而双学位学习只是出于兴趣,最重视的仍然是主专业的学习,在学习的优先程度上,主专业学习也排在双学位学习前面。

对于以上共同点的第2点内容,虽然2名学习者学习日语的方式并不相同,但他们同时符合斯特恩列举的优秀语言学习者特征的之一——对训练的重视(Stern,1975)。由于同时学习主专业和日语双学位,日语学习时间极其有限,为了能保证日语双学位的学习时间,B01和B02根据各自不同的学习风格制定了最适合自己的学习方法,确保了足够的日语学习时间。此外,2名优秀学习者还在主专业课堂上偷偷学习日语双学位的内容。他们的考虑是,把主专业课程中效率不高的时间有效地利用在日语学习上,这样能够在一定程度上增加日语学习的时间。学习日语双学位的部分学生主专业课程多,学习任务重,导致在日语双学位学习开始后不能很好地平衡主专业学习和双学位学习的关系,以至于不得已放弃双学位学习。在主专业的课堂上学习其他科目的做法不能说值得提倡,但应肯定的是2名学习者为了保证双学位学习时间而做出的努力。正是B01和B02这样的学习态度,使日语学习渗透到学习者的日常生活中,使得日语学习有了充足的时间。

以上2名学习者宏观策略的差异主要集中在以下2点:(1)双学位学习开始后,B01和B02的宏观学习任务分别是看日语动画和日语教科书;(2)对日语双学位课程的学习态度有差异。在第1点中,很显然B02的以日语教材为中心的宏观学习任务更容易模仿和上手;对B01的以观看日本动画为主的宏观学习任务持怀疑态度的人可能不在少数,但B01的宏观学习任务并不只是纯粹地把观看动画作为娱乐活动来享受,他在进行这一活动时,关注其中的单词和语法,思考如何做才更适合自己的学习风格,才能取得最好的学习效果,同时能够反省自身的不足。这和斯特恩发现的优秀语言学习者的特质之一———优秀的自我监控能力(Stern,1975)不谋而合。虽然2人的学习策略看似完全不同,但就如奥克斯福德强调的那样,选择符合学习者需求和个性的学习策略至关重要(Oxford,1990),这样才能全面调动学习者的主观能动性,因此两者的学习策略并没有优劣之分。

对于第2点——对日语双学位课程的学习态度上也有差异,B01始终积极参加日语双学位课程,而B02在学习日语基础知识的第1学年积极参加,进入第2学年后则较少参加。B01从头至尾始终参加双学位课程,是因为只要是日语相关的活动,他都积极参与,虽然到了第2学年,学习内容对他来说较简单,但他认为只要上课就能学到新知识,哪怕能学到的很少也想参加,因此基本上未缺席。而B02考虑的则是怎样才能更有效率地学习日语,到第2学年她感觉课程进度较慢,认为自学更有效率,就渐渐不去上课了。这两种对待日语双学位课程的态度,在本研究中无法评价孰优孰劣,只能说两者都采取了各自认为最适合的学习风格,且收到了较好的学习效果。

四、小　结

以上列举的2名优秀日语双学位学习者的共同特征主要有以下3点。(1)两者都有明确的学习动机。虽然2名学习者没有设定通过日本语能力测试的具体的学习目标,但是两者都因喜欢日本动画而喜欢上了日语。(2)两者都保证了每天大量接触日语的时间。B01将大部分的课外时间用在了观看日本动画等与日语有关的课外活动上,B02也将课外的近一半零碎时间用在了日语学习上。不仅如此,他们还将主专业课程中效率不高的时间用在了日语学习上。(3)两者都有适合自己的学习方法。两者的宏观学习任务分别为观看动画和学习课本,方法大相径庭,但对他们各自来说都是效率最高、最适合的学习方法。

本研究与已有研究的不同之处在于,不是聚焦学习过程中的某一节点,而是把日语学习作为一个整体过程来看待,把学习动机和学习策略作为一个有机统一体来进行研究,从宏观层面聚焦学生的宏观学习策略。本研究结果从3个方面验证了既有文献中对优秀语言学习者特征的描述:(1)不害怕失败,积极地使用目的语进行交流;(2)对日本和作为目的语的日语保持友好的态度;(3)主动完成学习任务。第1点中,在外语的学习环境中,学习者很少有与日本人交流的机会,输出学习成果的机会极少,但他们自己创造条件,积极地在社交媒体上用日语写文章。第2点中,B01是因对日本动画的喜爱而憧憬日本社会,B02则是在室友的感染下,逐渐对日本感兴趣。第3点中,以课本学习为主的B02对日语学习的主动性自不必言,即使是不喜欢花费大量时间背诵单词、语法的B01,也会按时完成学习任务。

以上研究结果能够为处于相同学习环境的日语双学位学习者提供借鉴,不仅对双学位学习者,对其他非专业日语学习者也可以起到参考和借鉴的作用。在非专业日语学习中,特别是本研究的双学位日语学习中,无论是课上还是课外,学习者多是独自进行日语学习,很少有与优秀学习者接触的机会。而本研究分析了2名优秀学习者的学习动机和学习策略,实际可操作性较强,为希望了解优秀学习者学习经验的非专业日语学习者提供了良好的参考借鉴。

第四节　日语双学位学习者毕业后去向

本研究中日语双学位学习者毕业后的去向主要有以下几种。

(1)就业于与主专业相关的企业，与日语无关(20人)。

(2)就业于与主专业相关的企业，可能用到日语(8人)。

(3)就业于能够使用日语的企业(1人)。

(4)继续攻读主专业研究生(8人)。

(5)去日本留学，继续攻读主专业研究生(6人)。

(6)攻读日语专业研究生(1人)。

(7)毕业前未定(5人)。

其中第1种"就业于与主专业相关的企业，与日语无关"包括2种类型。第1类是日语水平没有好到能够找到与日语相关的工作的程度。因此，他们在求职时倾向于找与主专业相关的企业，这些学习者一般只学习了1年的日语，或者即使完成了2年的日语双学位学习，也只以获得双学位证书为目的。第2类与日语学习效果无关，学习者从一开始就没打算把日语和就业联系起来，仅因为喜欢日语而选择了日语双学位。第2种"就业于与主专业相关的企业，可能用到日语"主要是指在与主专业相关的日资企业或中日合资企业就业，有使用日语的可能性，既充分发挥了主专业的特长，也能够使用双学位学到的日语。第3种"就业于能够使用日语的企业"，本研究中仅1人存在这种情况。这名学习者因为喜欢日本动画，且日语可能对以后的就业有帮助，所以选择了日语双学位学习。求职时，很难找到与主专业相关的工作，所以其选择了与日本有贸易关系的公司。第4种"继续攻读主专业研究生"的学习者选择报考主专业研究生，这种选择与日语双学位学习效果无关，他们当中有的学生已经通过日本语能力测试N1，而有的学生则在进入研究生学习后放弃日语学习。第5种"去日本留学，继续攻读主专业研究生"的学习者进行日语双学位学习的主要目的是去日本留学，他们一般已经通过N1或N2。选择日本作为留学国家是因为喜欢日本动画、文化，有亲戚在日本，或主专业是日本的强势学科。第6种"攻读日语专业研究生"的学习者虽拥有自己的专业，但因为喜欢日本动画，对日语有着强烈的兴趣，想通过双学位学习，将来能够从事日语翻译的工作。在日语双学位学习期间，她的课堂出勤率低，主要通过在网校里学习日本语能力测试课程，最后考研进入广东外语外贸大学学习日语口译。

　　从以上可看出,日语双学位学习者主要以主专业为中心来规划毕业后的去向。毕业后的去向中与日语无关的学习者的日语学习效果未必不好,并不是他们不想找与日语相关的工作,也有可能是他们学习日语仅出于兴趣,且仅凭主专业就能找到满意的工作。而毕业后的去向与日语相关的学习者,日语学习效果均较好,当然日语学习效果不好的学习者也不想或不能从事与日语相关的工作。好的日语学习效果和毕业后的去向有明显相关性的是第5种"去日本留学,继续攻读本专业研究生"和第6种"攻读日语专业研究生"。这些学习者确定的毕业后去向与日语关系密切,日语的学习效果必须很好才能实现。这些学习者只在双学位学习阶段的前期(因人而异,一般在第1学期或第1学年)参加日语双学位课程学习,之后都是自学或参加日语培训班以通过日本语能力测试。

　　日语双学位学习者无论平时学习还是求职都以主专业为主。与小班教学的日语专业不同,以大班教学、仅周末上课的日语双学位的学习方式,很难对日语专业学习者提供就业支持服务,因此本研究不涉及。

第六章　综合考察与分析

第一节　日语专业学习者和日语双学位学习者
学习轨迹的异同

把日语作为专业来学习的日语专业学习者和拥有主专业，同时把日语作为另一门专业来学习的日语双学位学习者，在把日语作为专业学习这一点上有共同点。但是，日语双学位学习者在课程数量、学习过程中可随时放弃的学习性质等方面，和日语专业学习者差异巨大，这也决定了两者学习动机和学习行为的不同。解析日语专业学习者和日语双学位学习者学习动机和学习行为的异同，有助于明确2种日语学习方式下学生的习得特点，深入挖掘日语专业学习者和日语双学位学习者之间可相互借鉴、相互学习的部分，以便进一步提出改善的意见和建议。

一、日语学习开始时的差异

华中科技大学的日语专业学习者在决定大学专业时，先确定选择全国大学排行榜靠前的大学，再在可选择的专业范围内选择专业。如前所述，以理工类为主的华中科技大学中，文科生可选择的范围有限，而且他们在入学前对大学中的专业了解有限，并不知道自己的兴趣所在。日语专业学习者中，即使是把日语选作第一志愿的A01和A02，看似有很强的学习动机，实际上其入学后对日语的学习兴趣与其他文科生相比也没有区别。而把日语选作第二、三、四、五志愿的学习者，也只是从文科生可选择的有限的几个专业中，选择了与高中时擅长的科目性质类似的专业，日语专业只是其中一个。除文科生外，剩下的学习者高中时绝大多数为理科生，他们一般是被调剂到日语专业的。从以上日语专业学生的学习动机可看出，在进入大学时，华中科技大学日语专业学习者的学习动机总体来说不强。

而日语双学位学习者却是额外支付学费，利用周末和节假日，从众多可选择的双学位专业中选择了日语，可以说在双学位入学时，他们的日语学习动机较强。因此,与上述在种种限制中选择了日语专业,或被调剂到日语专业的学习者相比,按照自己意愿选择日语双学位的学习者的日语学习动机显然更强。

另外,日语双学位学习者在学习开始时的学习动机包含对日本文化等方面的兴趣、日语易掌握、有助于就业等8种学习动机,种类丰富。而日语专业学习者中,除了被调剂到日语专业的学生外,选择日语专业的学生大多认为日语好就业,认为自己可能较擅长语言学习,与日语双学位学习者的学习动机的内容大多不一致。笔者认为,这种差异主要源于学习者把日语作为双学位来学习和作为专业来学习的区别。学生未来的就业主要还是依靠主专业,在选择主专业时,专业是否好就业是学生考虑的关键因素。日语专业学习者也一样,他们选择的第一志愿一般是他们认为就业前景较乐观的专业。最典型的案例当属日语专业学习者A05、A08。2人都对日本动画很感兴趣,却没有将日语当作第一志愿,他们的第一志愿分别是他们认为更好就业的会计专业和英语专业。而双学位学习者有自己的主专业,日语双学位对其未来就业的重要性比不上主专业,所以他们可以根据自己的兴趣来选择双学位。另外,主专业学习除了少数学生可以转专业外,一旦选择了一般需要从一年级学到四年级,双学位学习则比较机动,可以中途放弃,因此与关系到将来就业的主专业相比,双学位学习的选择更加随意、自由,因而其学习动机的内容也就更丰富。

日语专业学习开始时学习动机不强的现象并不限于华中科技大学,这种现象源于我国大学的招生制度。一般来说,大学里的一些专业只有理科生才能报考,一些专业只有文科生才能报考,还有一些专业文科、理科均能报考。这并没有全国统一的标准,各个大学文理科学生能报考的专业也各不相同。华中科技大学的日语专业是文理科兼收的专业。每年由各个学科、大学招生办决定日语专业招生人数,并确定在有招生计划的省(区、市)的招生名额,若报考人数超过了那个省(区、市)的招生人数,则部分学生不会被录取。日语双学位学习者B32(来自华中科技大学,籍贯湖北省,广告学专业)便是一个典型的案例,她在高考填写志愿时把日语专业选为第一志愿,却被调剂到广告学专业。也就是说,B32入学时,湖北省的日语专业报考人数已达到限额,因而分数相对较低的她被调剂到其他专业。看似日语专业招到了按照自身意愿选择日语专业的学生,事实却是当年华中科技大学在湖北地区的招生中选择日语作为第一、二、三、四、五志愿的学生并没有达到限额,剩下的名额被调剂进入日语专业的理科生所占据。于是出现了这种现象:想进入日语专业的学生未能进入,而不想进入日语专业的学生却被调剂到了日语专业。日语专业调剂生众多的现象,在全国重点大学中尤为突出,特别是以理工科为主的大学。本研究中日语专业的15名学习者,高中为理科生的8名学生中7名被调剂到日语专业,一年级上学期,7名学生中有2名强烈希望转专业,优先准备转专业考试,最终转专业成功。而剩下的5名,在日语学习和转专业之间摇摆不定,其结果是转专业没有成功,日语基础也不牢固,给后来的日语学习带来了不好的影响。当然,这并不意味着其他院校中所有进入日语专业的理科生均与本研究中的理科生一样。这里强调的只是一种可能性,一开始学习动机越强的学习者,在后来的日语学习中学习主动性强、学习效果好的可能性就越大。特别是本研究中被调剂进入日语专业的高中学习理科的男生,他们大多将不理想的成绩归因于"一直都没有兴趣",这句话的潜在意思是强调"因为是被调剂到日语专业的,原本就没有兴趣,自然也就学不好",他们倾向于把学习效果不理想的原因归结为自己是被调剂到日语专业的这一点上,强调没有兴趣是没法改变的,否定通过努力就可以提高成绩,以此来逃避自己的责任。更有甚者,比如在日语学习后期,学习效果一直不理想的学习动机下降型的3名学生认为,只要将来从事与日语无关的工作,即使日语成绩不理想也没关系,但讽刺的是,他们能进行主动选择的机会很少,这3名学生毕业后的去向均与日语相关。被调剂到日语专业的学习者中,除了用双学位专业来就业的A11外,其余的学习者求职过程都很艰辛。而成功转入软件专业和管理专业的A14和A15都运用自己转专业后的专业,很轻松地找到了理想的工作。如果单纯从学习者的角度来考虑,如果当初不被调剂到日语专业,或通过转专业进入了自己心仪的专业,那么这些学生毕业后的去向甚至人生道路,可能会截然不同。从制度层面来看,正是高考志愿填报制度导致了学习者专业学习动机的下降,甚至改变了学习者的人生轨迹,这样的制度难道不应该完善吗?

另外,被调剂的部分学生原本决定转专业,但转专业的人数限制导致其没能获得转专业申请的资格。为了保护弱势冷门专业,一般大学限制了专业的转出人数,根据华中科技大学转专业的相关规定,各专业能够转出的人数不能超过30%,华中科技大学2011级日语专业15人的班级中,转专业学生不能超过4人。A09提交转专业申请时,另外4人已经提交申请,所以未获得参加转专业考试的资格。客观因素导致被调剂生没有转专业资格。另外,申请转专业的4人中,2人成功转出,剩下2人则未通过转专业考试。转专业成功的2名学习者(A14和A15)转专业意愿强烈,转专业备考充分,因此能够成功,而剩下的2人转专业失败,笔者认为有以下几点原因。第一,进入大学后,从高考压力中解放出来的学习者,学习压力减小,课外可支配时间增多,他们没能很好地控制自己,未合理地规划好课外时间。结束紧张的高考备考后,学生原以为进入大学就能过上轻松的生活,但进入大学后发现并非如此,课程数量多得超乎他们的想象(1年级上学期平均每天8—10节课),而且部分学习者认为,大学生活中学习不应该是全部,于是在社团生活上也花费了一定时间和精力,矛盾因而更加凸显。一年级学生的课程原本就多,在极其有限的课外时间里,学习者对于如何处理日语学习和社团活动的关系感到困惑。不仅如此,一部分学生也不适应大学生活,不能合理安排课外时间。例如首次体验住校生活的A11、A12,他们和A10、A13同住一个寝室,对共同生活很感到新鲜的他们,一年级上学期经常利用课外极其有限的时间在宿舍闲聊。正因为他们没有合理地规划有限的时间,所以转专业考试失败了。第二,华中科技大学自开设日语专业以来,一直都是文理科招生,这一制度导致每年都有一定数量的理科生被调剂到日语专业。这部分学生进入日语专业后,对未来的学习和就业均抱有很大程度上的不安。为了减轻这部分学生的不安,安抚他们的情绪,日语专业定期举行一年级学生和日语教师、高年级学生的交流会。交流会的内容为:全体日语系教师为学生们讲解日语专业学生毕业后的去向,让学生不再觉得日语专业就业难;高年级学生为他们答疑解惑,讲解现阶段在日语学习中遇到的困难以及应如何克服等。对日语专业的这种"努力",部分学习者认为:"兴趣比以前大了点吧,觉得老师很负责,如果不感兴趣就过意不去。"(A10/开放式问卷调查/2011-11-21)显然,这样的交流活动影响了学习者的学习动机和学习行为。进入大学时,大部分理科生对日语专业抱有强烈的抵触情绪,但随着时间的推移,抵触情绪逐渐减弱,再加上不能合理地分配时间和备考压力较大,除了成功转专业的A14和A15,其他调剂生最终或放弃转专业念头,或因备考不足而未通过转专业考试。若没有调剂制度,一开始就对日语学习不感兴趣、倾向于把不理想的成绩归因于被调剂的学生,很大程度上会减少。当然,如果取消该制度,则有可能引发各种各样的问题(如有一些"冷门"专业可能会消失),但从学生的角度考虑,比起强制让学生学习不喜欢的专业(这甚至可能改变学生的人生轨迹),逐渐改变甚至废除调剂制度可能更加合情合理一些。

但调剂生中也有像A09这样的学习者,他们被调剂到日语专业,一开始对日语抱有强烈的抵触情绪,后来因为观看动画而喜欢上了日语。这说明,调剂生在日语学习过程中,也有喜欢上日语的可能性。喜欢观看日本动画的A09虽然对日语的学习兴趣增加了,但仍然认为相较于日语,自己更喜欢也更擅长学习数学。另外,她也担心仅凭日语将来就业可能比较困难,于是二年级下学期选择了会计双学位。A09的这种选择还是基于很多调剂生都有的想法——日语只是一门语言,不应该作为大学4年的专业。从三年级开始,A09一直在考虑跨专业报考会计专业研究生,但跨专业考研并不容易,且四年级开学初得到了免试推荐本校本专业研究生的机会,A09便放弃了前途未卜的跨专业考研,接受了本专业的免试推荐。虽然最终选择在日语专业继续进行深造,但不可否认的是日语专业对A09来说只是退而求其次的选择。包括A09在内,几乎所有被调剂到日语专业的理科生的梦想就是进入与数字相关的(偏)理工科专业。对学生来说,最理想的状况是进入本人心仪的、感兴趣的专业。但需要注意的是,学生在学习开始前认为的"心仪的""感兴趣的"专业,在学习开始后是否和学生想象中的一样呢? A13面对不理想的日语学习效果,并不是想去努力改善,而是把希望寄托在可以按照自己意愿选择的双学位上,而学习双学位后却发现这与自己原本想象中的学习内容大相径庭,不久也放弃了双学位学习。不仅仅是双学位学习,学生在高考填报志愿时,大多按照就业情况和专业的社会认可度来进行选择,对专业的学习内容等相关知识极不了解,导致盲目选择,进入专业学习后才发现其和自己想学的内容不一样,也可能出现学习动机低下的现象。像A13那样在实际上课时才发现双学位与自己想象的学习内容不同的情况,通过事前调查可以在某种程度上得以避免。但是,我们在学习过程中,不可能所有的学习内容都是我们感兴趣的,这一点毫无疑问,此时学习者有必要进行自我调整。总而言之,应该从一开始就尽量保证学生的学习动机维持在一个较高的水平。学习开始时的学习动机与学生大学4年的学习动机、学习行为息息相关,是学习者进行积极学习、保证学习效果的重要前提,我们呼吁制度制定者从根本上重新评估高考招生制度中的调剂制度。同时,当自己所选专业的学习内容和想象中有所不同时,学习者需要从个人层面上对自身施压,积极进行自我调整,适应专业学习。

二、日语学习开始后的差异

日语双学位学习者的最大特点是,随着学习的深入,大部分学习者的学习动机减退了。对大多数学习者来说,双学位学习开始时,他们的学习动机处于鼎盛期。如前所述,学习者选择日语双学位的原因中对以日本动画为主的流行文化感兴趣占了大半。部分学习者在双学位学习开始前,便通过日语、日本文化等方面的通识课等渠道,对日语和日本文化有了一定的了解。作为日本文化的代表,日本动画、游戏等受到了世界各国年轻人的青睐。这些年轻人在接触这些日本文化时,更想跨越语言障碍直接了解其内容,因此在双学位学习开始前,部分学习者对日语和日本文化的了解达到了一个较高的水平。而日语专业学习者中,无论是在种种限制中选择了日语专业的学习者,还是被调剂到日语专业的学习者,在日语学习开始前对日语和日本文化的了解都相对较少。日本动画对日语专业学习者中的部分学习者(A02、A05、A08)产生了一定影响。但是,其影响程度却不如日本动画对日语双学位学习者的影响。笔者认为,造成这种差异的原因主要是:双学位专业是学生按照自己的意愿,从众多可选择的专业中自由选出的,对日本动画等文化感兴趣的学生想通过双学位来学习日语及了解日本文化。而日语专业学习者或在有限的选项中选择了日语专业,或在没有选择权的情况下被调剂到日语专业,他们中主动按照自身的意愿来选择的并不多。换句话说,大多数双学位学习者可以单纯凭着对日本文化的兴趣来进行日语双学位学习,但日语专业学习者在选择专业时,则不会一味地被兴趣左右,相较于自己的兴趣,他们更多地考虑现实因素(如是否好就业)。在这一点上,日语专业学习者和日语双学位学习者是不同的。

日语学习开始后,从一年级到三年级,日语专业学习者的学习动机呈现出3种变化类型:学习动机上升型、学习动机不变型、学习动机下降型。而双学位学习者的学习动机变化仅呈现出学习动机不变型和学习动机下降型2种。究其原因,日语双学位学习者的学习动机之所以未呈现出学习动机上升型,是因为对这部分学习者来说,选择日语双学位时的学习动机最为强烈,后来随着日语学习的深入,遇到了种种困难,大部分学习者的学习动机因此走了下坡路。此外,除A03以外的学习动机不变型的日语专业学习者或选择日语时动机较弱,或被调剂到日语专业,他们一开始就对日语不感兴趣,这种状态一直持续到毕业。也就是说,入学时学习动机的强弱影响了日语专业学习者和日语双学位学习者的学习过程中学习动机的变化趋势。而且,学习动机上升型的日语专业学习者,其学习动机是在获得学习的成功体验或明确日语和将来发展方向的关系后才发生转变的。日语学习的成功体验这一现象在日语双学位学习者身上很少见到,这是因为日语双学位不同于日语专业,可中途随时放弃,这导致学生一般不会勉强自己学习,也就很难获得成功体验;在明确日语与未来发展方向的关系上,因为双学位学习是在二年级下学期开设的,此时学习者基本上对日语与毕业后去向的关联已经有了初步规划,所以在学习过程中,很少出现明确日语与毕业后去向的关系后学习者学习动机增强的案例。

三、学习动机影响因素中的异同点

（一）学习动机影响因素中的相同点

日语专业学习者和日语双学位学习者中学习动机减退的共同点在于均不喜欢大量的单词、语法的背诵。入学时学习动机便不强烈的日语专业学习者，入学后想花时间和精力来学习，但又不喜欢需要反复背诵的单词和语法，一般在考试前临时抱佛脚。而双学位学习者入学时有着强烈的日语学习动机，他们或喜欢日本动画，或认为日语中有汉字容易掌握，或认为掌握除英语以外的一门外语对就业有利等。他们实际开始学习日语后，意识到日语学习并不容易，要打好语言学习的基础，必须花费大量的时间来学习单词和语法，现实中的日语双学位学习并不像想象中那么简单，与作为娱乐活动的观看动画不同，枯燥无味的单词、语法的大量背诵在所难免，在主专业课业繁重的背景下，干脆放弃日语双学位的学习者也不在少数。但与这部分日语双学位学习者不一样的是，同样不愿意大量背诵的日语专业学习者因为日语作为专业，有必须学习的义务，不能像日语双学位学习者那样中途放弃。其中，日语专业学习者中最为典型的当属学习动机下降型的学习者，枯燥无味的大量需要背诵的内容造成他们的学习动机不足，到了学习后期他们的目标仅为取得毕业证书，所以只进行最低限度的日语学习。双学位学习者中讨厌大量枯燥无味背诵的一部分学习者放弃了双学位学习，另一部分为了取得双学位证书而进行了最低限度的日语学习。日语专业学习者中的学习动机下降型学习者和这部分双学位学习者一样，课外几乎不主动学习日语，学习后期为了毕业（学位）证书，仅进行最低限度日语学习。但两者也有细微区别，日语专业学习者中学习动机下降型的学生虽然几乎未主动学习日语，但他们无一例外均参加了日语专业课程；而有一部分日语双学位学习者虽未放弃双学位，却经常缺席日语双学位课程。学习动机下降型的日语专业学习者和日语双学位学习者，学习动机的变化趋势一致，两者在学习行为上却有差异，笔者认为，这源于两者在学生人数和教学管理方式上的差异。日语双学位一个班级的人数为50人左右，如果每堂课均点名，则比较浪费时间，且双学位属于学生的自主行为，并不是强制学习，因此华中科技大学的任课教师一般省略掉点名这个环节。双学位学习者的出席情况对学习成绩和双学位证书没有决定性影响。与此截然相反的是，日语专业的终极目标是取得大学学历和学位证书，教学管理相对严格，上课是学生的基本义务，再加上是小班教学，在出勤管理上因为学生人数较少,任课教师即使不点名确认,也没有学生缺席。因此,在学生人数和教学管理方式上的不同,导致日语专业和日语双学位的学习动机下降型学习者在日语课程的出勤上出现了差异。

另外,继续修读双学位的学生中除了上述学习者外,还有部分学习者虽然也经常缺席课程,却是为了更有效率地学习,他们利用这些时间自学。这部分学习者与日语专业中学习动机下降型的学习者在想获得学位证书上是一样的,但这两类学习者在对待日本语能力测试上存在差异,前者的目标更为明确,更执着于获得日本语能力测试证书。笔者认为,这部分日语双学位学习者付出额外的学费和大量时间来学习,目标之一在于拿到双学位证书,而通过日本语能力测试也是目标之一,他们的目的性更强,因此选择了他们认为效率更高的自学来准备日本语能力测试。而日语专业中学习动机下降型的3人,每天上日语课,他们潜意识中认为额外不需要太努力,只要上课就可以通过日本语能力测试,所以他们没有特别花费时间备考。

在学习动机的积极影响因素中,无论是日语专业学习者还是日语双学位学习者,对他们的学习动机有积极影响的因素均与日本文化相关。从日语专业学习者的学习轨迹中可看出,三年级开始开设的日本文化、文学等课程,对学习者的学习动机有着积极的影响。同样,日语双学位学习者中也出现了同样的倾向,随着日语学习的深入,他们中大多对课堂中的日语知识兴趣变淡,却对教师穿插的文化讲解表现出极大的兴趣。也就是说,相较于日语本身,学习者对于日本相关的文化,特别是流行文化、文学等表现出了更加浓厚的兴趣。

但是,语言学习中最基本的日语本身的学习也必不可少,在有限的课时中,只教授文化、文学等方面的知识并不现实。因此,如何在综合日语等精读课堂上下功夫,使看起来枯燥无味的单词、语法内容变得有趣,就显得非常重要。从日语专业学习者和日语双学位学习者的案例可见,如果在语言知识的传授中穿插日本文化等方面的相关知识,势必会受到学习者的欢迎,学习者也能更快地吸收和接受这些知识。华中科技大学位于我国中部,学习者与日本人接触交流的机会极少。不仅仅是华中科技大学,事实上我国绝大多数大学的日语专业学习者和日本人交流的机会极为有限,日语双学位学习者或其他非专业日语学习者与日本人接触的机会则更有限,这就需要学习者充分发挥主观能动性,不局限于任课教师的讲解,而是充分利用互联网等资源查找日语课文中出现的相关信息。同时,作为日语的基础单词并不是孤立存在的,它一定跟某种社会、文化等知识相联系,因此在课堂上,教师如果对单词相关的日本文化、社会现象等也能有所涉及,那学习者必定会对单词、语法和文章有较深的印象，能够取得较好的学习效果。这就要求日语教师不仅精通日语，还要在日本文化和社会等方面有较高的素养。

（二）学习动机影响因素中的不同点

日语专业学习者和日语双学位学习者的动机减退因素中，有一部分仅在日语双学位学习者身上出现。日语双学位学习者的动机减退因素中包含双学位制度相关困难和上课相关困难，其中双学位制度相关困难可以说是源于日语双学位特有的性质。其中的"孤独"是因为选择双学位的学生多来自不同学校不同专业，他们彼此并不认识，因而造成了心理上的孤独感；"离上课地点远"主要是华中科技大学以外的学生选择该校双学位而产生的问题；"学费"是指除了本专业外，学习者需要额外支付双学位课程的学费；"想休息"是指双学位课程安排在周末和节假日，对日语还有新鲜感的学习前期，学生尚且能够忍受，等新鲜感消失后，部分学生周末想要休息，因此缺席双学位课程；"实习"和"考研"是在双学位学习后期，学习者规划好了毕业后的去向，必须花费时间去实习或考研，与之相比，日语学习显得无足轻重，部分学习者因此放弃了双学位学习，这两大困难在四年级的日语专业学习者身上也出现了，但后者并不能像前者那样逃课甚至放弃学习，只得进行最低限度的日语学习，以保证能够顺利毕业。在上课相关困难方面，之所以会出现"课程进度太快""课程进度太慢"两种截然不同的反馈，是因为学习者的日语水平差距较大。感到课程进度太快的学习者，一是很难消化周末2天的学习内容，二是课外没有花费足够的时间来预习和复习，或者即使有时间也不想学习。"没有时间学习"是因为周一到周五必须学习主专业，特别是课业任务繁重的专业，如果优先学习主专业，就没有了学习双学位的时间。当然，也有学习者不是没有时间进行日语双学位学习，而是平时的主专业学习任务已经很重了，他们在学习完主专业后不愿意再花大量的时间和精力去进行以大量背诵为主的日语学习。

综上所述，对日语双学位学习者来说，学习日语的困难除了"实习"和"考研"外，另外的困难均由日语双学位制度的特性造成。此外，在上课相关困难中，"课程进度太快""课程进度太慢"和"没有时间学习"的困难是日语双学位学习者特有的困难，其他的困难一般是日语专业学习者和日语双学位学习者共通的问题。

本研究还发现，日语专业学习者和日语双学位学习者对待日本语能力测试的态度不同。日语双学位学习者中，部分学生放弃了继续修读双学位或虽未放弃但经常逃课,他们转而选择了自学或者通过语言培训机构来备考日本语能力测试,获得日本语能力测试证书的动机在他们的日语学习中占有重要地位。而对日语专业学习者来说,日语学习的终极目标并非通过日本语能力测试。大学4年中,想要通过日本语能力测试的学习动机一般仅出现在考试前几个月,因此以通过日本语能力测试为目标的学习动机在大学4年中极为短暂。其中,也有像A09那样在考试前临时抱佛脚,不太花时间备考就能通过考试的学习者,还有不花时间备考未能通过考试,再次报考还是几乎不花时间备考的学习者,他们认为"自己是日语专业的学生,通过日本语能力测试应该没有问题",对自己盲目自信,当然主要原因还是不喜欢单词、语法的反复背诵。由此可见,对日语专业学习者来说,通过日本语能力测试并不是他们完成4年学业的主要动机。与更加看重通过日本语能力测试的日本语双学位学习者相比,通过日本语能力测试的学习动机在日语专业学习者的大学4年里几乎可以说是微不足道的。

那么究竟是什么让日语专业学习者坚持完成了4年的学业?虽然学习者花费在日语上的学习时间因人而异,但他们无一例外均参加了日语课,完成了作业(完成的质量不一样),并通过了日语课程的考试。笔者认为,支撑他们完成以上这些最基本活动的动机在于,他们认识到自己是日语专业的学生,有责任、有义务完成学习任务。日语专业学习不同于日语双学位学习,一般不能中途放弃。

此外,日语专业学习者和日语双学位学习者的不同点还突出表现在以下内容上。日语双学位中的学习动机不变型学习者出于对日本动画等的兴趣而选修日语双学位,他们享受日语课程,出勤率高,对日语学习的满意度很高。但是,日语专业中几乎没有一个学生兼具这些特点。严格来说,日语专业学习者中没有仅因喜欢日本动画等流行文化就选择日语专业的,因喜欢日本动画而把日语作为第二志愿的A05和A08勉强算得上,但是在日语学习过程中,除了日本动画,两人并不喜欢日语教材的学习,厌倦大量单词和语法的反复背诵,远远没达到享受的程度。之所以会出现这种差异,与日语双学位相比,日语专业学习者人数少、涵盖范围小是一个客观原因。除此之外,笔者认为还有以下3个原因。首先是入学时,日语专业学习者的学习动机明显比日语双学位学习者的学习动机更弱一些,前者在诸多限制之下选择日语专业或被调剂进入日语专业,后者却是根据自身意愿进行选择。其结果就是,大多数日语专业学习者"把它当作高中的一门科目来学",而部分日语双学位学习者能单纯地把日语学习作为一种享受,只要学习内容与日语有关就感到快乐。其次,日语双学位学习者和日语专业学习者能够接触到的日语课程数量不一样。日语双学位学习者之所以喜欢日语课,是因为对他们来说,有关日语的信息大部分只能从日语教师或者日语教材中获取。这些学习者平时接触和学习日语的时间有限,所以他们很珍惜、很重视课堂上的日语学习时间。而日语专业学习者每天有大量的时间和机会接触有关日语和日本文化、文学等各类课程。通过和日语的频繁接触,学习者自然不把日语课程当作获取日语知识的珍贵机会而享受日语课程本身了。最后,日语专业学习者和日语双学位学习者的单词和语法的学习任务不一样。日语专业学习者几乎每天都有大量的单词、语法、课文需要背诵,连在日语学习上花费时间最多、学习效果最好的A03对大量的单词、语法背诵都有感觉枯燥无味的时候,所以学习者无法完全享受日语课程也是情理之中的事。相反,虽然日语双学位学习者与日语专业学习者使用相同的教材,前者总体学习量相对较少,且没有背诵、听写等强制要求,所以他们中部分人并不会觉得日语课或日语学习枯燥无味。

上面我们分析了日语专业学习者和日语双学位学习者的异同点。学习动机方面,日语专业学习者和日语双学位学习者中均出现了学习动机不变型和学习动机下降型学习者。但整体上来说,日语双学位中的学习动机不变型学习者的学习动机处于较高水平,在学习过程中也并未发生变化。而日语专业学习者中的学习动机不变型(A05除外)的学习动机强度从一开始便很弱,这种状态一直持续了大学4年。学习动机上升型是日语专业特有的模式,他们或把日语与毕业后的去向相联系,或通过取得好成绩后的成就感来使学习动机增强。在学习行为上,把日语作为专业来学习的日语专业学习者,和本身拥有一门主专业把日语作为双学位来学习的日语双学位学习者因为学习形态不同,学习行为也自然不同。但两者在学习动机减退原因方面,在学习者都不喜欢大量的单词、语法背诵上也有共同点。此外,两种学习方式中的个别学生的学习轨迹也很相似,例如,日语双学位学习动机不变型的学习者B01,和日语专业学习者A09一样,以每天都观看动画为主要学习方式,辅以日语课本学习,而他们的学习效果均很好。

第二节　基于自我决定理论的分析

一、自我决定理论的问题点及与本研究的关联性

自我决定理论诞生以来,围绕学习动机及其相关因素之间关系的各种

研究广泛展开。藤原三枝子分类总结了有关自我决定理论的研究文献,这些文献的研究内容主要包括以下几个方面(藤原三枝子,2012)。

(1)调查自我决定理论的下位概念与构成动机的其他变量之间的关系(Noels,2001;Noels,Clément & Pelletier,1999;Yashima,Noels,Shizuka,et al.,2009)。

(2)验证自我决定理论是否适用于第二语言习得领域(Noels,Pelletier,Clément,et al.,2000;Pae,2008;Honda & Sakyu,2004,2005;堀晋也,2006)。

(3)采用自我决定理论来调查动机类型(Comanaru & Noels,2009;Hayashi,2005;Kirk,2011;酒井英树・小池浩子,2008;瀬尾匡輝,2011;原田登美,2008;藤原三枝子,2008;吉野康子,2008)。

(4)制作适合不同学习环境的调查问卷(林さと子,2006;廣森友人,2003,2005;藤原三枝子,2010)。

(5)从教育者角色探究特定的教育干预在提高学生的学习动机中如何发挥作用(Hiromori,2006;田中博晃・廣森友人,2007;田中博晃,2010)。

(6)从理论视角探讨自我决定理论在第二语言习得领域的适用性(本田勝久,2005)。

实际上,通过明确自我决定理论的下位概念与其他变量的相关性后再验证理论适用的可能性,或者确定下位概念后再通过其进行教育介入的实践研究,以上几个主题同时在一篇论文中出现的情况较多。

藤原三枝子(2012)在总结文献的基础上,对其不足和问题点也进行了说明,下面介绍其中与本研究相关的2点(藤原三枝子,2012)。

(1)整体而言,对课堂动机的调查时间较短,多为半年到1年(Kirk,2011;原田登美,2008;吉野康子,2008),而像瀬尾匡輝这样在相对较长的时间内基于自我决定理论来研究学习动机的变化(瀬尾匡輝,2011),则能够更加全面地把握外语学习者的学习动机。

(2)采用自我决定理论框架的研究中,一般采用量表形式的问卷调查,只有少数像瀬尾匡輝和藤原三枝子那样采用质化研究法。在认知论中,动机被认为是"主体赋予的意义",是人的复杂的心理情感,要想正确理解和把握,不仅要使用量化研究方法,还要使用开放式问卷调查和访谈等质化研究方法,以便全面地把握学习动机。

藤原三枝子在第1点中表明,自我决定理论适用于调查时间相对较长的学习动机的变化研究(藤原三枝子,2012)。本研究的调查时间跨度为4年,调查对象是零基础的日语专业学习者,笔者跟踪调查了一个班级中每个日语专业学习者在大学4年里学习动机的变化,特别是在学习动机可能发生较大变化的一年级上学期,进行了频度较高的跟踪调查。调查方法上兼用开放式问卷调查、访谈、学习日记、日常调查表等多种调查方法。因此,本研究符合藤原三枝子主张的第1点,即在相对较长的一段时间内,基于自我决定理论的基本特点来对研究对象进行调查、研究,不仅把一个班级的全体学习者作为研究对象,还把学习者作为个体来进行研究,这样能更好地把握大学4年里日语专业学习者学习动机的实际状况。本研究除日语专业学习者外,还把日语双学位学习者也纳入研究对象,采用自我决定理论框架,对学习者进行跟踪调查,在一定程度上细致描述了双学位学习者动机和行为的变化。本研究虽然采用了自我决定理论的主要框架,却没有采用自我决定理论有关内部、外部动机的具体分类,未引用的部分原因在第三章中已经提及,在这里不做赘述。需要强调的是,仅采用其基本框架却不照搬自我决定理论的最重要原因在于,以日语专业学习者为对象的研究在长达4年的数据收集过程中,每一个学习者的数据收集都很翔实,通过对这些数据的具体描写,我们可以很清楚地了解他们的日语学习轨迹。如果引用内部、外部动机的分类,有可能把学习者复杂的学习轨迹简单化,这样就达不到研究目的。例如,日语专业学习者的外部动机中包含各种各样的内容(奖学金、升学、日本留学等),若套用自我决定理论,仅用"外部动机"一词来描述,就有可能忽略学习者的丰富个性,使质化研究不能发挥其最大优势。因此,在以日语专业学习者为对象的研究中并未引用内部、外部动机的分类。同理,在以日语双学位学习者为研究对象的研究中,在关于笔者收集到详细数据的2名优秀学习者的研究中,我们追求如何从学习者那里获得更加详细的数据,把他们的具体学习细节展示给读者,因此和日语专业学习者一样,在描述和分析这2名学习者的学习动机和学习行为时,也并未采用内部、外部动机的分类。而对日语双学位学习者的整体描述中,由于研究对象人数较多,研究对象对调查的配合度不高,因此很难像日语专业学习者中一样输出丰富翔实的数据,很难分析到学习者个人层面的学习动机和学习行为,此时采用内部、外部学习动机的分类(其中外部动机不再细分),能够使研究结果更加能够清晰地呈现给读者。

藤原三枝子主张的第2点,从"主体赋予的意义"来看,在研究复杂的心理情感——学习动机这一现象时有必要采用开放式问卷调查、访谈等质化研究方法,从当事人的角度去解释他们的行动及意义建构(藤原三枝子,2012)。到目前为止,学习动机的调查仍主要依赖于学习者的自我报告,因为学习动机属于人的心理情感,除了自我报告外,似乎很难有更加合适的方法来调查,但我们也不得不提高警惕:学生的自我报告真实性如何? 虽然一般情况下,学习者没有说谎的必要,但学习者对自身的把握是否准确这一点依然存疑。特别是在学习效果不理想的情况下,学习者关于学习动机和学习行为的自我报告未必真实。在以人为研究对象的社会科学中,要想百分之百准确地把握、理解事物,恐怕不现实也不可能,因为"准确"这一点本身就没有标准,但我们可以想办法使之无限可能地接近"准确"和"真实",这需要我们尽可能从各个方面来做出努力。学习动机构成复杂,且具有可变性,把它放在时间轴上开展跟踪调查,通过提高调查频度,可以获得学习动机的动态变化,使之更接近真实状态下的学习动机。同时扩展数据来源,采用"三角验证法",即采用多种调查方法从不同角度来调查同一时间节点上的学习动机和学习行为,有助于使数据无限接近真实情况,有效减少研究对象的自我报告中不准确的数据。藤原三枝子提议将质化研究法与量化研究法并用(藤原三枝子,2012)。本研究的研究对象有限,样本数量不多,采用量化研究方法意义不大,因此只采用了更容易获取事物发展过程的质化研究方法。

　　动态理解学习动机的自我决定理论框架被广泛应用于社会学、教育学和心理学等研究领域。自我决定理论是在大量田野工作的基础上发展而来的,但理论在被还原到质化研究时,其适用程度究竟如何? 一般而言,相对广泛的具有普遍解释力的理论生成以后用于量化研究的较多,而对于还原到质化研究时,会出现哪些理论不能解释的现象,以及为什么会出现,学者们往往探究得较少。可无论是多么完美的理论,也不能解释所有的相关现象,一定有例外。我们回归到质化研究,不是为了让研究结果去适应既有理论,抹杀掉出现的特殊现象或案例,而是应该对照既有理论,明确研究结果中既有理论可以解释的部分和不能解释的部分,并进一步探讨为什么不能解释,只有这样才有利于对事物或现象的理解,也能够使相关理论得到长足发展。

　　本研究证实了自我决定理论的基本观点,即学习动机是动态发展的。如前所述,本研究中的日语专业学习者中出现了3种学习动机变化趋势——学习动机不变型、学习动机上升型、学习动机下降型,这3种变化类型发生在一年级到三年级,其变化持续了半年以上,且出现了相应的学习行为,才得以认定。学习动机上升型和学习动机下降型的学习者呈现出了学习动机的变化。学习动机不变型的学习者,虽然从3年这个时间区间来看,其学习动机没有发生变化,但实际上在短时间内其学习动机也发生过变化。他们的学习过程中存在各种各样的"刺激",如听写测验和期末考试成绩不理想,或受到教师鼓励,在这种刺激下学习动机短时间内会增强,学习者采取了相应的学习行为。但随着时间流逝,由于受到的"刺激"逐渐变淡,学习者或抵挡不住外界的诱惑,或认为自己的努力没有得到回报,短期内增强的学习动机又逐渐减退,回到学习动机增强前的学习行为,变得消极,也不再努力。以上学习动机的变化时间相对较短,仅在某段时期内发生,所谓的"某段时期"因人而异,1周到1个月长短不等。本研究虽然描述了日语专业各个学习者大学4年的学习轨迹,但在对学习动机和学习行为进行分类时,并没有把短时间内学习者的变化考虑在内,而是至少以半年为1个区间来进行描述。在本研究中,即使是学习动机不变型的学习者,其学习动机在学习过程中也并不是完全没有发生变化,只是在相对较长的区间内(2个月及以上)并未发生变化。我们甚至可以这么说,本研究的所有研究对象在4年和2年的学习时间内都经历了学习动机和学习行为的变化,之所以会发生这样的变化,是因为他们并非在真空状态下学习日语,一定会和周围的环境(包括物理环境和人文环境)发生不同程度的相互作用。受这些环境因素的影响,他们对日语学习的看法会发生变化,学习行为也会随之发生变化。在本研究中,引发与维持学习行为的动力倾向才被称为学习动机,这也使得我们再次确认了本研究中学习动机的定义。本研究中,日语成绩不理想的学习者A12和A13事实上都想学好日语,却没有采取相应的学习行为来支撑他们的这种想法。除了日语不理想的学习者外,学习成绩处于中游的学习者A04、A06等也想改善学习状况,提高日语成绩,但出于各种各样的原因,最终还是没有采取相应的学习行为。在上面的案例中,学习者仅有学好日语的想法而已,并没有付诸实际行动,这样的想法在本研究中不被认定为学习动机,也就是说,学习动机必须伴随着学习行为。

　　另外,日语双学位学习者学习动机的变化呈现出学习动机不变型和学习动机下降型2种。其中,学习动机下降型的学习者是学习动机发生减退的学习者,学习动机不变型的学习者自始至终对日语感兴趣,但即使是他们,也并不是在所有学习阶段均将学习动机维持在学习开始时的较高水平。其中,也有因单词、语法需反复背诵而苦恼,也有因主专业太忙而无暇顾及双学位学习的情况发生,因而导致他们短时间内对日语学习的态度较消极,日语双学位优秀学习者B02便是一个典型案例。所幸他们能够很快调整过来,虽然和日语专业学习者一样,笔者在短时间内观察到了日语双学位学习者的学习动机和学习行为的波动,但从较长的区间内来看,这种波动对其学习行为和学习效果几乎没有影响。综上所述,无论是日语专业学习者还是日语双学位学习者,本研究都发现其学习动机和学习行为在学习过程中发生了变化。这与自我决定理论所主张的学习动机动态变化的观点一致。

在此基础上,本研究还发现学习动机的另一个特点——学习动机的不稳定性。学习者想要改善目前的学习状况,因此比平时花费更多的时间和精力来学习日语,其中有学生仅仅坚持了短短一周,也有学生坚持时间长达一两个月。毫无疑问,最终能给学习效果带来积极影响的当然是长时间的坚持。日语专业学习者中努力提高学习成绩的典型案例是A07。一、二年级时她的成绩经常排在班级倒数第一,进入三年级后,她开始一改以往的学习态度和学习行为,3个月后,成功通过日本语能力测试N1,而很多在一、二年级时比她学习成绩好的学生却未通过。一次考试可能有运气的成分在,但事实上不仅是通过N1,经过3个月的努力A07的日语成绩有了质的提升和飞跃,她在期末考试中也进步明显。从A07的案例中,我们可以提出这样一个假设:只要努力花时间和精力,坚持3个月,学习效果就会有所体现。本研究中,A07是学习动机上升型学习者中最为典型的案例,她在将好好学习的想法付诸实践后通过了日本语能力测试,从中可以看到她在学习效果上明显的进步,因此把她改善日语学习效果的时间——3个月作为基准。也有可能她在日本语能力测试前,日语能力已经得到大幅度提升,只不过未通过考试体现出来,在这里忽略不计。很多学习后进生为了改善学习成绩,努力了一段时间,但因不知道坚持多久成绩才能有所改善而放弃,对他们来说,设立3个月的时间基准能给他们提供可期待的阶段性目标,使他们的试图改善成绩的行为得以持续下去。另外,努力程度也关系到成绩改善所需的时间长短与改善的程度,具体可参照A07在日语学习过程中的学习行为。

学习成绩的改善得益于持续不断的努力,但努力的过程对学习者来说是痛苦的。以本研究中的日语学习为例,语言学习具有循序渐进的特点,这不仅意味着要掌握好目前的学习内容,还意味着要复习之前落下的学习内容,自然免不了要反复背诵大量单词、语法。更令学习后进生丧气的是,做完了这些并不意味着短时间内学习效果就一定能体现,这痛苦的努力过程使得大多数想提高学习成绩的学生或望而却步,或中途放弃。但是,也有可能出现以下情况。像单词听写这样的测验,测验范围较小,在短时间内花费大量时间的临时抱佛脚的学习方式极有可能提高学习者的成绩。部分日语专业学习者平时并没有坚持背诵单词的习惯,总是在单词听写前一天开始大量背诵,这样的学习方式偶尔也能使他们取得较好成绩。这里的学习行为是出于想要提高听写测验成绩的学习动机而采取的暂时性紧急措施,他们的学习动机和学习行为仅维持了一两天便结束了,并未持续下去。相反,努力时间较长并取得了良好学习效果的典型案例——日语专业学习者 A07,她的学习动机的增强则是长期的。综上所述,一般来说,长期(本研究认为至少是 3 个月)学习动机的增强能给学习者带来积极的学习行为,从而提高学习成绩。暂时性学习动机的增强可能对以单词为主的听写测验有用,但在日本语能力测试、期末考试等全面测试学生日语能力的考试中却行不通。

到目前为止,本研究中关于学习动机的验证和新发现主要包括以下 2 点。

(1)学习动机是进行某种行为的动力,学习者的"想法"若不伴随着与之相应的学习行为,则不能被称为学习动机。

(2)本研究调查了大学 4 年里日语专业学习者的学习动机,发现其学习动机分为短期学习动机和长期学习动机,长期学习动机才能带来学习效果的改善。本研究中通过特殊案例,提出了长期学习动机至少要持续 3 个月才能改善学习效果的假设。

二、自我决定理论在日语专业学习者中的应用

自我决定理论按自我决定程度的高低将动机看作一个从无动机到外部动机再到内部动机的连续体,除此以外还包括以下主张。

(1)内部动机可用自我目的性来定义。

(2)内部动机是自我决定程度最高、最理想的动机。

关于上述主张,伊田胜宪、乾真希子认为,内部动机和外部动机最初是心理学中的术语概念,这一研究成果逐渐被人们广泛认知,目前人们一般倾向于认为内部动机是最理想的学习动机(伊田勝憲·乾真希子,2011)。换言之,从自我决定理论来看,我们认为学习本身就是学习目的的内部动机对学习效果的贡献最大,因此最理想。德西、瑞安也在他们的研究中发现,相较于外界赋予的动机,学习者自身产生的动机会使其学习行为更富有创造性,更具有责任感,持续时间也更长久(Deci & Ryan,1985)。简而言之,内部动机比外部动机更具有优势。下面通过对照本研究日语专业学习者的研究结果来验证这一结论在本研究中是否适用。

内部动机不是为了获得奖励,也不是为了逃避惩罚,而是为了内在的满足感,其中内在满足感可从下面 3 种途径获取。

(1)成就感:通过活动本身获得成就感,使身心得到满足。

(2)自我决定感:对由自己做决定且付诸实践的过程感到满足。

（3）与人交流：从与学习同伴的交流中得到满足。

本研究中的日语专业学习者中，A03和A09同为优秀学习者，两人却采用了2种截然不同的学习方式：一种是像A09那样对日本动画很感兴趣，并将其作为主要学习素材进行日语学习；还有一种是像A03一样，通过花费大量时间进行以日语教材为中心的日语学习，取得优异成绩后，获得成就感，这又进一步对学习行为产生积极影响。从她们的日语学习轨迹中，我们能发现在她们的学习动机中，包括内部动机的2种不同途径的内在满足感——对日本动画的兴趣（A09）、努力学习取得成绩后的成就感（A03）。A01、A05、A11在日语学习过程中，多少也出现过从以上2种不同途径获得的内部动机。日语专业学习者的外部动机，包括想获得奖学金，身为学习委员、班长的责任感，通过日本语能力测试，身为日语专业学生的责任感，日语和毕业后的去向密切相关等。这些外部动机中，很明显他们的自我决定程度不一样，但我们很难去量化学习者的自我决定程度，也很难断定这些学习动机对他们的日语学习的贡献大小。内部动机同样如此，如果仅从A03和A09的例子就判定内部学习动机对日语学习的影响更为积极，这显然不充分。A03在学习开始之初，对日语并没有太大兴趣，只是因为是自己的专业，再加上其他外部动机的支撑，才获得了好成绩，这一好成绩产生的成就感才是内部动机。因此，我们可以发现，学习动机作用于学习者，其作用机制非常复杂，在分析学习者个体层面上的学习动机时，我们有时无法分辨内部动机、外部动机的相互关系，也无法量化判断其作用大小。而且，像A01和A07这样的学习动机上升型学习者，他们受提高日语成绩的动机、日语与毕业后去向密切相关的动机的支配，这些动机虽然属于外部动机，但在学习者的学习轨迹中几乎对他们的日语学习产生了决定性的影响，即外部动机也能产生自我决定性程度高的学习行为。也就是说，自我决定理论所主张的内部动机比外部动机更加有效、对学习者的影响更为积极，这一结果在本研究中显然无法证实，甚至出现了反例。

本研究还发现，外部动机根据其自我决定程度的高低显示出了阶段性，但由于本研究样本数量少，对其是否分为4个阶段，4个阶段之间如何区分，这几点均未得到确认。不仅如此，本研究中甚至还出现了与以上自我决定理论主张完全相反的案例。特别是对于外部动机和内部动机哪个更能促使学习者采取更加积极的行为，进而带来更好的学习效果，在研究对象有限且以文字资料为主要研究数据的质化研究中难以得出答案，在研究对象规模大、将问题与现象数据化的量化研究中可能会得出以上问题的答案。这与量化研究和质化研究的特点相关：量化研究的目标是描述总体的结构、分布、趋势,揭示变量间的关系,验证已有理论或假设等;质化研究则更多地以揭示现象变化过程、研究对象的主观认知,以及发展和建构新的理论假设为目标。包括自我决定理论在内的所有理论的产生,首先必定通过不断开展质化研究来产生理论假说,而后通过大量的量化研究去验证理论假说,逐渐去完善理论。本研究中以日语专业学习者为对象的研究不是在自我决定理论的基础上展开的,而是回到原点,通过对比本研究结果和自我决定理论,检验自我决定理论在我国日语学习者学习动机和学习行为的质化研究中的适用程度。由此,我们在本研究中发现了与自我决定理论的主张完全相反的事实,这将促使研究人员在将此理论应用于日语教育研究领域时,应该注意到该理论的局限性和问题点,认识到该理论不能照搬以应用于我国的日语学习环境,从而使得研究设计更为规范,研究结果也更有说服力。

本研究中,大学4年里日语专业学习者的学习动机呈现出3种不同的变化趋势,下面具体从这3种学习动机的变化趋势来检验自我决定理论。

（一）在学习动机上升型学习者中的应用

学习动机上升型的4名学习者中的A09,首先通过大量观看动画,日语学习取得较大进步,她因此对日语学习信心大增,这对应于自我决定理论中内部动机的内在满足感的获取途径之一——"成就感"。其次,A09自己确定学习内容,并没有像别的学生那样以日语教材为中心,而是以自己感兴趣的学习内容为中心,特别是在三年级以后,能动地决定学习内容,这对应于内在满足感的获取途径之一——自我决定感。再次,A09对于掌握的日语有极其强烈地想表达的欲望,不仅和同班同学用日语交流,而且和不懂日语的家人交流时也会使用日语,这对应于内在满足感的获取途径之一——与人交流。A09从以上3种途径获得了对日语学习的内在满足感,可见A09的日语学习动机属于内部动机。但A09的内部动机是从二年级的上半年才开始的。一年级上学期她有转专业的意愿,也在摸索适合自己的日语学习方法,当时她仅因为自己是日语专业的学生,有上课和完成学习任务的责任,所以才进行日语学习。这里的"责任",与无动机状态不同,同时比"外部动机"一词能更精准地描述此时的动机。一年级下学期,A09的学习状态没有改变,课上精力不集中,课下也很少学习日语。虽然从此时开始观看动画,但因为基础知识有限,在观看动画时,相较于日语,她的关注点在剧情上,此时这一行为与其说是学习行为,倒不如说是和A08一样单纯将其作为娱乐活动的性质更多一些。二年级上学期这一情况开始改变,主要任课教师更换为严格的教师后,对学生的要求骤然提升,于是一向害怕老师的A09上课不敢开小差,下课也努力花时间学习。这一时期,观看动画也获得了成效,期末考试成绩和日本语能力测试均取得了较理想的成绩。此时,任课教师严格的要求属于外部动机,对日本动画的喜欢属于内部动机,两者共同作用使A09的学习效果大幅提升。此后,任课教师虽又换了几个,使外部动机大幅度减退,但已经有良好学习基础的A09一直保持着喜爱日本动画的内部动机,学习成绩也一直名列前茅。

如前所述,学习动机上升型的A03,大学4年里一直以班级第一名和获得奖学金为目标,这是外部动机。她先是通过花费大量时间和精力取得好成绩,这让她很有成就感,让她对接下去的学习产生了很大信心。从这一点来看,这又属于内部动机,可被看作由外部动机带来的内部动机,两种动机并存,我们无从得知这两种动机中哪一种动机对A03的影响更大,与从以上3种途径得到内在满足感的A09不同,A03的内在满足感多来源于成就感。这种成就感让A03认为日语学习很有趣,虽然这里的有趣和A09感到的有趣截然不同,A09的学习方式更让人感到轻松,更让班级的学生羡慕,但两者殊途同归,均使两人取得了理想的学习效果。

学习动机上升型的A01虽然选择日语作为第一志愿,但这是在极其有限的可选择的专业中做出的选择,她最初对日语的兴趣并不大。此时,A01的日语学习动机强度不大,选择日语既因为高中时接触相关日本元素,又因为日语专业就业前景较好,此时A01兼有内部动机和外部动机。一、二年级遇到了学习困难,但出于身为日语专业学生的责任感,A01仍按部就班地上日语课、完成作业。三年级时,A01考虑到毕业后的去向,想获得本专业免试推荐研究生的资格,需要提高成绩,因此开始主动思考如何学习才能提高成绩,主动地去弥补日语学习中不足的部分。获得免试推荐资格的愿望属于外部动机,有了这个动机,她的学习开始有起色。可以说外部动机在A01整个日语学习生涯中起到了至关重要的作用。

A07进入大学后,经不住丰富多彩的大学生活的诱惑,从一年级开始就只进行了最低限度的日语学习。升入三年级,她开始意识到自己作为一个日语专业学生,现在的水平远远不够。她为了改变现状,想尽一切办法提高日语成绩。这种动机虽然来源于A07内部,但诱发因素还是三年级这个必须考虑毕业后去向的时间节点,这时她才意识到自己的日语水平不够,所以准确来说应该是外部动机。四年级上学期,因要准备双学位的跨专业考研,她把日语学习看成负担,但又因日语是专业必须学习,所以仅进行了最低限度的日语学习,这也属于外部动机。下学期,考研失败的她再一次意识到学好专业的重要性，又开始主动学习日语。在大学4年里，A07的日语学习动机发生了多次变化，其中对她来说最为重要的转折点是，进入三年级后，想到毕业后的去向时受到不理想成绩的刺激，产生了提高日语成绩的想法，这一外部动机在她的日语学习中起到了举足轻重的作用。

从以上学习动机上升型的学习者可看出，自我决定理论中的部分内容能够解释以上学习者的部分学习动机，但更多的是在现实复杂的学习环境中。内部动机和外部动机并非简单作用于学生，可能是外部动机引起内部动机，也可能2种动机并存，同一学习者的学习动机也可以发生多种变化。至于内部动机和外部动机哪一个对学习行为和学习效果的影响更大，在以上学习者的案例中，这2种可能性均出现过。因此，在关注个体学习者的质化研究中，单个学习者的学习动机变化极为复杂，不是量化研究中简单的线性关系就能说明清楚的问题。这再一次证明，在关系学习者心理情感因素的研究中，质化研究有助于我们理解事物本身，为进一步寻找问题点、探究其解决方案打下坚实基础。

（二）在学习动机下降型、不变型学习者中的应用

除A05外，学习动机不变型的学习者一直以来都对日语不感兴趣，对需要大量背诵的单词和语法感到厌倦，只是出于身为日语专业学生的责任感而学习，到学习后期仅为获得毕业证书而进行了最低限度的日语学习。根据自我决定理论的分类，这2种学习动机均属于外部动机。平时日语学习的终点就是通过考试，终极目标是取得毕业证，支撑学习者这一目标的学习动机为身为日语专业学生，有学习的义务和责任这一动机。A05因对日语动画感兴趣而开始学习日语，这属于内部动机，但同时她也对大量需要背诵的教材学习内容感到枯燥，此时作用于她的动机还有日语是专业必须学习的动机。学习动机下降型的学习者更是如此，他们对日语学习中单词、语法的大量背诵感到厌倦，却出于日语是专业必须学习的责任感，和其他学习者一样上课，完成学习任务。这种责任动机按照自我决定理论的分类属于外部动机，它在学习动机不变型和学习动机下降型的学习者的学习过程中都发挥了重要作用。

三、自我决定理论主要命题的分析

根据自我决定理论，若内部动机成为学习者学习行为的主要动机，则一般具有以下几个特征。下面分析本研究结果与这些特征的关系。

（一）内部动机为主要动机时，其对学习行为的积极影响更持久

如前所述，以日语专业学习者为研究对象的研究中，内部动机对学习者影响较大的仅有2人（A05和A09），这2名日语学习者学习主动，学习效果很好，大学4年里内部动机对他们学习行为的影响分别为4年和3年。然而，学习动机上升型学习者中的A03，日语学习开始于外部动机，而后兼有内部动机和外部动机，她与A05和A09相比，外部动机占据得更多一些，但她大学4年里的日语学习行为则比A05和A09更加主动、积极。

（二）外部动机的存在可能会破坏内部动机，但若以内部动机为主，则一般不会对外部动机的效果产生消极影响

这一命题从侧面证明了多种学习动机可以并存，在本研究中，同时拥有外部动机和内部动机的最典型学习者是A03，她既有想获得奖学金以及作为学习委员、班长的责任感而产生的外部动机，又有因优异成绩带来的成就感而产生的内部动机，至于哪一种学习动机更占优势，连本人A03也无法说清，更无从判断2种动机的相互作用。这说明，实际出现的学习动机比想象中非此即彼的关系更为复杂。

（三）内部动机持续时间更长，外部动机持续时间则较短

这种看法可以说是长期影响教育工作者和学生的一种刻板印象，很多学者认为：内部动机比外部动机更为持久，内部动机优于外部动机，所以让学生拥有内部动机非常重要。本研究中，有部分学习者在1个月左右的短时间内因日本动画或文学而对日语感兴趣，比以往花更多的时间和精力在日语学习上，这属于内部动机，不过并没有持续太长时间兴趣便减退了。另外，也有学习者受到期末考试不理想成绩的刺激，短时间内努力学习，这一动机属于外部动机，但在短时间内也放弃了。在上述案例中，无论是外部动机还是内部动机，学习者的学习行为均不持久，因而学习效果均未见改善，即内部动机持续时间长，外部动机持续时间短的命题在上述学习者的案例中并不成立。因此，以上命题的真伪不能一概而论，教育工作者和学生要充分发挥主观能动性，不因这种似是而非的言论而禁锢学生进步的可能性。

（四）内部动机能促进学生生理上和精神上的双重进步，使其在受挫折时能快速振作起来

这个命题和第3个命题相关联，上面说到本研究中存在因内部动机而努力的学生，短时间内成绩未提高便放弃了，但也存在部分拥有外部动机的

学生,他们坚持努力,最终学习成绩得以提高,因此以上命题不能一概而论。

(五)即使竞争变得激烈、水平提高,拥有内部动机的学生也会努力实现学习目标

本研究的学习动机上升型学习者包括拥有外部动机的A07、A03和拥有内部动机的A09,在他们学习动机增强以后的学习行为上,并没有发现拥有内部动机的A09比另2名学习者更加努力一些。

上述是由自我决定理论产生的5个命题,我们逐一将其与本研究的结果进行了对照分析。笔者认为,这5个命题均是基于以自我决定理论为基础的量化研究而产生的,这些量化研究产生的结论仅关注了大致的倾向,这些倾向对于我们理解大规模的研究对象的趋势、倾向具有一定意义,但量化研究也忽略了少数的特殊案例。本研究属于质化研究,关注少数样本,对其进行细致深入的分析,因此能够发现与上述命题不同甚至是完全相反的结论。

以上5个命题归根结底说明了一点——内部动机比外部动机更有效。但是,如果无条件地只提倡学习者拥有内部动机,就会让教育工作者和学习者产生错误的认知。对于这一点,伊田胜宪、乾真希子认为,我们在关注学习动机时,不应该仅赞美动机瞬间的最理想状态,使学习动机过分理想化,而是应该关注学习过程中学习动机的曲折发展路径(伊田勝憲・乾真希子,2011)。以上在量化研究中推导出来的命题并不适用于所有类型的学习者,所以我们应该明确叙述它们各自的适用范围。另外,并不是所有的内部动机都能带来理想的学习效果,短期的内部动机与短期的外部动机一样,对学习者的学习动机和学习行为影响不大。同样,外部动机也并不是不能对学习者产生积极影响。本研究中的学习动机上升型学习者中,长期拥有外部动机的学习者A03的学习效果不一定比长期拥有内部动机的学习者A09的学习效果差。但是从学习者角度看来,能够享受学习、从学习中获得乐趣的内部动机是最理想的学习动机,本研究中以日本动画为主要媒介来进行日语学习的A09,大多数学生对其学习方式的评价是"既能轻松学习,效果又好",可见学习者们对她这种内部动机的肯定。但需要注意的是,此种内部动机并不是所有学习者都能够拥有的。本研究中,几乎所有学习者在短期内都尝试过各种方法,试图获得内部动机,这些方法包括看日本电视剧、日本动画等,与学习日语教材相比,这种娱乐形式的学习方式更受学习者欢迎,但学习者获得的内部动机仅短暂地存在了一段时间,并未对学习行为和学习结果产生积极作用。与其努力去从心底喜欢上

日语学习、觉得日语学习有趣,以获得长期的内部动机,像本研究的学习上升型学习者中的A01和A07那样,设定一个阶段性学习目标以获得长期的外部动机可能更容易,当然这要以学习者坚定的决心和优秀的执行力为基础,才能最终获得较为理想的学习效果。如前所述,长期的外部学习动机对学习者的积极影响不亚于长期的内部动机,这样对学习者来说,除了努力获得内部动机外,还有另一个选项,既然两者都能达到同样的学习效果,那么学习者可根据自己的实际情况来做尝试、选择。

四、责任动机

在本研究中出现最多的、对学生影响最大的学习动机实际上是因为日语是专业所以必须学习的责任动机。其理由是,在大学4年的日语学习中,学习者中拥有内部动机的学习者较少,在选择日语专业时,有因日语专业就业形势良好而产生的外部动机,有因与日语性质相似课程的成功学习经历而产生的外部动机,也有被调剂到日语专业的无动机状态。日语学习开始后,学生一般进入三年级才考虑就业,因此就业这一外部动机在学生的整个学习过程中,对学习动机的影响较小,除A07外几乎没有学生的学习动机因此而提高。在大学4年这一长期的学习过程中,大多数学生对日语学习与就业的关系并不清楚,因此不能形成明确的、强烈的学习目标,这一动机对学习行为的影响自然有限。另外,四年级学生开始求职时,可能是大学4年里就业这一动机最为强烈的时期,但实际上,求职过程中感到焦虑的学习者较多,与前3年的日语学习相比,学习者不仅没有比以往更加努力学习,反而仅进行最低限度的日语学习的现象非常突出,因此,与就业相关的外部动机对日语专业学习者的影响微乎其微。高中成功的学习经历这一外部动机对学生的影响也较为有限,零基础开始的日语学习对每个学习者来说有着一样的学习难度,部分学习者开始日语学习后,发现日语学习跟以前所学习的英语科目完全不一样,很长一段时间内对如何学好日语感到很困惑。像这样,当初选择日语专业的学习动机在他们开始学习后完全不能发挥作用,此时发挥主要作用的是身为日语专业的学生必须学习的责任动机,他们并不能像日语双学位学习者那样,中途可以随时放弃。

责任动机是本研究的一个关键词。出于责任感的学习动机是本研究中观察到的影响日语专业学习者的最广泛动机。虽然这种动机受外部影响,但是学习者认为,学习日语是自己的责任,这种外部影响渗透到学习者的内部。这种动机若套用自我决定理论外部动机的现有框架中4个阶段的代表性词句,可以表述为:学习者对学习任务虽然并不想完成,但还是会完成,这一行为既有"不做的话会被骂"的外部调控,也有"因为不安""不想丢脸"的内射调控,又可以解释为"对自己来说很重要""为了将来是必要的"的认同调控,还可以用"和自己的价值观一致"的整合调控来说明。这些动机可能单独作用于学习者,也可能同时作用于学习者,究竟是哪一种或哪几种,学习者自身也难以判断的情况较多。因此,这里用的"责任动机"虽带有外部动机的性质,但能比外部动机更加精准地描述本研究中学习者的学习动机。

责任动机因语言学习中大量单词、语法的反复背诵而产生。也就是说,学习者并不情愿背诵大量的单词、语法,但因是日语专业,所以不得不完成这些学习任务。但是,同样被责任动机所驱使的学习者,学习任务的完成质量也不一样。例如,主要课程综合日语的任课教师布置了复习和预习的作业,高中是文科的学习动机不变型的学习者一般会一丝不苟地完成作业,但高中是理科的学习者则大多完成得较马虎,后者一感到枯燥便会放弃。而学习动机下降型的学习者面对的作业只要不是听写测验等任课教师要求检查执行情况的,一般很少完成。

责任感不仅支撑着学习动机不变型和学习动机下降型的学习者,对学习动机上升型的学习者来说,也是贯穿其学习过程的一个重要动机。学习动机上升型学习者在需要大量背诵单词、语法时,虽然也认为枯燥无味,但还是会完成。即使是班级公认的日语学习成绩最好的A03,也在学习日记中记录了在学习过程中轻视单词学习的倾向,因为这让她觉得枯燥无味。也是责任动机的存在,才使A03得以克服这一难题。另外,以观看日本动画为主要学习方式的A09并不是完全没有背诵教材上的单词、语法。她学习日语教材的方式与学习动机下降型学习者相似,只要任课教师不强制检查,就很少背诵单词、语法。对A09来说,相较于观看动画,她并不愿意学习教材,但因为是专业,有学习的责任,所以还是会花费一定时间和精力来完成日语学习任务。因此,即使是看似与语法、单词大量背诵最无关的A09,也在责任动机的驱使下完成了日语学习任务。

综上所述,责任动机主要有如下特点:

(1)责任动机源于日语学习中必须大量背诵的单词、语法、课文等,本研究中的日语专业学习者都拥有责任动机,学习者尽管觉得枯燥无味,但还是会完成基本的学习任务,它与学习者的学习效果无关,也与学习动机的变化趋势无关。

(2)责任动机具有外部动机的特征,比外部动机这一表述能够更加准确地描述日语专业学习者的动机。根据本研究结果,笔者认为责任动机这一表述,比现有的自我决定理论划分的外部动机的4个阶段的描述,更加精准地反映了日语专业学习者的学习动机的真实状态。

(3)支配学习动机不变型、学习动机下降型学习者的最主要动机为责任动机,而学习动机上升型学习者的责任动机和其他动机并存。但同样是出于责任动机,不同类型的学习者对学习任务的执行程度也是不同的。

下面来阐述责任动机的哲学背景。伊田胜宪、乾真希子指出,本应对学习行为产生积极影响的内部动机,可能会导致学习者以此为借口来回避学习,在说明自律和他律的关系时,引用了弗洛伊德划分的人格结构的3个层次:超我、本我和自我。超我代表社会的理想和价值观;本我遵循快乐原则,只关心个人需要的满足;自我则遵循现实原则,通过考虑现实,控制本我的冲动,调节本我与外界环境的关系,负责本我、超我与外部世界的联系(伊田勝憲·乾真希子,2011)。责任动机按照其特点即属于其中的自我。

本研究中,学习动机下降型学习者一般优先进行课外活动,把最不喜欢的日语学习放在最后。这符合弗洛伊德理论中本我的概念。虽然不喜欢,但受责任动机——自我的支配,受外部诱惑较多的他们还是会完成最低限度的学习。A12已经认识到了这一问题:"就是理智告诉我要好好学,天性告诉我可以玩一玩。"(开放式问卷调查/2015-05-24)虽然意识到了问题的症结所在,但他们的自我却没能战胜本我,所以未能解决问题。而学习动机不变型学习者虽然和学习动机下降型学习者一样,存在对日语学习兴趣不大、不想学习的本我,但由责任动机产生的自我战胜了本我,因此学习行为和学习效果上优于学习动机下降型学习者。学习动机上升型学习者A01和A07也是典型的案例,在学习动机增强以前,她们对日语学习兴趣不大,遵照本我,日语学习随大流。进入三年级后,在规划毕业后的去向时,A01和A07迫切想要提高自己的日语成绩,于是理想中的超我调节了本我,学习者开始根据现实情况调整自己的学习行为——自我开始发挥作用。学习动机上升型的另外2名学习者,以观看日本动画为主要学习方式的A09在日语学习中一般是本我在支撑,一直通过自己感兴趣的学习方式在学习,而以教材为主要学习方式的A03则是取得好成绩、提高日语水平的超我在发挥作用。对背诵大量单词、语法感到枯燥时,A09的自我有时能战胜本我,她能认真完成这些学习任务;而A03的自我一直战胜了本我,因而即使感到枯燥无味,她也会一丝不苟地完成任务。以上学习者的日语学习中出现的自我就是责任动机。

五、小 结

本节说明了本研究的结果在参照自我决定理论时的注意事项,分析了自我决定理论中动机的分类以及在本研究中的适用性,发现自我决定理论外部动机的4个阶段并不适用于以日语专业学习者为对象的研究。这启示我们,已被广泛应用的自我决定理论,在实际运用到日语教育研究领域时,不能生搬硬套,而要充分结合实际情况进行灵活运用。本研究还发现,在我国的日语学习环境中,日语专业学习者的学习动机中最为广泛的动机为责任动机,责任动机比外部动机更能精准地描述本研究中出现的学习动机,而这种学习动机在日语双学位学习者身上并未发现。之所以出现这一差异,是因为日语专业学习者有学习的责任和义务,不能中途随意放弃日语学习,而日语双学位则没有这一限制,可以中途放弃。另外,日语专业和日语双学位学习者学习方式的不同,也导致想获得学位证书的外部动机在日语双学位学习者身上出现较多,在日语专业学习者身上则出现较少。日语专业的学制为4年,在漫长的学习过程中,学习者很难以获得毕业(学位)证书为目标而进行日语学习,责任动机成为驱动日语专业学习者最主要的学习动机。而日语双学位学习的学制仅为2年,时间相对较短且课堂管理较松散,继续双学位学习对学习者来说并非难事,因此双学位学习者中以获得双学位证书为目的的外部动机出现较多。

第三节 本研究调查方法的启示

一、本研究调查方法的特点

本节将论述本研究在数据收集过程中需要说明和注意的问题。本节内容与第三章介绍的调查方法不同,本节中论述的是调查进行中和进行结束后凸显出来的特征,分析这些特征,可为开展类似的质化研究提供借鉴和参考。

本研究中,以日语专业学习者为对象和以日语双学位学习者为对象的数据收集方法有以下不同。第一,研究对象人数不同。日语学习者仅15人,除了在第一学期末通过转专业制度从日语专业转出的2名学生外,共收集到13名学习者完整的大学4年的数据。而日语双学位学习者第一次调查时有69名,随着学习的深入,协助调查的学习者也在逐渐减少。而且,每次配合调查的学习者并不完全一致,不利于对学习者进行跟踪调查,以发现其学习动机和学习行为的动态变化。因此,在报告本研究结果时,能够对日语专业单个学习者的学习动机和学习行为的轨迹进行描写和分析,但在以日语双学位学习者为研究对象的研究中却没能对每个学习者做出分析。第二,收集到的数据的质量不同。日语专业学习者均寄宿在大学学生宿舍里,相较于来自不同大学的日语双学位学习者,笔者和日语专业学习者接触的机会较多,日语专业学习者对调查的配合度较高,收集到的数据质量也较好。而日语双学位学习者以主专业学习为主,对大部分学生来说,并不是每天都学习日语,实施学习日记、日常调查表等调查方式对他们来说不现实。事实上,本研究针对日语双学位学习者也进行了和日语专业学习者一样的日记调查、日常调查表等同样的调查,调查频率也和日语专业一样,但结果却是大部分学习者或不知道如何写,或写的内容跟日语学习完全无关,或根本不配合调查。特别是对学习效果不好的学习者来说,他们并不想提起自己的失败经历,对调查的配合度很低,有的甚至中途退出调查。因此,相较于日语双学位学习者,以日语专业学习者为对象的调查更能收集到丰富多样的数据,这种差异是由日语专业和日语双学位两种完全不同的学习方式决定的,并不是通过改变调查方法或是别的外在条件就能够减小的。

另外,以日语专业学习者为对象的调查历时4年,每一学年实施调查的频率并不相同。本研究中,调查频率因学年而异,一年级上学期调查频率最高,此后调查频率逐渐降低,这与学习动机的变化规律有关。在调查开始前,笔者曾预测,在学习者开始接触日语的一年级(还加上存在转专业制度),其学习动机和学习行为的变化较为强烈,而随着学习的深入,学习者适应日语学习后,其变化越来越不易被观察到,而后来的调查结果也证实了笔者这一推测。日语专业学习者中,按自身意愿进入日语专业的学习者很少,其中将近一半是调剂生。第一学期允许学生转专业,可预想到调剂生的学习动机可能会发生很大变化。此时,学习者从零基础开始系统地学习日语,对他们来说这是全新的体验,为了更准确、更详细地捕捉到他们的学习动机和学习行为的变化,此阶段笔者提高了调查频率。随着时间的推移,学习者的学习动机相对稳定下来,他们的日语水平也变得参差不齐,能够刺激学习者、给其学习动机和学习行为带来改变的时间节点或事件,渐渐变得越来越不一致。也就是说,究竟何时调查才能准确抓住学习者当时的动机和行为的变化?学习者间的差异越来越大,对于学习效果不理想的学习者来说,学习初期不理想的成绩给他们带来了较大的刺激,短期内他们会想要改善学习行为,但到高年级后,他们已经从心底接受不理想的成绩,学习动机和学习行为的变化微乎其微。此外,若大学二、三、四年级维持和一年级上学期同样的调查频率,使用一样的数据收集方法,则会给研究对象带来较重的负担,对于在学习动机和学习行为上趋于稳定的学习者来说,不同时间段的调查中的报告内容极有可能相似。对笔者来说,庞大数据的收集、整理等工作也需耗费大量时间和精力,因此,笔者减少了此阶段的调查频率。笔者认为,调查频率越高、调查方法越多元的研究设计就越能有效地把握学习动机和学习行为的微变化,这是最理想的状态,但往往我们在进行研究设计时不得不考虑到现实条件(研究对象的配合度,研究人员的时间和精力是否跟得上等),然后制定出切实可行的方案。

这个问题也存在于日语双学位学习者的研究中,日语双学位学制为2年,前3学期在华中科技大学上课,后一学期为论文写作时间,没有安排课程,学生自行和导师联系。第1学期调查频率较高,一是因为刚开始接触日语,学习热情很高,学生也愿意配合调查。而随着学习内容增多,新鲜感减少,大部分学生的学习热情变淡,对日语学习尚且不愿意花时间,就更不愿意协助与日语相关的调查,因此,笔者只能够在学生能够承受的范围内设定适当的调查频率和合适的调查方法,以收集到质量较高的数据。

二、本研究调查方法的启示

迄今为止,在日语学习动机的相关研究中量化研究占绝大多数的原因有以下几点:第一,量化研究多为量表式问卷调查,通常只需要研究对象选择而不需要他们长篇大论地来描述,短时间内便可完成,调查内容对研究对象来说负担不重。相比之下,质化研究通常通过访谈或开放式问卷调查等来进行,花费时间比较长,跟踪研究则花费时间更长,对研究对象的负担较重,需要他们高度配合研究调查。第二,对于研究人员来说,相较于研究周期较长的质化研究,量化研究进行成果转化的时间要更短。量化研究从数据收集到数据处理所花费的时间相对较短,数据收集时一般是现场或网络上分发(电子)调查问卷,回收时间短。而质化研究特别是聚焦变化主题的研究需要长期跟踪,也要求研究对象大量输出文字内容,研究人员不得不花费大量时间和精力来收集、转写数据。第三,研究结果的客观性问题。量化研究方法已经趋于成熟,利用软件进行数据统计处理,得到的结果的客观性令人信服。但质化研究从收集数据到分析数据再到撰写论文,每一步均避免不了混入研究人员的主观意识,目前,主张在研究中绝对地排除研究者主观意识的学者大有人在。基于以上几点原因,在日语学习动机的研究中,量化研究占据了绝对优势。在日语教育研究领域,质化研究的数据分析方法不多,目前采用较多的主要是社会学、心理学等领域开发的分析方法——KJ法(川喜田二郎,1967,1970)和M-GTA(木下康仁,2003,2007)等。这些研究方法可解决部分质化研究关注的问题,但并不能解决所有问题。在质化研究中,分析方法的局限性有可能导致研究人员不根据研究目的来确定数据收集和分析方法,他们很有可能根据已有的分析法来确定研究目的和数据收集方法。然而,数据收集方法和分析方法始终是为实现研究目的而存在的,因此我们不应该盲目追求数据收集、分析过程的客观性,而应该关注按照该数据收集方法和分析方法是否实现了研究目的,这才是研究中最为重要的部分。只要在研究论文中研究人员明确记录下其在研究中的定位,以及主观因素可能造成的影响,给读者提供其在阅读研究结果时额外的参考资料,就能让读者自行判断研究人员的存在对研究结果的影响。这既能实现研究目的,又能使研究过程更加透明,得到的研究结果也更科学。因此,在质化研究中,若仅追求绝对的客观性,而抹杀掉质化研究原有的优点,或生搬硬套现有分析方法来分析,最终只会导致研究问题不能解决,这样就是本末倒置。

在既有的学习动机的质化研究中,在资料收集方面,采用最多的数据收集方法就是访谈,鲜见其他数据收集方法。事实上,不仅访谈,开放式问卷调查、实地调查、参与式或非参与式课堂观察、学习日记等调查方法也能展现学习者的外在行为和内在心理活动。同时使用这些调查方法能够收集到高质量的数据,而"高质量"必然伴随着学习者的大量输出,这会给研究对象带来极大的负担。因此,在质化研究中,研究对象的积极配合是质化研究成功的关键因素。研究对象的配合程度又通常取决于研究人员在调查过程中下了多少"功夫"。我们最先想到的"功夫"是支付给研究对象的劳务费用,这个方法的确最省事,也最容易被研究对象所接受,但对于没有经费的研究生来说,这个办法并不现实。尤其是在跟踪调查中,调查次数多,若每次均支付劳务费用,对研究人员来说是一笔难以承受的开支。时间跨度长的跟踪研究是提高质化研究的质量的重要方法,但在支付研究对象的调查费用方面则负担较重。

U. 弗利克(U. Flick)认为,质化研究重视具体案例,并在时间上、地域上的特殊性中捕捉这些案例,以及以人们自身的表现和行为为立脚点,将其与人们生活的地区联系起来进行理解(Flick,1998)。不可避免的是,研究人员本身就是研究工具。研究人员如何"捕捉""理解"关系到能否阐明研究对象相关的具体案例。研究人员能否深入研究对象内部,研究对象能否对研究人员敞开心扉，是研究能否成功的关键。支付劳务费是一种方法，但在经济条件不允许的情况下，还有一种方法是与研究对象建立信任关系，以获得其对本研究的无偿配合。要建立这样的关系，让研究对象信赖研究人员，这需要研究人员与研究对象频繁接触。研究人员在与研究对象接触的过程中，可以建立与研究对象的信任关系，这样既可收集数据又可以确认数据的真实性。在本研究中，笔者的存在对日语专业学习者和日语双学位学习者来说，或许能够在一定程度上起到解决他们疑难问题的作用。然而，一般来说在质化研究中，应该极力避免研究人员对研究对象的影响，以免影响研究结果，从这个意义上来说，我们必须控制研究人员与研究对象的接触。一方面获得研究对象的信任，进入他们的内心，有助于我们更好地收集数据，但另一方面这也意味着研究人员对研究对象的潜在影响。这样的矛盾确实存在，事实上在调查过程中，和笔者接触较多的学习者连负担最重的学习日记都完成得很好，而和笔者接触较少的学习者连负担最轻的开放式问卷调查也完成得很随意。当然，笔者和研究对象接触的频率不同并非是笔者区别对待，笔者和每一名日语专业学习者接触的频率相同，在和日语双学位学习者的接触中，对日语有兴趣的学生和笔者的互动较多，对调查的配合度高，反之则少，对研究的配合度也低。这充分说明了研究人员与研究对象接触的重要性。若平时和研究对象无接触，只在想得到他们的帮助时才与之接触，轻则收集到的数据质量不高，重则引起研究对象的反感和不配合。研究对象对于日语学习或大学生活必定有诸多困惑，如果笔者在本调查中的角色没能对他们有帮助，那研究对象不合作也无可厚非。因此，在类似于本研究的质化研究的调查过程中，研究人员应该融入研究，同时又清醒地认识到自己在研究中的作用。笔者在本研究中的作用，仅仅是作为一名普通的学习日语的高年级学生，对研究对象在学习中遇到的困难给予建议，据笔者的观察，本研究的研究对象中，并没有哪一名研究对象因为笔者的存在，其学习动机和学习行为发生了较大的变化。因此，本研究中，笔者的作用可忽略不计。

　　本研究调查时间跨度分别为4年和2年，要获得日语专业学习者和日语双学位学习者的长期配合较难，其中，要获得日语双学位学习者的配合则更难。我国的大学一般为寄宿制，笔者当时为华中科技大学的研究生，与本研究中的日语专业学习者接触机会较多，再加上笔者作为他们日语学习的"前辈"，相较于日语双学位学习者，无论是在物理空间上还是在心理距离上，笔者距离他们近得多。而仅在周末才聚集到华中科技大学的日语双学位学习者，课程结束后便返回各自的大学，平时主要通过社交工具进行联系,笔者和他们接触的机会极其有限。如前所述,在学习过程中,日语双学位学习者中的大部分学习者的学习动机减退了,对他们来说,日语学习也渐渐成为负担,自然也不再愿意协助本研究。在此背景下,学习者对调查的配合度因学习效果好坏而不同,学习效果好的学习者愿意和笔者分享他们的日语学习故事,而学习效果不理想的学习者则不想提起这段失败的学习经历,因此对前者的数据收集更为全面、翔实。

文野峰子指出,在质化研究中,不仅需要当事人的自我报告,还应导入他人视角(文野峯子,1999)。本研究通过学生之间的相互评价,能了解学习者是否正确地认识了自己与他人的日语学习,以及这种认识对学习者自身的学习行为产生了怎样的影响。另外,我国的大部分大学生均住在大学校园内,同班同学基本上被分配到相同宿舍,室友之间的相互评价也很重要。例如,三年级下学期,男生寝室的4人经常一起玩网络游戏,其中1名学习者认为这不光彩,在调查中回答"打游戏次数并不多",而其他3名学习者则回答"几乎每天都会打",很显然在这种情况下,前者隐瞒了打游戏次数。这一事实可以通过室友间的相互评价得以确认。室友的相互评价成为检验各自汇报内容真实性的重要"证词",在质化研究中多注意这样的细节,研究质量必定会大大提升。

此外,还需要注意的是本研究所收集的数据中有部分未被使用。本研究从一开始就明确了研究问题,调查了与学习动机和学习行为相关的各种要素,以及在撰写论文过程中很有可能使用到的数据。但是,论文撰写完毕后发现有部分数据并未被采用。例如,本研究同时收集了所有研究对象的有关词汇、听力、语法、口语的具体学习方法的相关数据,但最后仅使用了优秀日语学习者的数据。这并不是研究设计不严谨,因为我们从一开始无法得知优秀学习者究竟是谁,要在他们学习2到3年后才能够知道,所以不得不这样设计,以获得每一学习阶段的学习者的学习行为。这样的操作在实际的数据收集过程中是很有必要的。另外,日语教育研究领域的质化研究经常采用访谈这一调查方法,一般采用半结构式访谈。尽管有事先准备的问题,但是在访问过程中往往会收集到很多脱离问题的数据,其中一些数据不到最后阶段的论文撰写时,很难判断它们是否多余。若在论文撰写阶段才发现数据不足,再进行追加调查则效果不太理想,因为研究对象对当时状况的记忆有可能已经淡化甚至发生了改变。总之,笔者认为在调查前的研究设计中应该考虑所有可能与研究课题相关的调查,这样才能收集到优质数据,其缺点是给研究对象带来相对较大的负担。

第七章 结 语

第一节 我国日语学习者的学习轨迹

在同一学习环境中从同一起点开始学习同一门语言的学生,经过一段时间的学习后,必定会出现学习优秀者和学习后进者。到底是什么导致了这种差异?什么因素会影响外语学习?优秀学习者具体是如何学习的?

针对以上问题,本研究以动态视角来捕捉日语学习者的动机和行为,对我国的日语专业学习者和日语双学位学习者分别进行了为期4年和2年的跟踪调查。现将具体研究结果总结如下。

一、日语专业学习者的学习轨迹

下面对日语专业学习者大学4年里的学习轨迹进行整理。

(1)学习者学习开始时动机并不强烈,近半数学生为调剂生。其中1名学生转专业意愿强烈,其他学习者虽有转专业意愿,但大都处于观望状态。剩下的学生则在诸多限制下才选择了日语专业。

(2)日语学习开始后,学生经历了短暂的新鲜感,其中1名调剂生从一开始便决心转专业,另1名调剂生在学习过程中因逐渐讨厌大量背诵而决心转专业,其他学生则把日语学习放在首位。

(3)第1学期结束后,2名转专业意志坚定的调剂生成功转出。剩下的调剂生中,2名学生虽参加了转专业考试,但由于备考不足而失败;2名学生在学习过程中,出于种种原因而放弃转专业;1名学生提交转专业申请较其他4名调剂生晚,超过班级转专业人数限制的4人,而未能参加转专业考试。

(4)从一年级到三年级,根据学习动机和学习行为的变化趋势,学习者呈现出学习动机上升型、学习动机不变型、学习动机下降型3种类型。

①学习动机上升型学习者呈现出2类不同的学习轨迹。第1类是在三年级考虑毕业后的去向时,学习动机增强,学习主动性也随之增强。第2

类花费大量的时间和精力,以教材或观看动画为中心来学习日语,成绩提高后,对日语学习的自信心增加,学习动机也得以增强。

②学习动机不变型学习者中,除A05外,其他学习者厌烦日语学习中大量单词和语法的背诵,但出于责任,一直坚持学习日语。而A05因对日本动画感兴趣而选择日语,在日语学习过程中,虽然对于大量需要背诵的教材学习感到枯燥无味,但学习行为上始终很勤奋,其根本原因是对日语很感兴趣。

③对于学习动机下降型学习者,他们日语学习时间越久,就越讨厌大量单词、语法的背诵,相较于日语学习,他们优先参加课外活动,到学习后期仅把顺利毕业作为日语学习的目标,因责任动机而仅完成最低限度的日语学习。

学习动机不变型、学习动机下降型和部分学习动机上升型的学习者的共同特征是:

①因日语学习需要背诵大量单词和语法,学习者尽管感到枯燥,但受日语是专业必须学习的责任动机支配,仍坚持学习了4年。

②他们尝试通过日本动画、文学等来提高学习兴趣,大多数以失败告终,只有1名学生通过长期阅读日语小说,日语能力得到提高,获得了成功的学习体验。

(5)四年级,确定继续攻读日语专业研究生的学生一如既往地努力学习。而其他决定就业或跨专业考研的学生,学习动机减退,仅进行了最低限度的日语学习。

(6)在本研究中出现最多的、对学生影响最大的学习动机是:因日语是专业,所以必须学习的“责任动机”。责任动机主要有如下特点:①责任动机源于日语学习中必须大量背诵的单词、语法、课文等,本研究中的日语专业学习者都拥有责任动机,学习者尽管觉得枯燥无味,但还是会完成基本的学习任务,它与学习者的学习效果无关,也与学习动机的变化趋势无关。②责任动机具有外部动机的特征,比外部动机这一表述能够更加准确地描述日语专业学习者的动机。根据本研究结果,笔者认为责任动机这一表述,比现有的自我决定理论划分的外部动机的4个阶段的描述,更加精准地反映了日语专业学习者的学习动机的真实状态。③支配学习动机不变型、学习动机下降型学习者的最主要动机为责任动机,而学习动机上升型学习者的责任动机和其他动机并存。但同样是出于责任动机,不同类型的学习者对学习任务的执行程度也是不同的。

(7)对自身学习效果不满意的学习者一致认为,最主要原因在于自身努力不够,其更根本的原因为对日语学习兴趣不大。其中很大原因在于,被调剂到日语专业的理科生过多,他们本来对日语没有兴趣,再加上高中时相关文科科目的学习训练较少,因此对日语学习需要的大量背诵和训练的抵触情绪较重。这需要我们重新审视调剂制度,否则就不能从根本上解决学习者学习动机较弱的问题。此外,也需要学习者具有自我控制能力和高度的自律,积极调整心理状态,进行心理暗示:只要能在日语学习上花费足够多的时间和精力,那么也能取得良好的学习效果。

(8)学生的就业状况不理想。这一状况由诸多因素造成,其中客观上的且可改善的因素为华中科技大学的日语专业在四年级的课程设置上,仍然安排有较多课程。笔者建议,将四年级的大部分课程调整到二、三年级,使得学生有足够的时间来求职,因为学习者一方面要利用大四的空余时间来提高专业素养,为求职做准备,另一方面要积极参加宣讲会,多多尝试。日语专业也需要开设相关课程来支撑学习者就业,为他们的就业创造良好的条件。

二、日语双学位学习者的学习轨迹

以日语双学位学习者为对象的研究主要得出了以下结论。

(1)双学位学生需要额外支付学费,且在周末上课,与日语专业学习者相比,学习开始时的学习动机更强烈。日语双学位学习者最初的学习动机为:对日本文化等元素的兴趣、日本留学、就业、充实、易掌握、好奇心、受他人影响等。部分学习者在进行日语双学位学习前,通过自学或选修大学的通识课程提前学过日语。

(2)学习开始后,短时期内学习者对日语的新鲜感很强,课堂出勤率高,课外也花费了一定时间和精力来学习。

(3)此后,学习者中呈现学习动机不变型和学习动机下降型两种类型。由于学习内容增加,且遇到了双学位制度相关困难和课程相关困难,约80%的学习者的动机减退。学习动机减退并非意味着放弃日语双学位学习,想获得双学位证书的学习者会继续修读。此外,出于对日本动画等感兴趣而进行日语双学位学习的部分学生自始至终都对日语学习表现出极大兴趣,课程出勤率高,课外也花费较多时间学习日语。

(4)日语双学位的学习动机和日语的学习动机不一定一致。放弃继续修读双学位的学习者,并不一定放弃了日语学习,部分学习者希望通过日语能力考试,他们自学或通过参加培训班来学习;而继续修读双学位的学习者中,有一部分仅为了获得双学位证书,除此之外几乎完全不学习日语,他们的双学位学习动机存在,而日语学习动机接近于零。

(5)日语双学位中学习动机下降型学习者在学习过程中遇到了以下 3 方面困难:环境因素、学生自身因素和课堂因素。下面在详细阐述问题的基础上,对于其中可改善的问题,提出改善建议。

①环境因素里的家庭环境中,支付双学位学费的是学生的父母,他们因中日历史等问题对日本和日语的印象较为消极,并不支持学习者修读;社会环境中,由于参加主专业实习和考研,不能继续进行双学位学习;学生心理上的孤独和上学距离远等因素,在一定程度上导致了学习动机的减退。在孤独心理方面,需要学习者在接触不同大学的校园文化时,对新环境和新同学采取开放、包容的态度来对待。

②学习者自身因素主要来源于学习者在日语双学位学习前后对双学位看法的变化,这是因为学生在选择日语双学位前对困难预估不足。对此,要建立完善的双学位制度的指导体系,事先告知学生在学习过程中可能会遇到的困难,并且对学生的困难能够采取迅速的应对措施和适当的指导,使学生的学习顺利进行下去。

③课堂因素主要指学生对课程进度的主观感受不一致。可在学习开始前进行学习水平测试或参照期末考试成绩,根据学生的水平进行分班,因材施教。另外,以语法为中心的授课让学习者感到课程枯燥无味,可通过改善课程设计和更新教授法来解决。

三、优秀学习者的学习轨迹

日语专业优秀学习者 A03 一开始对日语并没有兴趣,但因是专业,基于责任感必须学习,同时她也努力创造条件以增强学习动机。经过不断努力,在取得了好成绩后,她的自我效能感增强,学习动机随之增强。另一名学习优秀者 A05 因对日本动画感兴趣选择了日语专业,有时对教科书学习感到枯燥无味,但出于责任感仍花费了大量时间学习。

从学习策略来看,2 名学习者在日语学习上花费了大量时间。花费气力最大的为语法学习,即课外再次整理课堂中的语法学习笔记。通过整理课堂中所学的语法点,甄别出自己还未掌握的难点,有助于针对难点各个击破,这是 2 名学习者每天的必修课。单词学习中,她们边听录音边复述,同时写下来,并对照中文意思来记忆。听力学习中,她们不仅要选出正确的答案,还要掌握听力原文中所有的单词和语法。进入高年级后,2 名学习者各自针对自身的弱点,充分利用各种课外资源,进行了相关训练。口语学习中,因为在外语学习环境中,与日本人接触的机会很少,所以 2 人只有大量背诵日语口语课文,试图通过输入的方式来掌握自然的口语。A03和A05除了使用以上的直接策略外,还使用了间接策略,即在日语学习中自我监控,时刻反省学习上的问题,并极力找出相应的解决办法。

2名优秀日语双学位学习者在日语学习上的共同特征主要有以下3个。第一,两者都有明确的学习动机。他们虽然没有设定通过日本语能力测试的具体学习目标,但都因喜欢日本动画而衍生出对日语的喜欢。第二,2人都确保每天有大量接触日语的时间。B01将大部分的课外时间用在了观看日本动画或参加其他与日语有关的课外活动上,B02也把将近一半的课外零碎时间用在了日语学习上。不仅如此,他们还将主专业课堂上效率不高的时间也用在了日语学习上。第三,他们都有适合自己的学习方法。两者的宏观学习任务分别为观看动画和课本学习,方法大相径庭,但对他们2人来说都是效率最高、最适合他们的学习方法。

对以上通过不同方式学习日语的优秀学习者的分析,为处在相同学习环境中的我国日语专业学习者和非专业日语学习者提供了可供参考和借鉴的蓝本。学习者在自己的日语学习过程中,可结合实际情况采纳上述优秀学习者的学习行为。同时,在模仿优秀学习者的学习行为时,还需留意优秀学习者学习行为背后的学习动机,以便更准确、更有效率地进行模仿。

本研究以我国高等教育机构中的日语专业学习者和非专业日语学习者为研究对象,调查分析了学习动机和学习行为的发展变化。调查结果对日语专业学习者和非专业日语学习者学习效果的改善具有重要意义。读者通过追溯本研究中的研究对象在学习过程中的学习经历,探究零起点日语学习者的学习发展过程,进而去探索身处同一学习环境的他们,大学4年的学习效果为何不同,以及优秀日语学习者的学习有何特征。读者还可寻找与自己学习过程的异同点,客观地反省自身学习中的不足,进而去摸索自己从他们身上可以借鉴的部分。阅读本研究中与读者认知相近的学习动机和学习行为的描述,有助于读者找到以上问题的答案,获得重新审视自己的日语学习的机会,产生情感共鸣,促进日语学习效果的提高。本研究还有助于教师在教学过程中更加积极准确地把握各类学生的特点,因材施教,以便取得良好的教学效果。

第二节 从本研究案例中获得的启示

以日语专业学习者为研究对象的研究中,学习者都是零基础开始学习日语,他们所处的学习环境也相同,但经过大学4年的学习,他们的日语水平却参差不齐。无论是日语学习者还是日语教师,恐怕都认为这种现象司空见惯,但对造成这种现象的原因,却只能凭感觉来推测。以日语双学位学习者为研究对象的研究也是同样如此,他们额外支付学费,利用周末节假日来学习,在相同学习环境以及相同的课程设置下,他们2年中的学习轨迹千差万别,有的学习者中途放弃,有的学习者却通过了日本语能力测试N1。为什么会出现这种差异? 非专业日语学习者课外的日语学习和课堂上的日语学习同样重要,课外学习重要性甚至超过了课堂学习,教师在课堂上对学生的观察往往不充分。本研究以长期跟踪调查填补了以往研究的空白,下面将分析从本研究阐明的学习动机和学习行为的轨迹中获得的启示。

一、从日语专业学习者案例中得到的启示

(1)为了让学生选择感兴趣的专业,我国高考的调剂制度亟待改善。被调剂到日语专业的大部分学生,在能够转专业的第1学期里,在转专业和日语学习之间摇摆不定,这直接导致他们的日语学习时间不足,学习效果较差。基础不牢固,导致日语学习越深入,改善日语成绩的难度越大,以致他们也越来越不愿意去尝试改变。在求职时,他们对日语水平极度没有自信,尽量避免找与日语相关的工作,但最终却不得不从事与日语相关的工作。对这些学习者来说,日语学习是一段失败的经历。如果他们在进入大学时能够选择自己相对感兴趣的专业,可能大学4年的学习轨迹会截然不同,对所学专业的体验可能也会完全不一样,最后的就业当然也会随之发生变化,他们的人生轨迹可能也会大不一样。由此可见,我国高考招生中的调剂制度存在一定弊端。学生在进入大学时只有选择真正感兴趣的专业,学习动机的强度才可能维持在较高的水平,学习过程中因兴趣不足而学习效果欠佳的状况发生的可能性也会小很多。

(2)填报高考志愿前,高中应该开设关于大学专业介绍和专业选择的相关课程,改变学生以就业为导向的专业选择思维。本研究中选择日语专业的学习者的学习动机也并不强烈,他们大多是文科生,在以理工科为主

的华中科技大学中,文科生可选择专业有限,而填报志愿时学生大多关注专业的社会评价和自己以往成功的学习经历,并非选择自己真正感兴趣的专业,因此在日语学习过程中,责任动机起到了主要的支配作用。以上问题说明,学习者在选择专业时缺乏对大学专业的了解,仅以是否容易求职为衡量标准,导致入学后专业学习热情不高。关于这一问题的解决方法,笔者提议在高三设立关于专业介绍和专业选择的相关课程,让学生对各个专业及其学习内容有一个大体了解,再启发学生思考自己喜欢和适合的专业,改变以就业为导向的专业选择方法。这样一来,学习者在填报志愿以前有较长时间来考虑专业选择,以保证在获取足够的大学专业相关信息的基础上,经过深思熟虑后来决定大学专业,而不是让家长和任课教师来决定。现在,学生很少能够自己来决定大学的专业,一般是根据考试分数来征求家人和任课教师的意见,而家长和教师在判断专业时考虑得更多的是就业前景。对学习者来说,大学4年中最早是在三年级才开始考虑就业,这一学习动机是否足以支撑学生4年的专业学习? 在本研究中,这个问题的答案很明显是否定的,以就业为导向的专业选择对入学后学习动机的维持和提升没有促进作用。因此,学生在选择大学专业时,可以向他人征求意见,但一定要根据自己的兴趣来选择,这样才能对大学4年的专业学习动机起到促进作用,为此高中须开设关于大学专业介绍和专业选择的相关课程,家长和教师也应采取包容的态度,改变以就业为导向的专业选择思维。

(3)调剂生应认真对待转专业,转专业失败后,在日语学习上需合理利用时间,增强自觉性。一年级上学期,所有被调剂到日语专业的学生均有转专业意愿,但最终成功的仅有A14和A15。相较于其他有转专业意愿的学习者来说,这2名学生转专业意愿更为强烈,因此比起日语学习,他们更重视转专业考试的备考。其他调剂生则考虑到日语是自己目前的专业,还是将日语学习放在了首位。他们的转专业动机减退的另一个重要原因为,日语专业为了使调剂生对日语专业更有信心、大学新生更快适应专业学习,开设了一系列日语教师、高年级学生与大一学生之间的交流会。教师和高年级学生的倾囊相授使大部分调剂生转专业动机减退,让他们认为"日语专业其实不差""做好自己眼前的事才是最重要的"。原本就强烈希望转专业的A14和A15也参加了这样的交流会,但转专业的意愿却没有变化。可见,转专业能否成功的很大一部分原因是学生自身的意愿是否强烈。在目前的高考招生制度下,学生进入大学后,如果发现专业并不适合自己,那么就可以像本研究中的A14或A15一样,坚定转专业的决心,像他们一样通过转专业考试,然后进入自己感兴趣的专业,这样可以大大提升找到满意工作的可能性。除了以上交流会外,其他调剂生之所以未像A14和A15一样转专业成功,还有自觉性差、不能合理利用时间的原因。从紧张的高中备考生活中解放出来进入大学后,学生可以有更多的课外支配时间,还未适应大学生活的他们并不知道如何科学合理地利用课外时间。为解决这一问题,除了学习者自身的警醒和教师的督促外,还可以从学校的规章制度上下功夫。例如,华中科技大学的工学专业执行过这样的措施:晚上7点到9点之间男生宿舍停电(男生的自觉性较差,女生自觉性较好且人数较少),这样一来学生就不得不去自习室学习。这一方法虽不值得大力提倡,但对于自觉性差的学生来说它的作用显而易见。

(4)学习者应该积极尝试日本相关要素,制造成功学习经历。本研究中部分学习者的学习成绩的提高使其日语学习信心增加,学习动机也随之增强,这种现象不局限于优秀学习者,日语学习中某一方面的成功体验同样也可以提升学习者的日语学习信心,使其学习动机得以增强。本研究中,自始至终对日语学习表现出兴趣的学生较少,其他学生在学习过程中也或多或少地尝试过通过看日本动画、文学等方式来培养对日语的兴趣,但很少有人能成功,一般在培养出兴趣前便放弃了。但也有例外,A11讨厌背诵大量单词、语法,也尝试过很多其他方法,最终通过坚持阅读日语原文小说,培养出了对日语阅读的兴趣。实际上,在A11阅读日语原文小说的初期,大量生词导致阅读进度很慢,A11很多次想放弃,但最终坚持了下来,在日本语能力测试N1中取得了阅读满分的成绩,从而获得了在日语学习中少有的成就感。相较于成为A03、A05、A09这样的优秀学习者的可操作性,退而求其次地在日语学习中制造成功的学习经历的这种做法更容易实现,这同样有助于增强学生的学习自信。那么如何制造成功的学习经历?学生要找到自己相对感兴趣的学习内容,就需要不断去积极尝试与日本相关的要素——动画、电视剧、歌曲、漫画、小说、时尚杂志等。日语教师也应积极给学生介绍各种各样的学习资源,鼓励他们去尝试各种学习方式,以发现最适合自己的学习方法。需要注意的是,在进行这些活动时应该将其与日语学习联系起来。本研究中的有些同学几乎每天观看日本动画,但他们相较于动画里的日语表达,关注更多的是剧情,这对日语学习的帮助自然不大。另外,最重要的是学生利用这些资源时,需要能够长期坚持下来,否则很难有理想的学习效果。

另外,学习者应该积极创造用日语交流的环境和日语学习氛围。前者主要指学生的口语练习机会少,需要学习者自身来创造。例如,A09在观看动画时会跟着台词不断重复剧中的对话内容,她不光在和班级学生的日常交流中使用日语,和完全不懂日语的家人打电话时,也会夹杂着使用日语。在我国的日语学习环境中,与日本人交流的机会非常有限,像A09这样能动地去创造日语交流的环境,长此以往其口语能力就得到了提升。

日语学习氛围指的是全寄宿制学校特有的现象。在本研究中的女生宿舍中,对学习者来说室友的存在很重要。比如,除了大多数时间在宿舍观看动画片的A09,绝大部分学生会因室友都去自习了,只有自己没去而心里感到不安,最终也会去自习室学习。而男生宿舍里的成员之间却是消极的影响,比如在本应学习的时间,4人却一起聊天或玩游戏。因此,学习者需要利用宿舍及舍友的积极影响,回避消极影响,积极创造好的日语学习氛围。

(5)教师应正确引导学生通过N1并不是学习的终点。本研究中的学习动机上升型学习者中,告诉他们2名学生因发现日语与毕业后的去向息息相关,学习动机因此增强。这一转变发生在三年级,是学生在考虑毕业后的去向时产生的。也就是说,日语与毕业后去向的关系会影响到日语学习动机。这种影响并不一定是积极影响。学习者进入三年级后,开始思考毕业后的去向,更多的学习者在明确跨专业考研或直接工作以后,日语学习动机减退。特别是通过日本语能力测试N1后,决定毕业后就工作的学习者认为毕业后的工作未必与日语相关,就算与日语相关,通过N1后也不知道还要学习什么;决定跨专业考研的学习者则认为,日语学习和自己的未来关系并不大。于是他们就表现出轻视日语的倾向,在四年级表现得尤为明显。除了准备跨专业考研确实需要时间保证外,决定求职的学习者完全没有理由轻视日语学习。此时,教师正确的引导非常重要,让学生明白N1并非学习的终点,只有提高日语各个方面的能力才能适应未来就业的需要。这同样适用于跨专业考研的学生,他们的备考一般开始于三年级升入四年级的暑假,在此之前也应该和其他学习者一样进行日语学习,因为跨专业考研能否成功尚且是未知数,若失败的话,学生极有可能还是要依靠日语专业来求职,就算跨专业考研成功,以后的工作也可能与日语有很大相关性,所以跨专业考研的学生在备考前不应该以考研为借口而轻视日语专业的学习。

(6)日语教材编写方面,要注重对文化知识的融入,注重趣味性。本研究发现,几乎所有学生都不喜欢教材学习,相较于日语单词、语法,学生对文化的兴趣更大。因此,不光日本文化、文学课,主要的精读课本《综合日语》中如果也能融入日本文化的相关要素,就能够激起学生学习的兴趣,在教师的讲解下,可以使课堂变得有趣,这将会在很大程度上增强学生的学习动机。这不禁令笔者想起一位日语外教的想法了,在和这位日语外教就教科书进行交流时,他认为中国出版的日语教科书严肃,插图极少,颜色以黑白为主,比较沉闷,让人很难想去读。这是他无意中把中国出版的日语教科书和日本出版的教科书进行比较的结果。笔者认为教材编写人员可以借鉴日本优秀教科书的内容选材、排版风格,让教科书富有趣味性,提高学生阅读教材的积极性。尤其是本研究中,大多数学生感到听力学习比较困难,就笔者的教学经验来说,听力课本的内容和排版跟上述外教的看法较为一致,这也需要教材编写人员重视趣味性原则,将其融入听力教材编写之中。

(7)在教师的教学方法方面,应根据不同的教学任务,适度调整对学生的施压程度,提高教学效果。本研究中,调剂生中的很大一部分学生在进入大学后,很容易陷入"大学不应该只学习"的想法,从而怠慢专业学习。对这样的学生,严厉的老师能从外界直接给学生施加压力,从而对学生学习动机和学习行为产生直接的积极影响。但是,对自律性不差的学习者来说,就会有因课堂上过度紧张而导致注意力不集中的可能性,这种情况要求任课教师能够敏锐感知所提问题的难度,根据问题的难度决定给学生思考时间的长短,有一定时间的缓冲后,学生的紧张情绪也能在一定程度上得到缓解。另外,学生也应该给自己做好心理暗示,积极去适应任课教师的教学风格,就算是只有十几人的小班授课,任课教师要兼顾到每一位学生的学习风格在实际操作上也比较困难。

另外,教师还应该善用表扬策略,而且表扬学生的标准应该多样化。本研究发现,教师的表扬对增强学生的学习动机具有很大作用,尤其是学习者认为,如果从教师那里得到正面的赞扬和今后需要改进的方向,既能增强信心,又找到了接下来努力的方向。但也需要注意,不能滥用表扬策略,这样会使表扬对学生的作用变得有限。而且,学习效果较好与学习效果较差的学生,对同一学习任务的完成质量会有所差异,若教师以同样的标准来衡量,学习效果较差的学生得到的表扬必定会少之又少,这对增强学生的学习动机恐怕是不利的。任课教师应关注他们,只要比上一次好,比平时好,都应该不吝啬赞美之词,这可能成为他们改变的一个重要契机。

二、从日语双学位学习者案例中得到的启示

双学位学习开始后,由于学习开始前对困难预估不足,80%的学习者的学习动机减退。学习动机下降型学习者在学习过程中遇到了3方面困

难:环境因素、学生自身因素和课堂因素。

环境因素里的家庭环境中,支付双学位学费的是学生的父母,他们因中日历史等问题对日本和日语的印象较为消极,并不支持学习者修读;社会环境中,由于参加主专业实习和考研,学生不能继续进行双学位学习;学生心理上的孤独和较远的上学距离等因素,在一定程度上导致了其学习动机的减退。在心理孤独的情况下,需要学习者在接触不同大学的校园文化时,对新环境和新同学采取开放、包容的态度来对待。

学习者自身因素来源于学生在选择双学位前对困难预估不足。对日语双学位的错误认知导致他们在双学位学习开始后,未在日语学习上花费足够的时间和精力,学习效果并不好。对此,应该完善双学位制度的指导体系,事先告知学生在日语学习过程中有可能面对的困难,或建立已经修读完课程和有意修读课程的学生的群组,让学生们能够听到前辈们的意见,使学习者在对日语双学位有一定的了解后,再进行科学的选择。

课堂因素指学生对课程进度的主观感受不一致。学校方面还应该在开学前进行学习水平测试或参照期末考试成绩,根据学生的水平来进行分班,因材施教。本研究中,对于同一门课程的课程进度,同时出现了感觉进度过慢和进度过快的学习者。教师需要考虑如何根据学习者的需求来安排课程。在这种情况下,学习开始前可以进行学习水平测试或参照期末考试成绩,根据学生的水平来进行分班,因材施教。

日语双学位是学习者基于自己的意志而进行选择的,有的学习者因喜欢日本动画、文化等或想去日本留学而对日语感兴趣,还有的学习者因为学习日语可能对就业有利、日语易掌握而选择了日语双学位。一般来说,学习动机越明确、越强,学习者在双学位学习中坚持时间也越久。而抱着尝试的心理选择日语双学位的学生在学习过程中学习动机一般会减退,有的学生甚至会中途放弃。他们在学习过程中遇到了未曾预想过的困难,有双学位制度相关困难也有课堂相关困难。考虑到现实条件,以下困难恐怕难以解决。首先是日语双学位不同于日语专业,是大班教学,一个班50人左右,再加上授课仅在周末和节假日进行,任课教师很难像关注日语专业学生那样来关注他们。其次,华中科技大学以外的学生到华中科技大学上学比较辛苦和主专业过于忙碌,这些源于双学位制度性质的困难也很难克服。因此,学习者必须发挥主观能动性,改变自身因素来增强学习动机。日语双学位学习者可以像日语专业学习者一样,尝试各种与日本和日语相关的元素,寻找日语学习中的兴趣点,来推动日语双学位学习。但日语双学位学习者不像日语专业学习者那样有足够的时间和精力来尝试,这也是一个不可忽视的问题。由此可见,日语双学位学习者一定程度上很难从外界获得帮助,必须通过自身努力来改变现状。

第三节　本研究的创新性

本研究以日语专业学习者和日语双学位学习者为研究对象,分别进行了为期4年和2年的跟踪调查,探讨了日语学习者学习动机和学习行为的发展变化。本研究的主要特点是追踪学习者在整个学制内的学习动机和学习行为。本研究的结果能够帮助我们理解处于同一学习环境、大多从零基础开始学习的日语学习者,经过4年或2年的学习,学习效果为什么会千差万别。我国高等教育机构的日语学习人数稳居世界第一,但探究学生在整个学制内的学习动机和学习行为的研究却寥寥无几。在以我国的日语学习环境为研究对象的研究中,研究某一时间点上的学习动机的量化研究占主流,这忽略了学习动机的动态变化性。动态地把握日语学习者动机和行为的发展变化,为处于相同学习环境中的日语学习者提供可供参考和借鉴的蓝本,有助于教师更加准确地把握各类学生的特点,因材施教。通过追溯本研究中的学习者的日语学习经历,探究零起点学生的学习发展过程,读者能够获得重新审视自己的学习的机会,客观地反省自身学习中的不足,从而提升日语学习效果。本研究还有助于教师在教学过程中从学生的实际出发,因材施教,使教学的深度、广度、进度适合各类学生的知识水平和接受能力。

研究对象的创新也是本研究的创新之处。既往文献并未关注日语双学位学习者。我国高等教育机构的日语学习形式多样,主力军为日语专业学习者和非专业日语学习者,后者中与前者性质最为接近的当属日语双学位学习者。20世纪80年代,我国教育部颁布双学位制度的相关文件后,由于"专业＋外语"有利于提升就业竞争力,高等院校纷纷导入双学位制度,外语双学位在众多双学位课程中备受学生青睐。但是,研究者较少把目光转向这部分学习者。本研究是我国首次把日语双学位学习者纳入研究对象的研究,能够为高等教育机构开设以及改善日语双学位课程提供积极参考和借鉴。

同时,研究视角的创新亦是本研究的创新之处。本研究首次运用质化研究法来分析我国日语学习者时间跨度为2年及以上的学习过程,这跟既往研究相比,在研究视角上更具有创新性。本研究关注学生在学校教育中的动机和行为的变化及其影响因素,以期发现学习者在学习过程中存在的问题。对日语专业学习者来说,这是他们首次接受系统的日语教育,从零基础开始学习的他们在此阶段学习动机和学习行为的变化较为剧烈。通过质化研究手法追踪他们从开始学习一直到毕业的过程,了解他们在完整的学习区间内的学习成果,和既往的量化研究中截取某一时间段的学习动机与学习成果,调查其线性关系的做法相比,更能具体描绘学习者的学习动机与学习行为的变化轨迹,研究结论也更具有现实应用意义。在以日语双学位学习者为研究对象的研究中,既有像日语专业学习者那样零基础开始学习的学生,也有在双学位学习开始前便通过自学、培训学校、通识课程等学习过日语的学生。也就是说,对部分双学位学习者来说,日语学习的开始时间要早于日语双学位学习的开始时间,通过质化研究方法追溯日语双学位学习开始前的日语学习到双学位学习开始,再到获得双学位证书、就业的过程,可以更加全面地解析学习者学习动机和学习行为的生成、发展过程,为非专业日语学习者的日语学习提供有益的参考和借鉴。

另外,本研究在分析方法上也有创新。在日语教育研究领域,如何在数据收集和分析中客观呈现研究结果是学习动机质化研究中的一个重要课题。本研究采用了可以直接描写人物和事件的质化叙述性研究方法。此研究方法在护理学领域经常被采用。现有理论并不能完全解释本研究的研究结果,因此本研究没有生搬硬套学习动机的相关理论,而是采用质化叙述性研究方法,将学习者的日语学习轨迹记录下来,在此基础上分析了本研究结果与相关理论的异同点。不受已有理论束缚的质化叙述性研究法的采用是本研究的创新之一,期待这一研究方法能够在日语教育研究领域得到广泛的关注和应用。

本研究还揭示了质化研究应用于日语教育研究领域的可能性,推动了质化研究的进一步发展。日语教育研究中,重视量化研究轻视质化研究倾向由来已久,因此质化研究较社会学、心理学等领域发展严重滞后,本研究不仅详细地展示了调查前本研究采用的具体研究方法、研究者的角色定位、调查方法的信度和效度,而且调查后也总结了本调查方法在进行过程中的特点、原因及调查后的启示,这些数据能够给其他学者在转变研究范式上提供诸多启发。

最后,本研究检验了已有理论,阐述了类似研究在套用自我决定理论时的注意点,并发现了责任动机是影响我国日语专业学习者的主要学习动机。本研究中关于日语专业学习者的研究不是在自我决定理论的基础上展开的,而是通过对照研究结果和该理论,检验自我决定理论在我国日语学习者动机和行为的质化研究中的适用程度。本研究发现,自我决定理论外部动机的4个阶段和内部动机优于外部动机的观点,并不适用于以日语专业学习者为对象的质化研究。这将促使研究人员认识到,在以我国的日语学习者为对象的研究中,不能照搬该理论,这样才能使得研究设计更为规范,研究结果也更有说服力。本研究还发现,在本研究中出现最多的、对学生影响最大的学习动机是因日语是专业所以必须学习的"责任动机"。责任动机具有外部动机的特征,比外部动机这一表述能够更加准确地描述日语专业学习者的动机。根据本研究结果,笔者认为责任动机这一表述,比现有的自我决定理论划分的外部动机的4个阶段的描述,更加精准地反映了日语专业学习者的学习动机的真实状态。

本研究还检验了另一理论——归因理论对学生学习过程的影响。本研究的相关结果表明,在大学4年的时间里,大部分学习效果不好的学习者都清楚地知道自己日语学习的问题所在,但是这并没有对其接下来的学习行为有积极影响。而且,笔者还观察到,在学习阶段初期,几乎所有学习者在归因后均会有意识地改善自己的学习行为,但是从长远来看,能坚持这一行为的学习者寥寥无几。笔者推测,归因对学习动机和学习行为、学习效果的影响,在1个月甚至更短时间内可能会有影响,在以年为单位的调查研究中,对学习者的影响则极为有限,且到学习后期,归因对学习者的学习几乎没有影响。

第四节　本研究的推广性

作为质化研究,本研究虽然不追求研究结论的普遍性和代表性,但本研究选择的华中科技大学的日语专业学习者和日语双学位学习者都是极其普通的学习者,绝不是特殊案例。也就是说,本研究中也潜藏着普遍性和代表性。如前所述,桑德洛夫斯基认为,不能将推广性作为量化研究的专有物,必须把"推广性"一词从质化研究中舍弃(Sandelowski,2000)。而在以个案研究为主的质化研究中,有可能实现从一个案例到另一个案例的个性化叙述的推广性(Lincoln & Guba 1985;Stake & Trumbull,1982)。否定个性化叙述推广性的存在和价值,意味着否定所有从实践科学个案中得到的结论。个案中潜藏的推广性是构建假说、验证理论的基础和方法。也就是说,从个案研究和质化研究中产生的推广性,可以构建、验证、改良和反证理论命题和假设(Eisenhardt,1989)。首先,本研究调查的日语专业学习者中有很多被调剂进入日语专业的学生,这在中国大学的日语专业中是普遍现象。由于没有这方面的官方数据,笔者口头调查了博士期间所在研究室的7名中国留学生,他们所在大学的重点学科包括理工科、文科、农业学科等。他们都表示自己所在班级中的调剂生占据班级总人数的近半数,有的甚至是一半以上。虽然样本数量少,但足以窥见日语专业学习者中调剂生人数众多。

其次,日语专业学习者中,出于看重大学排名及擅长文科科目等原因,选择日语专业的学习者也具有一定代表性。考生在报考学校时一般首先倾向于选择排名较靠前的大学,然后才决定专业。而文科生在以理工科为主的大学中所能选择的专业极为有限,他们并非热爱日语专业,日语专业只是他们众多选择中的一个。对文科生来说,这种选择专业的方式较常见,本研究中即使是从一开始就把日语专业选为第一志愿的学习者A01和A02,也并非对日语兴趣浓厚,从她们入校后的学习动机和学习行为可看出其与其他文科生并无区别。由此可见,本研究选择的日语专业学习者和我国其他大学的日语专业学习者的性质一样,并非特殊案例,而是具有普遍性。但是单从每个学生来看,本研究中的15名日语专业学习者无法涵盖所有学习者类型。其他日语专业学习者的学习轨迹可能不完全符合本研究中某个学习者所有的学习轨迹,但有可能符合其中某个学习者某一个学习阶段的学习轨迹。日语学习者很多时候对自己的日语学习缺乏自我监控能力,通过追踪本研究中其他学习者的日语学习轨迹,从他们的学习动机和学习行为的具体描写中也可意识到"这不就是我吗""这里和我一样"。读者会产生情感共鸣,能通过和他人学习过程的对比发现自己学习方式的优劣,并在此基础上反思自己的日语学习。如前所述,本研究所选取的日语学习者并非特殊案例,读者从本研究的日语学习轨迹中可以找到与之产生共鸣的内容,引起读者的深入思考,实现于深描中还原真相,于意义诠释中引起更多读者视野的融合,进而通过对自己学习过程的监控、反省和调节来达到改善日语学习效果的目的,即通过学习过程中的细节来体现本研究作为质化研究的普遍性。

本研究的另一研究对象——七校联合双学位的案例也并不特殊。在大学数量较多的区域如上海(新华网,2006)、成都(王新庄、倪师军、郭科,2008)等,也实施了校际联合双学位制度。在大学数量较少的地区,没有条件实施校际联合,也有很多大学内部设有双学位制度。华中科技大学日语双学位学习者中包含以下2种学习者:一种是从合作大学来华中科技大学上课的日语双学位学习者,这种学习者是校际联合双学位日语学习者的代表;还有一种是华中科技大学的学习者,这种学习者是大学内部日语双学位学习者的代表。在以日语双学位学习者为对象的研究中,现实条件的制约使我们不能像描述日语专业学习者那样详细记录每个学习者的学习动机和学习行为,但阐明处于同一学习环境下的学习者的动机和行为的发展变化趋势,不仅对于日语双学位学习者有重要意义,而且还能使其他非专业日语学习者通过对比自己的日语学习过程,培养自我监控和调节能力,并结合本研究成果探讨应该如何解决学习过程中遇到的困难,或通过直接效仿优秀学习者的学习行为,来提高日语学习效果。

第五节 本研究的不足与展望

本节就与本研究相关的今后的研究课题进行说明。

第一,数据收集频率具有不均匀性。在学习阶段的前期,数据收集的频率较高,日语专业学习者和日语双学位学习者的数据都是在第1学年上学期收集得最为频繁。理由是,此阶段学习者的学习动机变化最为强烈,并且学习者对日语的新鲜感较强,调查最容易得到学习者的配合。另一个理由是,学习者大都从零基础开始学习日语,日语水平差异不明显,在同一条件下可调查各个时间节点(听写测验、期中考试、期末考试等),便于比较学习者的学习动机和学习行为。每个阶段的调查均维持较高频率当然是最理想的状态,但考虑到调查对象的配合度和调查、分析所需要的人力、物力,在综合判断各种外在现实条件后,笔者在学习阶段后期降低了调查频率。今后条件具备后,可以增加各个研究阶段的调查频率,做到真正意义上的学习动机和学习行为的微变化研究。

第二,假说具有一定局限性。本研究将日语专业学习者的研究结果与学习动机的相关理论——自我决定理论进行了对照分析,验证了自我决定理论的部分结论,但也发现了与自我决定理论完全相反的内容,在此基础上本研究还产生了新的假说。自我决定理论认为,内部动机能比外部动机带来更好的学习效果,本研究却发现无论是内部动机还是外部动机均可带来好的学习效果,条件是学习动机至少要维持3个月。在本研究的受访对象中,能够长时间维持内部动机和外部动机的学习者仅占少数。本研究从少数案例中得出最少需要坚持3个月的假说,这一时间段的划分是否科学,还需要扩大研究对象以进一步验证。但是这一假说具有重要的现实意义。在本研究中,经常有学习者受到不理想成绩的刺激而花费较多的时间和精力去学习,但往往短时间内便放弃,原因之一是他们不知道需要努力多长时间才可看见成效。本研究提出这一假说,可以为有相似经历的学生提供时间上的目标节点,使他们改善学习的行为能够持续下去,进而切实改善学习效果。今后研究将继续通过反复调查来验证这个数值的可靠性。

参考文献

陈向明．教师如何作质的研究[M]．北京:教育科学出版社,2001．

陈向明．质的研究方法与社会科学研究[M]．北京:教育科学出版社,
　　2002．

邓津,林肯．定性研究(第1卷):方法论基础[M]．风笑天,等译．重庆:重
　　庆大学出版社,2007．

邓津,林肯．定性研究(第4卷):解释、评估与描述的艺术及定性研究的未
　　来[M]．风笑天,等译．重庆:重庆大学出版社,2007．

风笑天．社会学研究方法[M]．北京:中国人民大学出版社,2009．

黄莺．非日语专业大学生日语学习动机分析[J]．宁波大学学报(教育科
　　学版),2008,30(4):125-128．

蒋庆荣．关于专业学生日语学习动机的调查分析[J]．四川外语学院学报,
　　2009,25(1):130-134．

教育部高等学校外语专业教学指导委员会日语组．高等院校日语专业高
　　年级阶段教学大纲[M]．大连:大连理工大学出版社,2000．

教育部高等学校外语专业教学指导委员会日语组．高等院校日语专业基
　　础阶段教学大纲[M]．大连:大连理工大学出版社,2001．

李莉．我国大学辅修与双学位制改革的回顾与分析[J]．中国高教研
　　究,2009(1):60-62．

林艳华,张沉香,杨艳萍．关于日语专业学生日语学习动机的类型化研究
　　[J].中南林业科技大学学报(社会科学版),2011,5(3):149-151．

刘恩伶．我国高校校际合作与人才培养模式的创新[D]．山东:山东大学,
　　2010．

彭加勒．科学的价值[M]．李醒民,译．北京:商务印书馆,2007．

彭晶,王婉莹．专业学生与非专业学生日语学习动机及学习效果研究[J]．
　　清华大学教育研究,2003,24(1):117-121．

泰特．案例研究:方法与应用[M]．徐世勇,等译．北京:中国人民大学出
　　版社,2010．

王峰,张彦丽.双学位本科教育定位研究[J].研究生教育研究,2008(1):28-33.

王俊.从调剂生的大学四年的学习状况看高考调剂制度[M]//贾临宇,吴玲.高等院校日语专业电子化教学改革与研究.杭州:浙江工商大学出版社,2018:149-156.

王俊.日语专业调剂生学习动机变化的教育叙事研究[M]//潘钧.高等日语教育(第5辑).北京:外语教学与研究出版社,2020:11-24.

王婉莹.大学非日语专业学生日语学习动机类型与动机强度的定量研究[J].日语学习与研究,2005(3):38-42.

王新庄,倪师军,郭科.双学位本科生培养:理念、模式与策略[J].中国高教研究,2008(12):27-30.

文军,蒋逸民.质性研究概论[M].北京:北京大学出版社,2010.

吴芳.社会科学中的定性与定量[J].学理论,2013(8):25-29.

新华网.上海14所高校打破"围墙",大学生可跨校辅修学位[J].教育发展研究,2006(23):85.

修刚.转型期的中国高校日语专业教育的几点思考[J].日语学习与研究,2011(4):1-6.

修刚,李运博.中国日语教育概览1[M].北京:外语教学与研究出版社,2011.

许晓东.武汉地区高校联合办学的探索与实践[J].中国大学教学,2008(5):72-74.

中华人民共和国教育部.普通高等学校学生管理规定[EB/OL].(2005-03-25)[2020-07-06].http://old.moe.gov.cn/publicfiles/business/html-files/moe/moe_621/201001/xxgk_81846.html.

中华人民共和国教育部.普通高等学校学生管理规定[EB/OL].(2017-02-16)[2020-07-06].http://www.moe.gov.cn/srcsite/A02/s5911/moe_621/201702/t20170216_296385.html.

周宪,胡中锋.质的研究方法的理论探讨与反思[J].广东社会科学,2015(4):51-57.

青山玲二郎.中国における大学生の学習動機[M]//アジア・オセアニア地域における多文化共生社会と日本語教育・日本研究.香港:向日葵出版社,2009:41-47.

案野香子・谷部弘子.中国の大学における日本語教育の一側面:湖南省・雲南省における非専攻日本語学習者および教師へのインタ

ビューから―[J]. 静岡:静岡大学国際交流センター紀要,2010,4:39-56.

飯塚往子. 日本語学校に通う留学生の動機づけの要因―半年間のネットワークの変化から―[J]. 東京:小出記念日本語教育研究会論文集,2005,13:39-52.

飯塚往子. 日本語学校に通う学生の学習動機と生活での問題点の関係―1年間の縦断調査の結果より―[J]. 留学生教育,2006,11:179-187.

石井秀幸. 日本語学習者の学習意欲を構成する因子の分析[C]. 東京:平成7年日本語教育学会春季大会予稿集,1993:1-6.

市川伸一. 学習と教育の心理学(現代心理学入門3)[M]. 東京:岩波書店,1995.

伊田勝憲・乾真希子. 学習意欲研究における自律性の位置づけ:内発的動機づけの批判的検討を通して[J]. 北海道教育大学釧路校研究紀要,2011,42:7-14.

伊藤祐郎・楠本徹也. 学習ストラテジー―そのパターン化現象のある一例―[C]. 東京:平成4年度日本語教育学会秋季大会予稿集,1992:121-126.

伊藤崇達. やる気とは何か [M]// 伊藤崇達.やる気を育む心理学(改訂版).東京:北樹出版,2010:8-23.

伊藤博子. 読解力の養成―学習ストラテジーを利用した指導例―[J]. 世界の日本語教育,1991,1:145-160.

今福宏次. 教室内学習場面における日本語学習意欲の変化―学習意欲を高め自律学習を促す教師の役割―[J]. 淡江日本論叢,2001,23:185-204.

梅田康子. 学習者の自律性を重視した日本語教育コースにおける教員の役割―学部留学生に対する自律学習コース展開の可能性を探る―[J]. 言語と文化,2005,12:59-77.

王俊. 中国人日本語専攻学習者における学習動機の変動:転専攻した学習者のケーススタディ[J]. 日本語教育方法研究会誌,2014a,21(2):20-21.

王俊. 中国の大学における日本語専攻学習者の学習動機の変動―H 大学日本語学科1年生の質的調査から―[J]. T 大学高等教育開発推進センター紀要,2014b,9:17-27.

王俊．優れた中国人日本語専攻学習者における学習動機に関する縦断的研究[J]．日本語教育方法研究会誌,2015a,22(1):90-91.

王俊．優れた中国人日本語学習者の学習ストラテジー:日本語専攻学習者2名の質的調査から[J]．T大学高度教養教育・学生支援機構紀要,2015b,1:149-62.

王俊．中国人日本語双学位学習者における学習動機の変化[C]．東京:2015年度日本語教育学会秋季大会予稿集,2015c:229-234.

王俊．学習開始時までの学習動機に関する一考察―中国における日本語双学位学習者を対象に―[J]．国際文化研究,2016a,22:73-86.

王俊．優れた中国人非専攻日本語学習者の学習ストラテジー[J]．仙台:東北大学高度教養教育・学生支援機構紀要,2016b,2:99-112.

王俊．中国人非専攻日本語学習者の学習動機の変化―中国における大学の日本語双学位学習者を対象に―[J]．日本学研究,2016c,26:320-335.

王俊．中国人日本語双学位学習者における学習動機の変化[C]．東京:2016年度日本語教育学会秋季大会予稿集,2016d:144-149.

王俊．中国の高等教育機関における選択科目初級日本語の履修者の学習動機に関する縦断的調査[J]．日本語教育研究,2019,64:94-111.

大西由美．ウクライナにおける大学生の日本語学習動機[J]．日本語教育,2010,147:82-96.

大西由美．日本語学習者の動機づけに関する縦断的研究:日本語接触機会が少ない環境の学習者を対象に[D]．札幌:北海道大学大学院国際広報メディア・観光学院,2014.

岡崎敏雄．日本語教育における学習者ストラテジーの研究にむけて[J]．広島大学教育学部紀要第2部,1990,38:217-225.

岡崎敏雄．日本語学習者のストラテジーの記述的研究―学習のデザインとストラテジーの記述的研究―[J]．広島大学教育学部紀要第2部,1991,39:233-240.

小笠原光・下仲順子．スピーチの成功・失敗経験が感情と原因帰属に及ぼす効果[J]．文京学院大学人間学部研究紀要,2008,10(1):243-253.

呉禧受．日本語学習におけるビリーフと学習ストラテジーの関係―日本語を専門とする韓国人大学生を対象に―[J]．ことばの科学,2007,20:49-64.

加賀美常美代．言語学習における動機づけ：解説（第 6 章 言語学習と動
　　機づけ）[J]．言語文化と日本語教育，2002（増刊特集号）：312-314．

垣田直巳．英語の学習意欲[M]．東京：大修館書店．1993．

郭俊海・全京姫．中国人大学生の日本語学習の動機づけについて[J]．
　　新潟大学国際センター紀要，2006，2：118-128．

鹿毛雅治．モティベーションをまなぶ12の理論[M]．東京：金剛出版，
　　2012．

川喜田二郎．発想法－創造性開発のために[M]．東京：中央公論社，
　　1967．

川喜田二郎．続・発想法－KJ 法の展開と応用－[M]．東京：中央公論
　　社，1970．

川島亜紀子．家族成員による夫婦間葛藤の認知と子どもの家族機能評
　　価との関連：中学生とその家族を対象に[J]．発達心理学研究，
　　2005，16：225-236．

神田信彦．原因帰属と気分・感情の関係の検討[J]．人間学研究，2007，
　　29：61-67．

北素子・谷津裕子．質的研究の実践と評価のためのサブストラクショ
　　ン[M]．東京：医学書院，2009．

木下康仁．グラウンデッド・セオリー・アプローチの実践―質的研究
　　への誘い[M]．東京：弘文堂，2003．

木下康仁．ライブ講義 M-GTA実践的質的研究法―修正版グラウンデ
　　ッド・セオリー・アプローチのすべて[M]．東京：弘文堂，2007．

木村松雄・遠藤健治．TOEFL-ITPとSILLを用いた英語学力と学習ス
　　トラテジーから見た一般学生と帰国学生の相違に関する横断的研
　　究[J]．青山学院大学文学部紀要，2007，49：63-79．

木村松雄・遠藤健治．TOEFL-ITPとSILLを用いた英語学力と学習ス
　　トラテジーから見た一般学生と帰国学生の相違に関する横断的研
　　究[J]．紀要，2008，50：55-72．

許晴．日本語の学習を諦めた学習者の動機減退要因のプロセス：中国に
　　おける日本語を専攻とする学習者の一事例[J]．日本語教育方法研
　　究会誌，2015，22（1）：30-31．

許晴．中国における日本語専攻学習者の専攻の振り分けによる動機減
　　退要因の比較[J]．日本語教育．2018，169：46-61．

ギブソン壽美子．香港における社会人の日本語学習動機の一研究－動

機の変化を中心に―[J].アジア・オセアニア地域における多文化
共生社会と日本語教育・日本研究,2009:182-188.

倉八順子.日本語学習者の動機に関する調査―動機と文化的背景の関
連[J].日本語教育,1992,77:129-141.

国際交流基金.海外の日本語教育の現状―2012年度日本語教育機関調
査より―[M].東京:くろしお出版,2013.

国際交流基金.海外の日本語教育の現状―2015年度日本語教育機関調
査より―[M].東京:独立行政法人国際交流基金,2017.

国際交流基金.海外の日本語教育の現状―2018年度日本語教育機関調
査より―[M].東京:独立行政法人国際交流基金,2020.

近藤裕美子・村中雅子.日本のポップカルチャー・ファンは潜在的日
本語学習者といえるか[J].国際交流基金日本語教育紀要,2010,6:
1-7.

西條剛央.ライブ講義・質的研究とは何か [M].東京:新曜社,2007.

齋藤華子.初級スペイン語学習者の学習ストラテジー調査:英語学習
ストラテジーとの関連[J].清泉女子大学紀要,2009,57:33-46.

酒井英樹・小池浩子.日本語話者大学生の英語学習動機の変化―国際
イベントへのボランティア参加の効果―[J].*JALT Journal*,2008,
30(1):51-68.

坂野雄二・前田基成.セルフ・エフィカシーの臨床心理学[M].京都:
北大路書房,2002.

櫻井茂男.動機づけと感情の心理[M]//櫻井茂男.心理学ワールド入
門.東京:福村出版,2001.

下山剛.学習意欲の見方・導き方(やさしい心理学)[M].東京:教育出
版,1985.

杉橋朝子.学生の言語学習ストラテジーに関する一考察[J].経営・情
報研究:多摩大学研究紀要,2004,8:107-118.

成同社.中国大陸地区における大学非専攻日本語教育の現状[J].松本
大学研究紀要,2006,4:159-165.

瀬尾匡輝.香港の日本語生涯学習者の動機づけの変化―修正版グラウ
ンデッド・セオリー・アプローチを用いた分析から探る―[J].日
本学刊,2011,14:16-39.

瀬尾匡輝・陳徳奇・司徒棟威.香港の社会人教育機関の学習者におけ
る動機減退要因の一事例―なぜ日本語学習をやめてしまったの

かー[J]. 日本学刊,2012.15:80-99.

関口靖広. 教育研究のための質的研究法講座[M]. 京都:北大路書房,
　　2013.

関真由美. 中級日本語学習者に対する学習ストラテジー・トレーニン
　　グの事例研究「選択的注意」と「ノート取り」のトレーニングの試
　　みー[J]. 言語文化と日本語教育,1996,11:48-61.

副島健作・金城尚美・武藤彩加. 中国における日本語学習者の日本語
　　力に影響を及ぼす外的学習者要因[J]. 国際文化研究科論集,2004,
　　22:19-31.

副島健作・李郁蕙・武藤彩加. 日本語力と学習ストラテジーおよび動機
　　づけとの関係—中国とロシアの大学における日本語学習者の比較—
　　[J]. 東北大学高度教養教育・学生支援機構紀要,2015,1:37-47.

竹口智之. サハリン州(ユジノサハリンスク市)における日本語学習動
　　機の変容過程と要因[C]//日本語/日本語教育研究. 東京:ココ出
　　版,2013,4:249-265.

田中望・齋藤里美. 日本語教育の理論と実際—学習支援システムの開
　　発—[M]. 東京:大修館書店,1993.

田中博晃・廣森友人. 英語学習者の内発的動機づけを高める教育実践
　　的介入とその効果の検証[J]. *JALT Journal*,2007,29(1):59-80.

田中博晃. 英語の授業で内発的動機づけを高める研究[J]. *JACET
　　Bulletin*,2010,50:63-80.

田村知佳. ドイツにおける日本語学習動機に関する一考察—3人の学生
　　を対象としたepisodic interviewing の事例をもとに—[J]. 大阪大学
　　言語文化学,2009,18:157-168.

千田昭予. 非教室環境での日本語学習の動機づけ[C]. 東京:2004年度
　　日本語教育学会春季大会予稿集,2004:191-196.

趙峥光. 中国人日本語学習者の学習動機の変化のプロセス[J]. Global
　　Communication,2015,5:47-64.

陳文敏. JFL環境の日本語学習不振者の学習状況とその心理—TAE ステ
　　ップ式質的分析法を通して—[J]. 日本語教育研究,2012,58:141-155.

富吉結花. 日本語学習意欲に影響を与える要因に関する質的研究—タ
　　イ中部 P 大学の日本語主専攻者を対象に[D]. 東京:桜美林大学
　　言語教育研究科日本語教育専攻修士論文,2014 .

豊田弘司. 対人感情に及ぼす原因帰属の効果における性差[J]. 奈良教

育大学教育実践開発研究センター研究紀要,2012,21:1-8.

中井好男. 中国人就学生の学習動機の変化のプロセスとそれに関わる
　　要因[J]. 阪大日本語研究,2009,21:151-181.

中井好男. 中国人日本語学習者の学習動機はどのように形成されるの
　　か[M]. 東京:ココ出版,2018.

中澤潤・大野木裕明・伊藤秀子・坂野雄二・鎌原雅彦. 社会的学習理
　　論から社会的認知理

論へ−Bandura 理論の新展開をめぐる最近の動向−[J]. 心理学評論,
　　1988,31:229-251.

長沼君主. 自律的学習者[J]. 英語教育,2010(増刊号):34-35.

成田高宏. 日本語学習動機と成績の関係—タイの大学生の場合—[J].
　　世界の日本語教育,1998,8:1-11.

縫部義憲・狩野不二夫・伊藤克浩. 大学生の日本語学習動機に関する
　　国際調査−ニュージーランドの場合−[J]. 日本語教育. 1995,86:
　　162-172.

ネウストプニー,J．V．新しい日本語教育のために[M]. 東京:大修館
　　書店,1995.

根本愛子. カタールにおける日本語学習動機に関する一考察−LTI 日
　　本語講座修了者へのインタビューから—[J]. 一橋大学国際教育セ
　　ンター紀要,2011,2:85-96.

浜田麻里. 学習者はどのような学習ストラテジーを使っているか
　　[M]//宮崎里司・J．V．ネウストプニー.東京:日本語教育と日本
　　語学習—学習ストラテジー論にむけて—. 1999:69-79.

浜田麻里. 研究の理論的枠組み[C]//文野峯子.日本語学習者と環境の
　　相互作用に関する研究. 東京:科学研究補助金基盤研究(C)(2)研
　　究成果報告書,2004:3-10.

林さと子. 第二言語としての日本語学習および英語学習の個別性要因
　　に関する基礎的研究[R]. 東京:平成8年度~9年度科学研究費補助
　　金研究報告書,1998.

林さと子. 第二言語習得研究から見た第二言語学習/習得の個別性
　　[M]//津田塾大学言語 文化研究所 言語学習の個別性研究グルー
　　プ. 第二言語学習と個別性—ことばを学ぶ一人ひとりを理解す
　　る−第二部Ⅰ. 横浜:春風社,2006:48-58.

速水敏彦・長谷川孝. 学業成績の因果帰着[J]. 教育心理学研究,1979,

27:197-205.

原田登美. 留学経験は学習動機にいかに関わっているか—「自己決定理論」に拠る「甲南大学 Year in Japan プログラム留学生」の留学と日本語学習の動機の変化—[J]. 言語と文化,2008,12:151-171.

朴一美. 学習ストラテジーと韓国人日本語学習者要因との関係[J]. 人文社会科学論叢,2010,19:75-90.

樋口一辰・鎌原雅彦・大塚雄作. 児童の学業達成に関する原因帰属モデルの検討[J]. 教育心理学研究,1983,31:18-27.

廣森友人. 学習者の動機づけは何によって高まるのか:自己決定理論による高校生英語学習者の動機づけの検討[J]. JALT Journal,2003,25(2):173-186.

廣森友人. 外国語学習者の動機づけを高める3つの要因:全体傾向と個人差の観点から[J]. JACET Bulletin,2005,41,37-50.

藤原三枝子. ドイツ語学習動機の変化—E. L. Deciの内発的動機づけ理論に基づく質的な研究—[J]. 言語と文化,2008,12:67-88.

藤原三枝子. 大学における「基礎ドイツ語」の学習動機に関する量的研究—学習開始 動機,外国語学習に対する心理的欲求の充足および動機づけの内発性・外発性に関する調査—[J]. 言語と文化,2010,14:83-116.

藤原三枝子. 自己決定理論に基づく第二言語習得研究の動機づけ研究[J]. 南山言語科学,2012,7:17-32.

文野峯子. 学習過程における動機づけの縦断的研究—インタビュー資料の複眼的解釈から明らかになるもの—[J]. 人間と環境—人間環境学研究所研究報告,1999,3,35-45.

堀晋也. 大学におけるフランス語教育への自己決定理論の応用可能性—内発的動機づけと成績との関連性—[D]. 京都:京都大学大学院人間環境学研究科修士論文,2006.

本田勝久. 第二言語習得における学習者要因—動機づけの新しい枠組みについて—[J]. 大阪:大阪教育大学英文学会,2005,50:51-70.

三國喜保子. 香港における成人日本語学習者の学習継続プロセス—修正版グラウンデッド・セオリー・アプローチによるインタビューデータの分析から—[C]. 東京:2011度日本語教育学会春季大会予稿集,2011:262-267.

水田澄子. 日本語母語話者と日本語学習者(中国人)に見られる独話聞

き取りのストラテジー[J]．日本語教育，1995a，87：66-78．

水田澄子．独話聞き取りに見られる問題処理のストラテジー[J]．こと
　　ばの科学，1995b，8：89-108．

水田澄子．独話聞き取りにみられる問題処理のストラテジー[J]．世界
　　の日本語教育，1996，6，49-64．

南博文．事例研究における厳密性と妥当性 ―鯨岡論文（1991）を受け
　　て―[J]．発達心理学研究，1991，2（1）：46-47．

宮崎里司．学習ストラテジー研究再考―理論，方法論，応用の観点か
　　ら―[J]．早稲田大学日本語研究，2003，2：17-26．

村野良子．高校留学生の自律的学習と学習ストラテジー[J]．日本語教
　　育，1996，91：120-131．

毛賀力・福田倫子．中国における日本語専攻学習者及び日本における
　　中国語専攻学習者の動機づけの比較[J]．言語と文化，2010，23：209-
　　232．

森本暁美．日本への私費留学を予定した中国人学習者の日本語学習動
　　機づけについて[C]．東京：日本語教育学会春季大会予稿集，2006：
　　73-78．

守谷智美．第二言語教育における動機づけの研究動向―第二言語とし
　　ての日本語の動機づけ研究を焦点として―[J]．言語文化と日本語
　　教育，2002（増刊特集号）：315-329．

守谷智美．日本語学習の動機付けに関する探索的研究―学習成果の原
　　因帰属をてがかりとして―[J]．日本語教育，2004，120：73-82．

守谷智美．研修生の日本語学習動機とその生起要因―ある中国人研修
　　生グループの事例から―[J]．日本語教育，2005，125：106-115．

山口剛．動機づけの変遷と近年の動向―達成目標理論と自己決定理論
　　に注目して―[J]．法政大学大学院紀要，2012，69：21-38．

大和隆介．学習ストラテジーを取り入れた言語指導―海外の指導法が
　　示唆するもの―[J]．岐阜大学教育学部研究報告人文科学，2003，
　　52：1-18．

山内弘継，橋本宰監修，岡市周成，等．心理学概論[M]．京都：ナカニシヤ
　　出版，2006．

楊孟勲．台湾における日本語学習者の動機づけと継続ストラテジー ―
　　日本語主専攻・非専攻学習者の比較―[J]．日本語教育，2011，150：
　　116-130．

吉川景子. 学習環境が学習意欲に与える影響[J]. 姫路獨協大学日本語教育論集, 2012, 21:81-88.

吉野康子. 外国語としての英語学習者の動機づけ－自己決定理論の視点から－[J]. 実践女子大 FLC ジャーナル, 2008 . 3:63-81.

羅曉勤. 台湾の高等教育における日本語学習者の学習動機―社会的文脈と自己形成との関連から―[D]. 大阪：大阪大学大学院言語文化研究科博士学位論文, 2006.

Alvesson, M. & Sköldberg, K. *Reflexive Methodology: New Vistas for Qualitative*[M]. London: Sage, 2000.

Bandura, A. Self-efficacy: Toward a unifying theory of behavioral change [J]. *Psychological Review*, 1977, 1(4): 139-161.

Bandura, A. On the functional properties of perceived self-efficacy revisited [J]. *Journal of Management*, 2012, 38(1): 9-44.

Bassey, M. Pedagogic Research: On the relative merits of search for generalisation and study of single events [J]. *Oxford Review of Education*, 1981, 7(1): 73-94.

Bogdan, R. C. & Biklen, S. K. *Qualitative Research for Education: An Introduction to Theory and Methods*[M]. Boston: Allyn and Bacon, 1982.

Bryman, A. *Research Methods and Organization Studies*[M]. London: Unwin Hyman, 1989.

Comanaru, R. & Noels, K. A. Self-determination, motivation, and the learning of Chinese as a heritage language [J]. *Canadian Modern Language Review*, 2009, 66(1): 131-158.

Deci, E. L. *Intrinsic Motivation*[M]. New York: Plenum, 1975.

Deci, E. L. & RYAN, R. M. *Intrinsic Motivation and Self-determination* [M]. New York: Plenum, 1985.

Denzin, N. *The Research Act: A Theoretical Introduction to Sociological Methods* [M]. New York: McGraw-Hill, 1978.

Denzin, N. & Lincoln, Y. (eds.). *Handbook of Qualitative Research*[M]. 2nd ed. Los Angeles: Sage, 2000.

Dooley, L. M. Case study research and theory building[J]. *Advances in Developing Human Resources*, 2002, 4(3): 335-354.

Dörnyei, Z. Motivation in second and foreign language learning [J].

Language Teaching, 1998,31(3):117-135.

Dörnyei, Z. *Motivational Strategies in the Language Classroom* [M]. Cambridge: Cambridge University Press,2001.

Dul, J. & Hak, T. *Case Study Research Methodology in Business Research* [M]. Oxford: Elsevier,2007.

Dweck, C. S. The role of expectations and attributions in the alleviation of learned helplessness[J]. *Journal of Personality and Social Psychology*, 1975,31: 674-685.

Ellis, R. *Understanding Second Language Acquisition*[M]. Oxford: Oxford University Press, 1985.

Ellis, R. *The Study of Second Language Acquisition* [M]. Oxford: Oxford University Press,1994.

Eisenhardt, K. M. Building theories from case study research [J]. *Academy of Management Review*,1989,14(4):532-550.

Flick, U. *An Introduction to Qualitative Research: Theory, Method and Applications*[M]. 2nd ed. London:Sage,1998.

Flyvbjerg, B. Five misunderstandings about case-study research [M]// Seale, G., Gubrium, J. & Silverman, D. (eds.). *Qualitative Research*. London: Sage,2004:390-404.

Gerring, J. *Case Study Research: Principles and Practice*[M].Cambridge, UK: Cambridge University Press,2007.

Greene, D. & David, J. A research design for generalizing from multiple case studies [J]. *Evaluation and Program Planning*,1984,7(1): 73 - 85.

Hammersley, M. *Reading Ethnographic Research* [M]. 2nd ed. London: Longman,1998.

Hammersley, M. & Atkinson, P. *Ethnography: Principles in Practice* [M]. London: Tavistock,1983.

Hayashi, H. Identifying different motivational transitions of Japanese ESL learners using cluster analysis: Self-determination perspectives [J]. *JACET Bulletin*,2005,41(1):1-17.

Hiromori, T. The effects of educational intervention on L2 learners' motivational development [J]. *JACET Bulletin*,2006,43(1):1-14.

Honda, K. & Sakyu, M. A study of the relationship between intrinsic/ extrinsic motivation and Japanese EFL learners' proficiency [J].

Kyokakyoikugaku Ronshu,2004,4(1):37-48.

Honda, K & Sakyu, M. The concurrent and construct validity of intrinsic/ extrinsic motivation in Japanese EFL learners: A self-determination theory perspective[J]. *Kyokakyoikugaku Ronshu*,2005,5(1):41-54.

Kazdin, A. E. Drawing valid inferences from case studies [J]. *Journal of Consulting and Clinical Psychology*,1981,49(2):183-192.

Kennedy, M. M. Generalizing from single case studies [J]. *Evaluation Quarterly*,1979,3(4): 661-678.

Kirk, S. Application of self-determination theory to a second language writing class [J]. *Language and Culture*,2011,15(1): 39-70.

Lincoln, Y. S. & GUBA, E. G. *Naturalistic Inquiry*[M]. Newbury Park: Sage,1985.

Martin, J. *Breaking up the Mono-Method Monopolies in Organizational Research by Joanne Martin Theory and Philosophy of Organizations* [M]. London: Routledge,1990.

Merriam, S.B. *Case study Research in Education: A Qualitative Approach* [M]. San Francisco: Jossey-Bass,1988.

Neuman, W. L. *Social Research Methods Qualitative and Quantitative Approaches*[M]. 3rd ed. Boston: Allyn and Bacon,1997.

Noels, K. A., Clément, R & Pelletier, L. G. Perceptions of teachers' communicative style and students' intrinsic and extrinsic motivation [J]. *Modern Language Journal*,1999,83(1): 23-34.

Noels, K. A., Pelletier, L. G. & Clément, R., et al. Why are you learning a second language? Motivational orientations and self-determination theory [J]. *Language Learning*,2000,50 (1): 57-85.

Noels, K. A. Learning Spanish as a second language: Learners' orientations and perceptions of their teachers' communication style [J]. *Language Learning*,2001,51(1):107-144.

O'malley, M. & Chamot, A. U. Learner strategy applications with students of English as a second language [J]. *TESOL Quarterly*, 1985, 19: 557-584.

Oxford, R. L. *Language Learning Strategies: What Every Teacher Should Know*[M]. New York: Newbury House, 1990.

Pae, T. Second language orientation and self-determination theory: A structural analysis of the factors affecting second language achievement [J]. *Journal of Language and Social Psychology*, 2008, 27(1): 5-27.

Patton, M. Q. *Qualitative Evaluation and Research Methods* [M]. 2nd ed. Newbury Park: Sage, 1990.

Rubin, J. What the "good language learner" can teach us [J]. *TESOL Quarterly*, 1975, 9(1): 41-51.

Ryan, R. M. & Connell, J. P. Perceived locus of causality and internalization: Examining reasons for acting in two domains. [J]. *Journal of Personality and Social Psychology*, 1989, 57(5): 749-761.

Ryan, R. M. & Deci, E. L. Self-determination theory and the facilitation of intrinsic motivation, social development, and well-being[J]. *American Psychologist*, 2000, 55(1): 68.

Ryan, R. M. & Deci, E. L. Overview of self-determination theory: An organismic dialectical perspective[M]//Deci, E. L. & Ryan, R. M. (eds.). *Handbook of Self-determination Research*. Rochester: University of Rochester Press, 2002: 3-33.

Sandelowski, M. Focus on research methods combining qualitative and quantitative sampling, data collection, and analysis techniques in mixed-method studies [J]. *Research in Nursing & Health*, 2000, 23 (3): 246-255.

Silverman, D. *Qualitative Methodology and Sociology: Describing the Social World*[M]. Aldershot: Gower, 1985.

Thomas, G. *How to Do Your Case Study: A Guide for Students and Researchers*[M]. Thousand Oaks: Sage, 2011.

Stake, R. E. & Trumbull, D. J. Naturalistic generalizations [J]. *Review Journal of Philosophy and Social Science*, 1982, 7(1): 1-12.

Stern, H. H. What can we learn from the good language learner? [J]. *Canadian Modern Language Review*, 1975, 31(4): 304-318.

Swanborn, P. *Case Study Research: What, Why and How?* [M]. London: Sage, 2010.

Tight, M. *Understanding Case Study Research: Small-scale Research with Meaning*[M]. London: Sage, 2017.

Ushioda, E. Developing a dynamic concept of L2 motivation[M]// Hickey, T. & Williams, J. (eds.). *Language, Education and Society in a*

Changing World. Dublin: IRAAL/Multilingual Matters, 1996: 239-245.

Vaughan, D. Theory elaboration: The heuristics of case analysis [M]// Ragin, C. C. & Becker, H. S. (eds.). *What Is a Case? Exploring the Foundations of Social Inquiry*. Cambridge, UK: Cambridge University Press, 1992: 173-202

Verschuren, P. Case study as a research strategy: Some ambiguities and opportunities [J]. *International Journal of Social Research Methodology*, 2003,6(2):75-86.

Wen, Q. F. *Advanced Level English Language Learning in China: The Relationship of Modifiable Learner Variables to Learning Outcomes* [D]. Hong Kong: Hong Kong University, 1993.

Weiner, B. *Theories of Motivation: From Mechanism to Cognition*[M]. Chicago: Rand McNally, 1972.

Wellington, J. *Educational Research: Contemporary Issues and Practical Approaches*[M]. 2nd ed. New York: Bloomsbury, 2015.

Willig, C. *Introducing Qualitative Research in Psychology: Adventures in Theory and Method*[M]. London: Open University Press,2001.

Yashima, T., Noels, K. A. & Shizuka, T.,et al. The interplay of classroom anxiety, intrinsic motivation,and gender in the Japanese EFL context [J]. *Journal of Foreign Language Education and Research*,2009,17(1):41-64.

Yin, R. K. Case *Study Research: Design and Methods* [M]. 6th ed. Thousand Oaks: Sage, 2017.

附　录

1　日语专业开放式问卷调查①

2011级日语专业学习调查问卷

这份调查问卷是为了调查日语专业学生最初的学习动机情况,仅用于研究,只限于笔者本人阅览,所以同学们不要有任何疑虑,怎样想的就怎样写,为了达到研究效果,请如实填写,谢谢同学们的配合!考虑到本次调查研究中同学们的回答里可能会有不清楚的地方,请实名填写问卷。

姓名:＿＿＿＿＿

时间:＿＿＿＿＿

1. 你是调剂生吗?(第一志愿选的不是日语)A.是(　　) B.不是(　　)

2. (第一题选A的同学做)日语是第几志愿?

A. 第(二、三、四、五)志愿　你为什么选日语作为这些志愿?＿＿＿＿

＿＿＿＿＿＿＿＿＿＿＿＿＿＿＿＿＿＿＿＿＿＿＿＿＿＿＿＿＿＿＿

B. 没选日语

3. (第一题选A的同学回答)知道被日语专业录取时,心里是什么想法?

4. (第一题选A的同学做)填志愿时为什么没选日语?

5. (第一题选B的同学做)为什么会选择日语专业?

6. 你的周围(家人、亲戚、朋友和老师)对你的专业是什么看法?(积极的、消极的都可以写)

7. 在知道自己录取到日语专业后有没有试图去了解这样一门语言?如果有,怎样去了解的?

8. 你对日本了解多少?(日本文化、日本社会,包括对日本的印象等等)

9. 平时你是从哪些渠道了解日本的?

10. 你对日语了解多少?

11. 你认为新的一门语言的学习应该以什么样的方式进行?(老师教为主还是自己学为主,还是其他别的)

12. 高中时你是文科还是理科?

13. 你觉得文理科和语言学习有什么关系? 有的话,是什么样的关系?

14. 你觉得语言学习与性别有关系吗? 如果有,有什么样的关系以及为什么?

15. 你怎样评价自己的性格?

16. 你觉得性格与语言的学习有关系吗? 如果有,是怎样的联系呢?

17. 你觉得你的性格适合学习语言吗?

18. 你觉得学习一门语言,学好与否的关键因素是什么?

19. 日语是一门新的语言,和别人站在同一起跑线上,你有信心可以学好日语吗?

20. 你对未来的日语学习有什么期待?(在成绩上的目标有就写,还没有想就写"没有")

21. 对未来的大学生活有什么期待?(通过大学的学习、生活想达到什么目的)

22. 上大学之前,你对大学的学习生活是什么印象?

23. 进入大学后,经过一段时间的军训,这就是大学生活的开始,有什么感受?(积极的、消极的都可以写)

24. 觉得自己面对挫折和失败的能力怎么样?

25. 大家现在能在大学里学习,肯定经过无数次在考场上的磨炼,以往在面对成绩上的失败时,是怎样应对的?

26. 大学毕业后,你想干什么?(还没想好,就写"没想好")

2 日语专业开放式问卷调查②

日语学习调查问卷(基础发音部分)

姓名:＿＿＿＿＿＿

时间:＿＿＿＿＿＿

同学们,经过一段时间的学习,日语学习中的基础发音部分已经学完,这时候你的学习情况可能又和想象中有所不同。笔者根据课堂学习内容以及在课外的了解,为了捕捉这一时期的学习情况,设计了问卷,请真实记录你的情况。

1. 在基础发音阶段,觉得自己有哪些音发得不理想?(没有就写"没有")

2. 对于这些音,自己有没有针对性的练习? 如果有,是怎样练习的?(自己单独练习,请同学帮忙纠正,还是请老师帮忙纠正或者是其他别的)

3. 为了掌握大家的假名记忆情况,目前已经进行过一次听写,你觉得自己表现得怎么样?

4. 这一次听写,对你接下来的学习有没有影响? 如果有影响,是怎样的影响?

5. 大学以前的学习,课堂是以老师点名回答为主,还是以同学主动发言为主?

6. 你觉得大学的课堂应该以老师点名回答为主,还是以同学主动发言为主? 为什么?

7. 这两天的课堂上老师都是鼓励同学自己发言,你主动发过言吗?没有过的话,为什么没有主动发言?

8. 你觉得老师鼓励同学自己发言的效果怎么样? 你赞成这一做法吗?

9. 你觉得主动发言有利于语言学习吗? 为什么?

10. 上课除了老师授课以外,你还希望通过哪些形式来学习日语,以期带来更好的学习效果?(比如综合日语课上学唱日语歌《未来》)

11. 课下你平均每天花了多长时间来学习日语? 学习内容是什么?

12. 课下你喜欢怎样的学习方式,是自己学还是和同学一起学相互纠正或是其他别的? 为什么?

13. (开始对日语没有兴趣的同学回答)有没有去有意识地培养自己对日语的兴趣? 如果有,是怎样培养的?

14. 如果给这一段时间你的日语学习打分的话,你打多少分(百分制)? 对以后的日语学习有信心吗?

15. (开始觉得语言学习和文理科相关的同学回答)你现在还认为语言学习和文理科有关系吗?

16. 通过和大二学长、老师的交流会,你有哪些感受以及学到了什么?(没有就写"没有")

17. 你觉得自己已经适应了大学生活吗? 和想象中的大学生活有什么不一样?

日语学习调查问卷(基础发音部分)补充

这是针对大家上一次做的问卷、笔者课堂观察和与大家访谈的内容所做的补充调查,为了反映出大家的真实情况,请如实回答。

姓名:_____

时间:_____

1. 你赞成听写这一做法吗?为什么?

2. 你希望老师定期检查学生的学习效果吗?(希望的同学回答)你还希望老师以哪些形式检查?不希望的同学请写出理由。

3. 刚刚举行的第二次听写,你觉得自己表现得怎样?

4. 出现这种现象的原因,你认为是什么?

5. 你觉得这一次听写对你有什么影响?

6. 是老师点名回答还是自由发言使你的心理压力更大?

7. (在上一次的问卷中回答"老师鼓励同学发言这种做法好"的同学回答)在前一段时间,老师鼓励自由发言时,你觉得自己的发言次数_____。

A. 没有　　 B. 较少　　 C. 不多也不少　　 D. 较多　　 E. 很多

(选A和B的同学回答)既然觉得这种做法好,自己为什么却没有积极参与?

8. 现在大家课外每天大约花多少时间来学习日语?相比50音基础发音阶段是变长了还是变短了,为什么?

9. 利用这些时间预习和复习的比例各是多少?为什么会是这种比例?

10. 老师在平时上课时有没有强调需要复习和预习?(没有强调的话)你认为自己做好预习、复习和老师有没有强调有什么关系?

11. 周一到周五课程很紧,大家花在专业上的时间很有限,那周六和周日大家平均每天花多长时间来学习日语?学习内容各是什么?(这里的学习内容不仅仅指课本,看与日本相关的影视作品等都在学习内容这个范围之内)比如:每天花2小时记单词,花2小时看动画。

12. 除了上课时间,你课外是怎样分配时间的?(大家仔细想一想,请平均到每天)

13. 遇到不懂的问题,有没有主动问过老师?没有问的话,这些遗留问题你是怎样处理的?

14. 课堂上其他同学在表演会话时,你是在仔细看、听同学们表演,还是在埋头练自己的,以防稍后轮到自己?如果两者皆有的话,是什么比例?为什么?

15. 你觉得小组练习会话效果怎么样？你喜欢这种形式吗？

16. 小组练习中,你是怎样的态度?(主动去组织身边的同学来练习还是被动地等着别的同学来叫自己)

17. 你觉得上日语课(3门专业课)时自己的精神状态怎么样?(觉得很有趣,很享受;觉得很难,很紧张;很麻木)。造成这种精神状态的因素是什么?

18. 你觉得笔者(班主任)的工作还有哪些做得不足的地方?

19. (有转专业意向的同学回答)你有多想转专业?(A. 很想,一定要转　B. 想,能转最好　C. 一般想,转不成也没关系)你为什么想转专业?你想转到什么专业?

你现在在为转专业做哪些准备？一天大约花多少时间来做这些？

你怎样处理专业学习和你想转入的专业学习之间的关系？

想转专业,你有哪些顾虑？

3　日语专业开放式问卷调查③

日语学习调查问卷第三次(第一学期期中)

姓名:_____

时间:_____

同学们,日语学习情况的调查研究,旨在通过对你们日常的学习动机、学习活动和心理情况的观察和了解,分析在大家学习过程中哪些因素对大家的学习产生了影响。为了得到最真实的资料,分析大家最原始的状态,请大家认真对待,谢谢配合;同时,大家也可以在做问卷的过程中对自己的学习活动进行反思、反省,以便对之后的学习产生积极的影响。

1. 每次听写,你是临时抱佛脚、每天都坚持练习,还是两者都有或者是其他别的?你为什么会采用这种方法?

2. 你觉得这一次听写你表现得怎么样?相较于上一次,你觉得是进步了还是退步了?你觉得造成这种结果的因素是什么?(无论是进步还是退步都是有原因的,都要如实写哦)

3. 在这一次听写中,你有做得不满意的地方吗?哪些地方做得不满意?为什么会有这些不满意的地方?(相较于上一题来说写具体一些,比如丢分的地方)

4. 这次听写会对你以后的学习产生影响吗？如果会,将会产生什么样的影响?

你认为学习最重要的是什么?请将你的情况与下面的描述进行比较,将符合自己情况的选项标记在题目前。(单选)

①非常符合　　　②大多数符合　　　③一般

④大多数不符合　⑤完全不符合

_____ (1)对我来说,做得比别人好是重要的。

_____ (2)唯恐在班上成绩不好,这常常成为我学习的动力。

_____ (3)我在班上的目标是取得比大多数同学更好的成绩。

_____ (4)我只是不想在班上表现得太差了。

_____ (5)我喜欢课堂上能提供真正有挑战性的学习内容,这样我能学到新东西。

_____ (6)我希望尽量多掌握一些课堂上所学的内容。

_____ (7)我渴望在班上表现得出色,向我的家人、朋友、老师等表明我的能力。

_____ (8)我经常在心里想,如果我在班上表现得不好会怎么样。

_____ (9)我想在课堂上学到尽可能多的东西。

_____ (10)"要超过我的同伴",这种想法激励着我。

5. 你高考时的英语成绩是多少?你认为你的英语学得怎样(大学以前)? 你以前和现在各是怎样考虑英语学习情况与日语学习情况的关系的?(指的是英语学得好日语就学得好这样的关系:大家回想一下在进入日语专业之前的看法)

6. 你认为语言学习中方法重要吗?你平常主要采取哪些方法来学日语?你最常用的是哪一种?(大家认真想一下,尽量详细一点)

7. 在你的周围,你认为学习成绩好或差的同学是怎样进行日语学习的?(从你认为他们和别的同学很不一样的地方写,至少写1名同学,如果认为自己学得好,那么写自己就好)

下面是关于日语学习方法的一些描述,请将你的实际情况与下面的描述进行比较,将符合自己情况的选项标记在题目前。

①完全不符合　　　②偶尔一两次　　　③有时这样

④大多如此　　　　⑤完全符合

_____ (1)在学习日语的过程中,我尽力寻找正在学习的内容和已学习内容之间的联系。

_____ (2)学习日语时,我试图把日语和汉语或者是英语做比较,来帮助自己理解和记忆。

　　_____（3）我学习的最好方法是记忆。

　　_____（4）我常发现自己不知道该学些什么，也不知道从哪儿学起。

　　_____（5）我尽力将所学的内容转化为自己的语言，以促进理解。

　　8. 到目前为止，你觉得日语学习中最困难的是什么？（词汇、语法、听力、会话还是其他别的）这些困难点主要表现在哪些方面？你试图怎样去克服？

　　9. 你在记日语单词方面感到困难吗？你觉得周围的同学记单词的情况和你相比是什么状况？你是怎样试图克服这个困难的？

　　10. 你认为与课文配套的练习册的作用是什么？你每次都完成练习册吗？（A.很少　B.有时候　C.大多数　D.每次）你是采用哪种方法完成的？[是复习完课本把练习册作为一种检验工具，边看书边做练习册，还是两者皆有或是其他别的（这种情况下，哪种使用较多）]

　　在做练习册时你有使用工具书（字典之类的）吗？使用了什么样的工具书？做完后有跟同学商量或是对答案吗？为什么这样做（不这样做）？

　　对练习册中做错的题你是怎样对待的呢？（是经常拿出来看一下，还是做错了就错了，下一次做类似的题目还会错，或是把这些错题摘抄下来等）

　　11. 除了日语书本和相关练习册之外，学习日语后，你还通过哪些方式去了解日本或接触日语？（主要是指课外还做过哪些与日语相关的事情）你是抱着什么目的去做这些事情的？

　　12. 你现在对日语有兴趣吗？相较于刚开学时对日语的兴趣有了什么变化？促使这种变化的主要因素有哪些？

　　13. 通过上个星期与老师的交流会，你有什么感受？

　　14. 你觉得上日语课（3门专业课），自己的精神状态是怎样的？（觉得很有趣，很享受；觉得很难，很紧张；很麻木）造成这种精神状态的因素是什么？

　　15. 你觉得自己的精神状态（专业课以外其他课程以及平时生活方面等综合方面）怎么样？

　　16. 学期已经过了一半，你觉得自己适应了大学的学习生活了吗？若有不适应的，哪些方面没有适应呢？

　　17. （开学时想转专业的同学回答）你现在有多想转专业？（A. 很想，一定要转　B. 想，能转最好　C. 一般想，转不成也没关系）与开学时相比，自己的这一心理状态有改变吗？（有改变的话）是什么因素促使你有这种改变的？

4 日语专业开放式问卷调查④

课堂教学活动调查问卷（第一学期期末）

姓名：_____

时间：_____

（回答之前请务必阅读）本次问卷主要涉及平常上课活动的细节,请大家仔细回忆上课情况,回答时描述要细致,不要太概括。(像"还好吧""还可以"一类的回答尽量少)为了不限制大家的思维,一些问题采用了"你觉得怎么样"这样比较模糊的方式,请自由回答。另外,本问卷涉及老师授课内容,请大家如实回答,本问卷只限于笔者本人阅览,请大家放心回答。一个问题下面有几个小问题,所以请大家看清楚不要遗漏了。谢谢配合!

1. 你觉得综合日语课上的课堂活动多吗? 你觉得综合日语课的授课方式合理吗? 觉得有些不合理的话,你觉得应该以怎样的形式来授课?

2. 上综合日语、听力和会话课,你对什么样的课堂活动感兴趣?(角色扮演、辩论活动、小组比赛活动、接龙活动,或是其他)你印象深刻的课堂活动试举一两例,并且说明一下为什么印象深刻。(如果3门课不是一样的,请分开说明)

3. 你怎么看待综合日语课的课堂活动中自己设计的总结问卷? 为什么这么认为?

4. 每一次听写或其他作业完成之后,老师有批改吗? 有的话,是怎样批改的? 你是怎样处理的? 你理想中的批改是怎样的?

5. 你每一次在综合日语、听力和会话课的课堂上回答问题之后,或是做完作业后,老师有没有对你的回答或作业做一些评论或评价? 如果有,是怎样评价的? 对此,你有什么感受? 你理想中的评价是怎样的?(仔细想一下3门课的老师)

6. 当课堂上突然被点名发言时(没有反应时间),你的心理状态是怎样的? 一连被提了好几个问题,会觉得后面的问题容易回答一些吗?

7. 课堂上要翻译句子,你觉得老师给的思考时间够吗? 这项活动带给你的压力大吗? 在进行这项活动时,你觉得是大家一起说比较好,还是学生单独起来说比较好? 为什么?

8. 课堂上你有没回答出老师的提问,或者是没做出老师要求做的题目这样的经历吗？有的话，你觉得是多还是少呢？这个时候你的心理状态是怎样的？会对你接下来的日语学习产生影响吗？

9. 在综合日语课上，任课老师由单词或课文延伸出穿插讲解的日本文化，你觉得怎么样？在听力课和会话课上，也有类似的讲解吗？

10. 对于老师没有要求做的课本的附带练习，你会有意识地去完成吗？不会的话，为什么？在老师没要求检查时，练习册上的作业有去完成吗？为什么会那么做？

11. 你对于自己不懂的问题都是怎么处理的？(问老师，还是先问同学后问老师，还是就这样算了)为什么要这样做？(如果这个过程有变化的话，是开始不问后来问或者是开始问后来不问？请说明为什么会产生这样的变化)

12. 在课下，你有每天整理笔记的习惯吗？对于老师提到的没学过的单词和没学过的语法，你是怎样处理的？

13. 你在学习日语的过程中，觉得日语中哪一项最难(发音、单词、语法、听力)？你觉得自己哪方面学得好一些，哪方面薄弱一些，你觉得原因是什么？

14. 开始接触日语时，同学普遍反映单词记不住，现在这种情况有所改观吗？有的话，你认为是什么原因？

15. 在课外的日语学习中，你是喜欢一个人学还是喜欢和同伴一块学，还是二者兼而有之？你为什么采取(或没采取)这种方式？如果和同伴一起学，主要学习内容是什么？

16. 在课堂以外的日常对话中，你经常使用或尝试使用日语吗？如果有的话，在怎样的情况下使用？

17. 你怎样评价自己这学期的日语学习？(好，中上，中等，中下，差？可以分科目来回答。客观评价，不要谦虚哦)

18. 你怎样看待综合日语、会话和听力3门课的学习？(尽量详细)你最喜欢哪门课，为什么？

19. W老师来带过2星期课，你对W老师的教学最深刻的印象是什么？其跟Y老师的教学最大的不同是什么？你更喜欢哪种教学，为什么？(说实话哦)

20. 你现在觉得学好语言最重要的是什么？你对下学期及以后的日语学习有什么打算(或期望)？

21. 评价一下这半年的大学生活，再谈一下对以后的大学生活有什么规划、打算。

5　日语专业学生日语学习日记调查①

日语专业大一上学期学生日记

姓名：＿＿＿＿＿＿

时间：＿＿＿＿＿＿

（务必阅读）同学们，感谢大家一直以来对笔者工作的支持，这些宝贵的资料将作为笔者论文的重要参考资料。同时，笔者也希望写这些日记能够帮助大家及时地反思日语学习活动，以期在日后的学习中能更好地进行调整。

下面是日记中包含的内容，请仔细阅读并按照规定撰写日记。

（1）你进行了什么活动？为什么要进行该活动？进行该活动的难点在哪里？（尽量详细一点哦）

（2）你从事每项活动所花费的时间是多少？

（3）你从事每项活动的身体和心理状态怎么样？（是否精神集中，是否精力旺盛）

（4）你认为这项活动怎么样？（是否对于提高你的语言水平非常重要）

（5）你在从事这些活动时采取了哪些策略？

（6）经过今天的日语学习有什么样的感悟？（发觉自己哪方面存在不足需要改进、看到其他同学好的学习方法觉得要学习等等）

范例①：

1991年10月23日　　星期三

下课后我去了图书馆。我坐在"语言参考书"那一角，这里有许多参考书，我经常选择不同的书来阅读。今天我对《英语习语》特别感兴趣，里面的习惯用语是按照字母排列的，大部分很有用，例如："Nothing ventured, nothing gained."我抄下了一些我喜欢的句子，我一边抄，一边记，花了一个下午，抄了70多个句子，才抄到字母"c"。我经常做类似的事情：不管它有没有用，只要我喜欢它，我就宁愿花时间。我就是用这种态度来进行英语学习的。尽管今天下午看起来学得不多，但我相信"Many a little makes a mickle"。随着时间的推移，相信我的英语会有进步的。

范例②：

1991 年 10 月 26 日　　星期六

今天下午我看了萧伯纳的《皮格马利翁》(*Pygmalion*)。全书有 300 多页，前面是作者生平及其作品简介，一个下午我花了 3 个小时，却只读了简介的一部分，共 10 页。我一边读，一边记下一些好句子和有关作者的一些简况，遇到难懂的句子，我用蓝色的圆珠笔做上记号。碰到生词我就查词典，并把词的解释抄下来……通过阅读我学到了很多东西，我认为英语专业的学生应该多读点名著。

6　日语专业学生日常调查表①

日语专业学生日常调查表第一周

姓名：_____

时段	2011-11-21（星期一）		2011-11-22（星期二）		2011-11-16（星期三）		2011-11-17（星期四）		2011-11-18（星期五）	
	学习内容	精神状态	学习内容	精神状态	学习内容	精神状态	学习内容	精神状态	学习内容	精神状态
早读										
1—2节课										
3—4节课										
5—6节课										
7—8节课										
9—10节课										
下课（精确到时间段）										

时段	2011-11-19（星期六）		2011-11-20（星期日）	
	内容（包括学习、工作、休闲，精确到时间段）	精神状态	内容（包括学习、工作、休闲，精确到时间段）	精神状态
上午				
下午				
晚上				

注：

1. 周一到周五"学习内容"为上课内容（上了什么内容，不需要太详细），没课时间写自己的活动内容（学习、睡觉、娱乐都可以写，尽量精确到时间段，比如晚上8:00—9:00自习日语，半小时复习，半小时预习）；周六、周日如实填写即可。

2. "精神状态"包括自己有没有认真听讲，觉得课程内容怎么样，自己的心理状态，等等。

3. "备注"这一栏写自己在这一天中最大的感受，比如因为某一件事情，自己受到了刺激，或者是对自己的某种行为进行了反思，与日语无关的也可以。

日语专业学生日常调查表第二周

姓名：_____

时段	2011-11-28（星期一）		2011-11-29（星期二）		2011-11-23（星期三）		2011-11-24（星期四）		2011-11-25（星期五）	
	学习内容	精神状态	学习内容	精神状态	学习内容	精神状态	学习内容	精神状态	学习内容	精神状态
早读										
1—2节课										
3—4节课										
5—6节课										

续表

时段	2011-11-28（星期一）		2011-11-29（星期二）		2011-11-23（星期三）		2011-11-24（星期四）		2011-11-25（星期五）	
	学习内容	精神状态	学习内容	精神状态	学习内容	精神状态	学习内容	精神状态	学习内容	精神状态
7—8节课										
9—10节课										
下课（精确到时间段）										

时段	2011-11-26（星期六）		2011-11-27（星期日）	
	内容（包括学习、工作、休闲，精确到时间段）	精神状态	内容（包括学习、工作、休闲，精确到时间段）	精神状态
上午				
下午				
晚上				

注：

1. 周一到周五"学习内容"为上课内容（上了什么内容，不需要太详细），没课时间写自己的活动内容（学习、睡觉、娱乐都可以写，尽量精确到时间段，比如晚上8:00—9:00自习日语，半小时复习，半小时预习）；周六、周日如实填写即可。

2. "精神状态"包括自己有没有认真听讲，觉得课程内容怎么样，自己的心理状态，等等。

3. "备注"这一栏写自己在这一天中最大的感受，比如因为某一件事情，自己受到了刺激，或者是对自己的某种行为进行了反思，与日语无关的也可以。

7　日语专业开放式问卷调查⑤

性格测试及大一上学期期末考试总结

姓名：_____

时间：_____

在这份问卷中有45个问题。请你依次回答这些问题,回答不需要写字,回答问题时不必过多思考,符合时请在括号内答"Y",不符时答"N"。如果不选择,则默认为选择"N"。这些问题要求你按自己的实际情况回答,不要去猜测怎样才是正确的回答。这里不存在正确或错误的回答,也没有捉弄人的问题,将问题的意思看懂了就快点回答,不要花很多时间去想。问卷无时间限制,但不要拖延太长,也不要未看懂问题便回答。

1. (　　)你是否有广泛的爱好?

2. (　　)你的情绪时常波动吗?

3. (　　)你是一个健谈的人吗?

4. (　　)你曾经无缘无故地觉得自己"可怜"吗?

5. (　　)你认为自己活泼吗?

6. (　　)你是否常担心你会说出(或做出)不应该说(或做)的事?

7. (　　)在愉快的聚会中你是否通常尽情享受?

8. (　　)你是一个易被激怒的人吗?

9. (　　)你喜欢遇见陌生人吗?

10. (　　)你的感情是否容易受到伤害?

11. (　　)你是否时常感到"极其厌烦"?

12. (　　)如果条件允许,你喜欢经常外出(旅行)吗?

13. (　　)你是否常因"自罪感"而烦恼?

14. (　　)你是否宁愿看些书,也不想去见别人?

15. (　　)你认为自己"神经过敏"吗?

16. (　　)你的朋友多吗?

17. (　　)你是个忧虑重重的人吗?

18. (　　)你是一个无忧无虑、逍遥自在的人吗?

19. (　　)你是否担心将会发生可怕的事情?

20. (　　)在结识新朋友时,你通常是主动的吗?

21.（　　）你觉得自己是个非常敏感的人吗？

22.（　　）和别人在一起的时候，你是否不常说话？

23.（　　）在一个沉闷的场合，你能给大家增添生气吗？

24.（　　）你担心自己的健康吗？

25.（　　）你是否喜欢说笑话和谈论有趣的事情？

26.（　　）你喜欢和别人打成一片，经常相处在一起吗？

27.（　　）你失眠吗？

28.（　　）当别人问你话时，你是否对答如流？

29.（　　）你经常无缘无故感到疲倦和无精打采吗？

30.（　　）你喜欢紧张的工作吗？

31.（　　）你时常觉得自己的生活很单调吗？

32.（　　）你是否参加的活动太多，已超过自己可能分配的时间？

33.（　　）你经常感到压力很大吗？

34.（　　）你能使一个联欢会开得成功吗？

35.（　　）一件使你为难的事情过去之后，你会烦恼很久吗？

36.（　　）你是否容易紧张？

37.（　　）你常感到寂寞吗？

38.（　　）有人对你或你的工作吹毛求疵时，你的积极性是否会受到打击？

39.（　　）你是否喜欢在你的周围有许多热闹和高兴的事？

40.（　　）你是否有时兴致勃勃，有时却很懒散不想动弹？

41.（　　）别人是否认为你是生气勃勃的？

42.（　　）你是否对有些事情易性急生气？

43.（　　）遇到为难的事情你是否拿不定主意？

44.（　　）若你乘车或坐飞机外出时，你是否担心会碰撞或出意外？

45.（　　）你是一个爱与他人交往的人吗？

谢谢您的配合！

期末考试是大家进入大学之后的第一次较大规模的考试，相信大家也非常重视。一分耕耘一分收获，相信大家在看到成绩时，肯定是几家欢喜几家愁，趁热打铁，请记录下最真实的心情。

1. 看到成绩时，你的心情是怎样的？

2. 你觉得这次考试专业课（综合日语、听力、会话）表现得怎么样？对你未来的学习有什么样的影响？

3. 你觉得这一次期末考试,总体上表现怎么样?与你想象中的成绩有出入吗?对你未来的学习有什么样的影响?

4. 谈谈你对这学期(或是以后)在学习上、生活上以及工作上的具体规划。(越详细越好)

8　日语专业学生日语学习日记调查②

日语专业大一下学期学生日记

姓名:＿＿＿＿＿＿＿

(务必阅读)同学们,感谢大家一直以来对笔者工作的支持,上一学期的日记大家花了很多时间和精力,这些宝贵的资料将作为笔者论文的重要参考资料。同时,笔者也希望写这些日记能够帮助大家及时地反思日语学习活动,以期在日后的学习中能更好地进行调整,所以这一次大家每隔3天(从5月16日开始为期2周)就把日记发给笔者,笔者来看一下大家的学习情况并做一些反馈。

针对上一次日记中所出现的问题,在已有的基础上,笔者总结如下,请大家在写前阅读。

(1)你进行了什么活动?为什么要进行这些活动?进行这些活动的难点在哪里?(有同学写得很简单,尽量详细一点)

(2)你从事每项活动所花费的时间是多少?

(3)你从事每项活动的身体和心理状态怎么样?(是否精神集中,是否精力旺盛)

(4)你认为这些活动怎么样?(是否对于提高你的语言水平非常重要)

(5)你在从事这些活动时采取了哪些策略?(请尽量写详细些)

(6)经过今天的日语学习,你有什么样的感悟?(发觉自己哪方面存在不足需要改进、看到其他同学好的学习方法觉得要学习等等)

(7)日记语言尽量平实、朴素,不需要优美,不需要修饰。

(8)所记录日记最好与日语有关,或者与学日语的心情有关。

范例(引自A03):

日语学习反思日记——A03

2011年11月30日　　星期三

今天好冷,下午在宿舍里学习。

下午1:30—2:00做日语听力作业:复习了数字的读音,并对一些特殊的数字进行了总结,感觉自己对听力还是不太熟悉,要每天加强练习。

2:00—2:30睡觉。

2:30—3:20复习语法,通过回顾课后习题,对语法进行了整理和回顾,感觉很有必要每天复习语法,背例句,才能熟悉,真正掌握。

小结:

1. 在宿舍的学习效果可能不太好,得尽量找自习室,因为宿舍毕竟不是学习的地方。

2. 每天抽出固定时间练习听力,总结听力技巧。

3. 语法要每天循环复习,通过例句强化记忆。

晚上6:00开始学习(在宿舍)。

学习内容:复习单词。

方法:看汉语写日语,听日语写日语。

状态:

1. 宿舍真的不适合学习,关键是个人自我管理能力太差。

2. 每天要做一个"スケジュール",固定时间学习日语,提高学习能力与效率。

小结:从拿到这个本子后,我就知道要对自己做一个详细的日语学习计划。

(1)记单词,多种方式记忆,练读音。

(2)练习语法和句式。

(3)练习听力(精听和泛听)精听强调准确度,泛听强调速度与正确率。

(4)读书、背书(背单词,背课文,背句式)、会话,练习(口语与应用)　　日々の努力の積み重ね!

9 日语专业学生日语学习日记调查③

日语专业大二上学期学生日记

姓名:＿＿＿＿＿

从今天开始,请记2周的日记,日记中要记录每天的课外所进行的日语学习活动,日记的内容一定要包括以下几个方面:

注意:如果这一天一点关于日语与日本的东西都没看,也要把时间写清楚,然后写今天没接触日语之类的。请一定要真实。

(1)你进行了什么活动? 为什么要进行这些活动?

(2)你进行这些活动所花费的时间是多少?

(3)你从事每项活动的身体和心理状态怎么样?(是否精神集中,是否精力旺盛)

(4)你认为这些活动怎么样?(是否对于提高你的语言水平非常重要)

(5)你在从事这些活动时采取了哪些策略?(请尽量写详细些)

(6)经过今天的日语学习有什么样的感悟?(发觉自己哪方面存在不足需要改进、看到别的同学的学习经验有什么感触等等)

范例(引自A05):

周四(2012年5月17日)

今天上午上机,下午睡了一会儿,然后预习了新单词,因为先预习下上课时容易接受得快些,难点在于记单词需要很多时间,又比较枯燥。花费的时间大约是半小时,精神比较集中,但记着记着就会厌烦。我认为,记单词还是非常有必要的,因为不管是说还是听,最基本的单词不记住,其他都很难提高。记的时候是先跟着录音读熟,再边写边背,特别需要注意的地方包括有没有长音、促音或比较难写的字应专门加强记忆,然后听录音看一下能否反应出单词的意思。感悟是觉得记单词很孤立,特别是和语,单词的读音与意思没有什么联系,很难记,又容易忘记。觉得不足的地方是几乎不复习语法,感觉比较麻烦,宁愿多读课文。

背完单词后练了听力,因为听力需要持续,一点点积累。难在听不懂也没有原文看,然后就稀里糊涂地过去了。大概花了

40分钟,一般做听力都比较集中精神,听不懂时会比较焦急。听力也很重要,最好能坚持每天听一些,要不然堆在一起听效果也不好。方法的话,如果简单的就不写原文,难的话先多听几遍,还不懂就把假名写下来,查一下。感悟是练听力前最好把单词和语法记熟,不要听的时候看着新单词。每次听的时候都是看一遍新单词就听的话,效果不好。

10　日语专业开放式问卷调查⑥

日语专业大二下学期第一次调查问卷

姓名:＿＿＿＿＿＿

时间:＿＿＿＿＿＿

期末考试总结

1. 看到成绩时,你的心情是怎样的?(如实描述哦)

2. 你觉得这次考试专业课(综合日语、听力、会话)表现得怎么样? 你觉得造成这种结果的因素是什么?(请分课程回答)

3. 你觉得这一次期末考试,总体上表现怎么样? 与你想象中的成绩有出入吗?

4. 跟以前的成绩相比,你觉得自己这一次是进步了还是退步了? 写出你这样认为的原因。

5. 这次考试对你未来的学习(日语学习)有什么样的影响?(可以分课程回答)

6. 谈谈你对这学期(或是以后)在学习上、生活上以及工作上的具体规划。(越详细越好)

日本语能力测试篇

1. 你参加了2012年12月举行的日本语能力测试吗? 当时是出于什么样的心情报考的呢?

2. (报考了的同学回答)回忆一下,你制订了复习计划吗? 请描述一下复习计划。

3. (报考了的同学回答)你有依照计划进行复习吗? 如实际行动有变动的话,请说一下是如何变动的? 为什么会有变动?

4.（报考了的同学回答）在复习过程中,你觉得有哪些客观的和主观的因素影响了你的复习? 你有没有克服以上困难? 克服了的话,是怎样克服的呢? 没有的话,又是为什么?

5.（报考了的同学回答）写一下能力测试分数以及单项分数。与你想象中的分数有出入吗? 有的话,有什么出入? 为什么会有这种出入?

6.（没有报考能力测试的同学回答）大二上学期为什么没有报考能力测试? 请具体说一下原因。

7. 这学期准备报考能力测试吗? 为什么?

8.（报考了的同学）有没有制订一个学习计划? 有的话,请详细描述一下。

9.（没有报考的同学）你是出于什么样的考虑而未报考?

11　日语专业学生访谈①

大四上学期初半结构式访谈提纲

1. 过去的暑假主要做了什么?

2. 回顾一下这3年的日语学习吧,比如大一上学期怎么样。每个学习阶段学习的科目不一样,老师不一样,是不是对你们的学习兴趣也会有影响呢?

3. 你的日语学习兴趣在这3年中发生了哪些变化? 导致这些变化的因素是什么?

4. 这3年来的日语成绩都是怎么样的? 你怎样评价? 你觉得这个结果是什么因素造成的?

5. 你目前的学习效果和你之前想象的、期待的学习效果有什么不同?

6. 你周围哪些同学日语学习得较好,你觉得你跟他们相比差在哪些方面?

7. 日本语能力测试是什么时候参加的? 成绩怎么样? 你怎样评价? 你觉得原因是什么?

8. 进行双学位学习了吗? 为什么学了或者是没学呢?

9. 没进行双学位学习的话,有效地利用了比别人多出来的时间吗? 如果再给你一次机会,会修双学位吗?

修了双学位的同学,你是怎样处理双学位和日语学习的关系的?

10. 大学的课余生活是怎样的？

11. 今后的打算是什么？什么时候下的这个决心？现在正在做哪方面的努力？

12. 大四有什么打算？

12 日语专业学生开放式问卷调查⑦/访谈②

大四下学期调查问卷/访谈

姓名：_____

时间：_____

此问卷旨在调查大四以及大学4年学习动机和学习行为的变化,本结果只用于研究,请真实客观地回答。问卷内容涉及4年的日语学习,请认真仔细回想之后详细回答。

1. 大四都做了一些什么？

2. 大四做了哪些跟日语有关的事情？

3. 大四的日语学习动机(兴趣)是怎样的？跟之前3年相比,有哪些变化？

4. 大四毕业以后的打算是什么？

5. (找工作的同学回答)日语学习对你找工作有帮助吗？有的话是什么样的帮助？

6. 回顾这4年的日语学习情况,分阶段(大一上学期,大一下学期,以此类推,或者是大一上学期,大一下学期,大二,大三,大四)回答学习动机(学习日语的动力)和学习行为(都进行了怎么样的日语学习)(分阶段,回答得越详细越好)的变化。

7. 目前你的日语学习效果和你4年前所期待的学习效果有不同吗？有的话,是怎样的不同？你觉得造成这种不同的因素是什么？

8. 除了日语课本以外,在课外还做了哪些与日语有关的事情？(参加的比赛之类的都可以算上)从中有收获吗？有的话,是什么收获？

9. 你觉得哪些因素会影响(好的或是坏的)你的日语学习动机？(请围绕教师、自身、环境等方面来展开,如有具体事例请详细描述)

10. 你喜欢和同学们一起进行日语学习吗？为什么？

11. 大学4年觉得比较幸运的事情、觉得比较遗憾的事情是什么？

13 日语双学位学生开放式问卷调查①/访谈

日语学习动机调查问卷——日语双学位

这份调查问卷是为了调查日语的学习动机情况,仅用于研究,只限于笔者本人阅览,所以同学们不要有任何疑虑,怎样想的就怎样写。为了达到较好的研究效果,请如实回答,谢谢同学们的配合!

籍贯:_____   姓名:_____   班级:_____   大学:_____

性别:_____   专业:_____   高中(理科/文科):_____

注意:为了尽量减少二次调查(对于大家的回答中没懂的东西再次调查),请大家尽量回答详细,清楚。

1. 你为什么要选日语双学位?

2. 你想通过日语的学习达到什么水平?

3. 你的周围(家人、亲戚、朋友和老师)对学习日语有什么想法?(积极的、消极的都可以写)

4. 你对日本(日本文化、日本社会)了解多少? 你对日本是什么样的印象?

5. 平时你是从哪些渠道了解日本的?

6. 你对日语了解多少?(一点都不了解就如实写)

7. 你觉得文科、理科和语言学习有没有关系? 有的话,是什么样的关系? 为什么?

8. 你觉得语言学习与性别有关系吗? 如果有,有什么样的关系? 为什么?

9. 你高考时的英语分数是多少? 你觉得自己的英语学习怎么样? 你觉得英语学习和日语学习有联系吗? 有的话,是怎样的联系?

10. 你怎样评价自己的性格?(请全面而具体地描述自己的性格,而不是简单地概括"内向""活泼"之类)

你觉得性格跟语言的学习有联系吗? 有的话是怎样的联系呢?

你觉得你的性格适合学习语言吗?

11. 大学以前的学习,课堂是以老师点名回答为主,还是以同学主动发言为主? 你觉得在双学位的课堂上应该以老师点名回答为主,还是以同学主动发言为主? 为什么?

12. 你认为语言学习中学习方法重要吗？你平时主要采取哪些方法来学习英语？你最常用的方法是哪一种？（大家认真想一下，尽量详细一点）

13. 你觉得学习语言，学得好的关键因素是什么？为什么？

14. 在这份问卷上有45个问题。请你依次回答这些问题，回答不需要写字，回答问题时不必进行过多思考，符合时请在括号内答"Y"，不符时答"N"。如果不选择，默认为选择"N"。这些问题要求你按自己的实际情况回答，不要去猜测怎样才是正确的回答。这里不存在正确或错误的回答，也没有捉弄人的问题，将问题的意思看懂了就快点回答，不要花很多时间去想。问卷无时间限制，但不要拖延太长，也不要未看懂问题便回答。

（1）（　　）你是否有广泛的爱好？

（2）（　　）你的情绪时常波动吗？

（3）（　　）你是一个健谈的人吗？

（4）（　　）你曾经无缘无故地觉得自己"可怜"吗？

（5）（　　）你认为自己活泼吗？

（6）（　　）你是否常担心你会说出（或做出）不应该说（或做）的事？

（7）（　　）在愉快的聚会中你是否通常尽情享受？

（8）（　　）你是一个易被激怒的人吗？

（9）（　　）你喜欢遇见陌生人吗？

（10）（　　）你的感情是否容易受到伤害？

（11）（　　）你是否时常感到"极其厌烦"？

（12）（　　）如果条件允许，你喜欢经常外出（旅行）吗？

（13）（　　）你是否常因"自罪感"而烦恼？

（14）（　　）你是否宁愿看些书，也不想去见别人？

（15）（　　）你认为自己"神经过敏"吗？

（16）（　　）你的朋友多吗？

（17）（　　）你是个忧虑重重的人吗？

（18）（　　）你是一个无忧无虑、逍遥自在的人吗？

（19）（　　）你是否担心将会发生可怕的事情？

（20）（　　）在结识新朋友时，你通常是主动的吗？

（21）（　　）你觉得自己是个非常敏感的人吗？

（22）（　　）和别人在一起的时候，你是否不常说话？

（23）（　　）在一个沉闷的场合，你能给大家增添生气吗？

（24）（　　）你担心自己的健康吗？

（25）（　　）你是否喜欢说笑话和谈论有趣的事情？

（26）（　　）你喜欢和别人打成一片,经常相处在一起吗？

（27）（　　）你失眠吗？

（28）（　　）当别人问你话时,你是否对答如流？

（29）（　　）你经常无缘无故感到疲倦和无精打采吗？

（30）（　　）你喜欢紧张的工作吗？

（31）（　　）你时常觉得自己的生活很单调吗？

（32）（　　）你是否参加的活动太多,已超过自己可能分配的时间？

（33）（　　）你经常感到压力很大吗？

（34）（　　）你能使一个联欢会开得成功吗？

（35）（　　）一件使你为难的事情过去之后,你会烦恼很久吗？

（36）（　　）你是否容易紧张？

（37）（　　）你常感到寂寞吗？

（38）（　　）有人对你或你的工作吹毛求疵时,你的积极性是否会受到打击？

（39）（　　）你是否喜欢在你的周围有许多热闹和高兴的事？

（40）（　　）你是否有时兴致勃勃,有时却很懒散不想动弹？

（41）（　　）别人是否认为你是生气勃勃的？

（42）（　　）你是否对有些事情易性急生气？

（43）（　　）遇到为难的事情你是否拿不定主意？

（44）（　　）若你乘车或坐飞机外出时,你是否担心会碰撞或出意外？

（45）（　　）你是一个爱与他人交往的人吗？

谢谢您的配合！

14　日语双学位学生学习日记调查①

日语双学位学生第一学年上学期日语学习日记

班级：＿＿＿＿＿＿

姓名：＿＿＿＿＿＿

从今天开始,请记2周的日记,日记中要记录每天的课外所进行的日语学习活动,日记的内容一定要包括以下几个方面：

注意：如果这一天一点关于日语与日本的东西都没看,也要把时间写清楚,然后写今天没接触日语之类的,请务必真实。

(1)你进行了什么活动? 为什么要进行这些活动? 进行这些活动的难点在哪里?(尽量详细一点哦)

(2)你从事每项活动所花费的时间是多少?

(3)你从事每项活动的身体和心理状态怎么样?(是否精神集中,是否精力旺盛)

(4)你认为这些活动怎么样?(是否对于提高你的语言水平非常重要)

(5)你在从事这些活动时采取了哪些策略?(请尽量写详细些)

(6)经过今天的日语学习有什么样的感悟?(发觉自己哪方面存在不足需要改进、看到其他同学好的学习方法觉得要学习等等)

(7)日记语言尽量平实、朴素,不需要优美,不需要修饰。

(8)所记录日记最好与日语有关,或者与学日语的心情有关。

范例:

1991年10月23日　　　星期三

下课后我去了图书馆。我坐在"语言参考书"那一角,这里有许多参考书,我经常选择不同的书来阅读。今天我对《英语习语》特别感兴趣,里面的习惯用语是按照字母排列的,大部分很有用,例如:"Nothing ventured, nothing gained."我抄下了一些我喜欢的句子,我一边抄,一边记,花了一个下午,抄了70多个句子,才抄到字母"c"。我经常做类似的事情:不管它有没有用,只要我喜欢它,我就宁愿花时间。我就是用这种态度来进行英语学习的。尽管今天下午看起来学得不多,但我相信"Many a little makes a mickle"。随着时间的推移,相信我的英语会有进步的。

1991年10月26日　　　星期六

今天下午我看了萧伯纳的《皮格马利翁》(Pygmalion)。全书有300多页,前面是作者生平及其作品简介,一个下午我花了3个小时,却只读了简介的一部分,共10页。我一边读,一边记下一些好句子和有关作者的一些简况,遇到难懂的句子,我用蓝色的圆珠笔做上记号。碰到生词我就查词典,并把词的解释抄下来……通过阅读我学到了很多东西,我认为英语专业的学生应该多读点名著。

15　日语双学位学生开放式问卷调查②

日语双学位学生第一学年上学期学习情况调查问卷

姓名：_____

时间：_____

（做前请务必阅读）同学们，转眼间一学期已经过去了，你们肯定会有很多感受，记录下自己这半年来的学习情况吧。为了不限制大家的思维，问卷中一些问题采用了"你觉得怎么样"这样比较模糊的方式，请自由回答。问卷内容还涉及授课满意度等较敏感的问题，对于大家的回答绝对保密，请大家放心如实填写。另外，为了尽量避免进行二次调查，请大家详细填写。（因为一题中提问比较多，在第一次调查中，有一些题目有同学少回答或者没回答，请大家注意看清楚）

综合篇

1. 回想一下你这学期没上日语课的次数以及理由。跟老师请假了的也算进去。（如实填写哦，绝对保密）

2. 你现在怎么看待日语学习与英语学习的关系？与修双学位之前相比，看法有什么改变？为什么会有这种改变？

3. 这半年你觉得进行日语双学位学习的收获大吗？为什么大或者是不大？

4. 你现在有信心达到自己刚开始学习时所期望达到的目标了吗？为什么？你觉得自己能坚持学习2年吗？

5. 这半年来的双学位学习，和你想象中的双学位学习有什么不同？

6. 学习日语的兴趣较没开始学习日语时，是增加了还是减少了？对自己当初选择日语第二学位的做法有没有新的想法？（觉得选错了，自己不适合或是别的）

7. 你在学习日语的过程中，觉得日语哪一项最难（发音、单词、语法、听力）？你觉得自己哪方面学得好一些，哪方面薄弱一些？你觉得这些好的（或是不好的）的原因是什么？

8. 开始接触日语时，同学普遍反映单词记不住，现在这种情况有所改观吗？有的话，你认为是什么原因？

9. 在课堂以外的日常对话中,你经常使用或尝试使用日语吗? 如果有的话,在怎样的情况下使用?

10. 你怎样评价自己这学期的日语学习?(好,中上,中等,中下,差? 可以分科目来回答。客观评价,不要谦虚哦!)

11. 你现在觉得学好语言最重要的是什么? 你对下学期及以后的日语学习有什么打算(或期望)? 请按照自己的情况如实填写。

你认为学习最重要的是什么? 请将你的情况与下面的描述进行比较,将符合自己情况的选项标记在题目前。(单选)

①完全不符合　　②偶尔一两次　　③有时这样

④大多如此　　　⑤完全符合

_____ (1)对我来说,做得比别人好是重要的。

_____ (2)唯恐在班上成绩不好,这常常成为我学习的动力。

_____ (3)我在班上的目标是取得比大多数同学更好的成绩。

_____ (4)我只是不想在班上表现得太差了。

_____ (5)我喜欢课堂上能提供真正有挑战性的学习内容,这样我能学到新东西。

_____ (6)我希望尽量多掌握一些课堂上所学的内容。

_____ (7)我渴望在班上表现得出色,向我的家人、朋友、老师等表明我的能力。

_____ (8)我经常在心里想,如果我在班上表现得不好会怎么样。

_____ (9)我想在课堂上学到尽可能多的东西。

_____ (10)"要超过我的同伴",这种想法激励着我。

下面是关于日语学习方法的一些描述,请将你的实际情况与下面的描述进行比较,将符合自己情况的选项标记在题目之前。

1. 在学习日语的过程中,我尽力寻找正在学习的内容和已学习内容之间的联系。

2. 学习日语时,我试图把日语和汉语或者是英语作比较来帮助理解和记忆。

3. 我学习的最好方法是记忆。

4. 我常发现自己不知道该学些什么,也不知道从哪儿学起。

5. 我尽力将所学的内容转化为自己的语言,以促进理解。

还有其他的方法的话,请写:

对于本研究的建议:

1. 你觉得笔者的工作有哪些欠缺的,还可以怎么样来改进?(没关系

的,都可以说的,有些笔者没有意识到)

2. 你愿意继续参加本调查吗? 为什么?

课堂学习篇

1. 你觉得日语双学位上课(相较于自学)重要吗? 为什么觉得"重要"或者是"不重要"?

2. 你觉得综合日语课的上课进度快吗? 你为什么会觉得快或者不快? 其他3门课(会话,听力,概况)的进度,你觉得怎么样呢?(分科目回答)

3. 你觉得综合日语课堂上的课堂活动(如角色扮演、小组活动、辩论活动、游戏)多吗? 课堂活跃吗? 你为什么会这样觉得? 其他3门课(会话、听力、概况)的课堂上,你觉得气氛怎么样呢?(分科目回答)

4. 你在课堂上主动发过言吗? 主动发过言的话,你觉得相较于其他同学来说,频率怎么样? 没有主动发过言的话,为什么不主动发言呢?

5. 其他同学在发言的时候,你是在听其他同学的发言,还是埋头干自己的事情? 为什么要这样做呢?(请大家仔细回想一下,如实回答)

6. 你觉得课上练习会话这种方式有必要吗? 你为什么这样觉得? 你觉得综合日语课上学生练习会话的机会多吗? 你觉得需要改进吗?

7. 小组练习中,你是怎样的态度?(主动去组织身边的同学来练习还是被动,等着别的同学来叫自己)为什么?

8. 在综合日语课堂上,任课老师由单词或课文延伸出穿插讲解的日本文化,你觉得怎么样? 在听力课和会话课上,也有类似的讲解吗?

9. 上课被老师提问,没回答上来老师的问题,你会有什么感受? 会对你以后的学习有影响吗? 有的话,有什么样的影响?(如果不同科目不同情况的话,请分科目回答)

10. 你最喜欢上哪一门日语课? 为什么? 最不喜欢上哪一门课? 为什么?(请如实回答,综合日语、会话、听力、概况,理由请一定写清楚)

11. 目前为止,上日语课的3个老师中,你最喜欢哪个老师上课?(没有特别感受的话,请如实填写,写清楚原因即可)你觉得对老师喜欢与否会影响到你上课的积极性吗? 有的话,会有什么样的影响? 为什么?

12. 你觉得这4门日语课中,最有用的是哪门课?(没有的话,请写明理由)为什么这么觉得?

13. 你觉得综合日语课授课内容的难易程度怎么样? 为什么会这样觉得? 其他的3门课(会话、听力、概况)呢?(分科目回答)

14. 你觉得上日语课(3门专业课),自己的精神状态是怎样的?(觉得很有趣,很享受;觉得很难,很紧张;很麻木)造成这种精神状态的因素是什么?

15. 你觉得一学期一次考试检查学习成果这种方式好不好? 如果以听写的方式定期检查,你同意吗? 为什么? 你还希望老师以哪些形式来检查督促学习效果?

课下学习篇

1. 在课下,你有整理笔记的习惯吗? 你觉得整理笔记有必要吗? 为什么?

2. 你是怎样处理日语学习和专业学习的? 课下你花在4门课上的时间是怎样的?(综合日语、会话、听力、概况)为什么会是这样的时间分配?

3. 除双休日上课外,你课外接触日语的时间(这里的"接触"很广泛,只要做跟日语相关的就算,不包括课本学习)有多少? 接触的内容是什么?(即做的什么是与日语相关的)

4. 在每次上完课后或者是上课之前,你有做到预习和复习吗? 为什么做或者是不做呢? 如果有时做有时不做,为什么?

5. 你觉得影响你双学位学习的因素有哪些? 为什么会有这些因素? 这些因素中,你觉得最大的障碍是什么? 为什么?

6. 在课外的日语学习中,你还用到了哪些资源? 你是怎样利用这些资源的?

7. 你有学习日语(一起上课练习或是课下一起进行日语学习)的同伴吗?(如果是一个班级的,说明名字;不是一个班级的,说明身份)双学位日语学习中,有一起学习的同伴重要吗? 为什么?

8. 你对于自己不懂的问题都是怎么处理的?(问老师,还是先问同学后问老师,还是就这样算了)为什么要这样做?(如果这个过程有变化的话,开始不问后来问或者是开始问后来不问,请说明为什么会产生这样的变化)

16 日语双学位学生开放式问卷调查③

日本语能力测试备考学生调查问卷

姓名:＿＿＿＿＿＿＿

时间:＿＿＿＿＿＿＿

1. 你为什么会报考12月份的日本语能力测试(二级或三级)？或者是谈一下对自己的日语学习(考级)怎样规划的。

你制订了怎样的复习计划?(尽量详细一些)

这个复习计划你是怎样执行的?(包括每天学习的时间、内容,听力、语法以及文字词汇)

2. 在复习过程中,你觉得难点在哪里?(听力、语法以及文字词汇)针对这些难点,你是怎样试图攻克的?

3. 在复习过程中,你觉得做得比较满意的是哪里?(听力、语法以及文字词汇)你为什么觉得比较满意?(为了达到使自己满意的水平,你都做了哪些努力)

4. 你是怎样看待以及怎样处理考级备考与现在周末的日语课上学习的呢?(请真实客观地说明,没去上课也没关系)

5. 复习过程中,你觉得有哪些阻碍日语备考的因素?(客观上和主观上)

6. 现在你的备考心情怎样? 觉得自己过级有几分把握? 你为什么这样认为?(怎么想就怎么写,不必谦虚)

17 日语双学位学生学习日记调查②

日语双学位学生第一学年下学期日语学习日记

姓名:＿＿＿＿＿＿＿

时间:＿＿＿＿＿＿＿

从今天开始,请记2周的日记,日记中要记录每天的课外所进行的日语学习活动,日记的内容一定要包括以下几个方面:

注意：如果这一天一点关于日语与日本的东西都没看，也要把时间写清楚，然后写今天没接触日语之类的。请一定要真实。

1. 你进行了什么活动？为什么要进行这些活动？

2. 你进行这些活动所花费的时间是多少？

3. 你从事每项活动的身体和心理状态怎么样？（是否精神集中，是否精力旺盛）

4. 你认为这些活动怎么样？（是否对于提高你的语言水平非常重要）

5. 你在从事这些活动时采取了哪些策略？（请尽量写详细些）

6. 经过今天的日语学习有什么样的感悟？（发觉自己哪方面存在不足需要改进、看到别的同学的学习经验有什么感触等等）

　　范例（引自 A05）：

　　周四（2012 年 5 月 17 日）

　　今天上午上机，下午睡了一会儿，然后预习了新单词，因为先预习下上课时容易接受得快些，难点在于记单词需要很多时间，又比较枯燥。花费的时间大约是半小时，精神比较集中，但记着记着就会厌烦。我认为，记单词还是非常有必要的，因为不管是说还是听，最基本的单词不记住，其他都很难提高。记的时候是先跟着录音读熟，再边写边背，特别需要注意的地方包括有没有长音、促音或比较难写的字应专门加强记忆，然后听录音看一下能否反应出单词的意思。感悟是觉得记单词很孤立，特别是和语，单词的读音与意思没有什么联系，很难记，又容易忘记。觉得不足的地方是几乎不复习语法，感觉比较麻烦，宁愿多读课文。

　　背完单词后练了听力，因为听力需要持续，一点点的积累。难在听不懂也没有原文看，然后就稀里糊涂地过去了。大概花了40分钟，一般做听力都比较集中精神，听不懂时会比较焦急。听力也很重要，最好能坚持每天听一些，要不然堆在一起听效果也不好。方法的话，如果简单的就不写原文，难的话先多听几遍，还不懂就把假名写下来，查一下。感悟是练听力前最好把单词和语法记熟，不要听的时候看着新单词。每次听的时候都是看一遍新单词就听的话效果不好。

18 日语双学位学生开放式问卷调查④

日语双学位学生第一学年末调查问卷

姓名:_____

时间:_____

1. 日语双学位1年的内容学完了,评价一下你在这1年中的表现。(可分阶段来讲,距现在时间较长,请仔细回忆,尽量具体回答。)

出席情况(有缺席的话,为什么缺席,尽量具体描述你的态度和心理状态):

上课注意力:

课前预习:

课后复习:

课外书本知识以外日语相关内容:

学习成果(平时课程的考试成绩和能力考试的时间和成绩):

现在的学习效果跟预期的学习效果有什么不同?

2. 和没有坚持学完2年课程的同学相比,促使你学完2年课程的动力是什么?

3. 你大学毕业以后的打算是什么?你觉得日语双学位的课程对你的就业或者是进一步的发展有帮助吗?有的话,是什么样的帮助呢?(没有的话,不必勉强,如实回答就行)

4. 毕业以后,你还有继续学习(或者是接触)日语的打算吗?有打算的话,会是在哪些方面呢?

19 日语双学位学生开放式问卷调查⑤

日语辅修学生调查问卷

姓名:_____

时间:_____

1. 日语双学位1年的内容学完了,评价一下你在这1年中的表现。(可

分阶段来讲,距现在时间较长,请仔细回忆,尽量具体回答)

出席情况(有缺席的话,为什么缺席,尽量具体描述你的态度和心理状态):

上课注意力:

课前预习:

课后复习:

课外书本知识以外日语相关内容:

学习成果(平时课程的考试成绩和能力考试的时间和成绩):

现在的学习效果跟预期的学习效果有什么不同?

2. 你为什么没有学完2年的日语课程呢(如实回答即可)?

3. 没有学习日语课程后,你还在进行和日语相关的活动吗? 有的话,是什么样的活动呢? 频率是怎样的?

4. 你大学毕业以后的打算是什么? 你觉得日语双学位的课程对你的就业或者是进一步的发展有帮助吗? 有的话,是什么样的帮助呢?(没有的话,不必勉强,如实回答就行)

5. 毕业以后,你还有继续学习(或者是接触)日语的打算吗? 有打算的话,会是在哪些方面呢?

20　日语双学位学生开放式问卷调查⑥

日语双学位学生第二学年末调查问卷

姓名:＿＿＿＿＿＿＿

时间:＿＿＿＿＿＿＿

你的日语学习兴趣在学习期间有变化吗? 有变化的话,是什么变化? 变化的原因是什么?(这里的学习兴趣不光是喜欢动画日剧之类的,而是广义的学习日语的动力,请尽量详细地描述)

后　记

　　我从硕士一年级便开始从事这项研究,到今年已经10余年了。当回首自己走过的路时,我心中感慨万千,既觉得一路艰辛,又庆幸能够坚持到现在,但更多的是无穷的感动。本书仅靠我一人是绝不可能完成的,在此,我想再次向那些对本书有贡献的学生和老师表达我的感激之情。首先,我想对配合本研究调查的华中科技大学2011级日语专业和2012级日语双学位的学生表示感谢,同时我也想表达我的歉意。在调查过程中,作为研究对象的他们需要完成很多问卷、访谈任务,这对学习任务本来就很繁重的他们来说工作量很大,但在整个调查过程中,他们都非常合作。不仅如此,他们中有很多学生甚至告诉我这是一项非常有意义的研究,让我在研究完成后,把研究结果反馈给他们。这对当时每天惴惴不安的还是"学术小白"的我来说,无疑是莫大的鼓励。然而,我能为他们做的实在是太少,当时经济条件的困窘,导致我无法提供与他们的付出对等的经济补偿,在此,我想表达我真诚的歉意。在调查中,这些学生不仅把我当作研究人员,还把我当作学姐、朋友,让我体会到了与学生打交道的美好,也让我越来越渴望从事教师这个职业,而现在我也真正地成了一名教师。可以说没有他们的帮助,这项研究就不会开始,也不会有今天的我。今后,作为一名教师和研究人员,我希望能始终牢记这一初衷。

　　我还想对博士阶段的导师佐藤势纪子老师表示衷心的感谢。本书是在博士论文基础上修改完成的,在包括语言表达的每个细节上佐藤老师都给予了细致的指导,使我能够顺利完成论文、按期毕业。在我读博士期间,每次我进行论文投稿和发表文章时,佐藤老师总是悉心地帮助修改稿件,这些都使我在学术能力上有了一些进步。另外,在佐藤老师的帮助下,我获得了中国国家留学基金管理委员会的资助,因此才能赴日读博,这也是我能够在博士期间心无旁骛地投入研究的重要原因。

　　我想对博士论文的副指导老师江藤裕之教授表示感谢。在江藤老师的引荐下,我认识了质化研究方面的专家谷津裕子教授,谷津教授对本书中质化研究的部分给予了重要指导,提出了很多宝贵建议。另外,在博士论文评审过程中,温柔的谷津老师也给了我许多鼓励和安慰,缓解了我当时焦躁的情绪。

另外,我还想对博士论文的副指导副岛健作老师表示感谢,副岛老师在我论文执笔过程中给予了非常宝贵的建议,特别是在我论文投稿被拒稿很沮丧时,副岛老师向我讲了他自己投稿被拒稿的经历,安慰我这很正常;平常在学业上有困惑时我也求助于副岛老师,他不仅在学业上给了我很大的帮助,而且帮助我在心理上变得更加坚强。

我还想对我硕士导师陈俊森老师表示衷心的感谢。对我来说,陈老师是我走上学术这条道路的领路人。在追逐梦想的道路上,我遇到了很多大大小小的困难,每次陈老师都能给予精准的建议,鼓励我克服困难,陈老师对学术的热情和认真深深地影响了我。此外,我还要感谢配合我调查研究的易路老师、王净华老师、王闰梅老师和邱为平老师,以及在我的求学之路上给予了很大帮助的钟勇老师、杨秀娥老师和齐藤谅介老师。

在本书出版过程中,感谢浙江师范大学外国语学院胡美馨院长、徐微洁副院长给予的大力支持,同时感谢在图书编辑过程中一遍又一遍不厌其烦改稿的浙江大学出版社黄静芬老师。没有这些帮助,本书不可能申请到国家社科基金后期资助项目,正是这一项目的肯定,才让我对自己的学术道路有了一点信心。

本书是笔者10余年学术生涯的总结,也意味着一个新的开始。

图书在版编目(CIP)数据

中国日语学习者动机和行为研究 / 王俊著. —杭州：
浙江大学出版社,2022.2
ISBN 978-7-308-21404-9

Ⅰ．①中… Ⅱ．①王… Ⅲ．①日语—语言学习—学习
动机—研究—中国 Ⅳ．①H369.3

中国版本图书馆 CIP 数据核字（2021）第097594号

中国日语学习者动机和行为研究

王 俊 著

策划编辑	黄静芬
责任编辑	黄静芬
责任校对	张培洁
封面设计	项梦怡
出版发行	浙江大学出版社
	（杭州市天目山路148号 邮政编码310007）
	（网址:http://www.zjupress.com）
排 版	杭州朝曦图文设计有限公司
印 刷	浙江新华数码印务有限公司
开 本	710mm×1000mm 1/16
印 张	19.5
字 数	340千
版 印 次	2022年2月第1版 2022年2月第1次印刷
书 号	ISBN 978-7-308-21404-9
定 价	68.00元